U0106825

故宮

博物院藏文物珍品全集

故宮博物院藏文物珍品全集

清代宮廷服飾

主編：張瓊

商務印書館

清代宮廷服飾
Costumes and Accessories of the Qing Court

故宮博物院藏文物珍品全集
The Complete Collection of Treasures of the Palace Museum

主　　編	張　瓊
副 主 編	阮衛萍　房宏俊
編　　委	嚴　勇　殷安妮　羅文華
攝　　影	馮　輝
出 版 人	陳萬雄
編輯顧問	吳　空
責任編輯	徐昕宇
設　　計	張婉儀
出　　版	商務印書館（香港）有限公司
	香港筲箕灣耀興道 3 號東滙廣場 8 樓
	http://www.commercialpress.com.hk
發　　行	香港聯合書刊物流有限公司
	香港新界荃灣德士古道220-248號荃灣工業中心16樓
製　　版	中華商務彩色印刷有限公司
	香港新界大埔汀麗路36號中華商務印刷大廈14樓
印　　刷	中華商務彩色印刷有限公司
	香港新界大埔汀麗路36號中華商務印刷大廈14樓
版　　次	2022 年 7 月第 1 版第 2 次印刷
	© 2005 商務印書館（香港）有限公司
	ISBN 978 962 07 5354 1

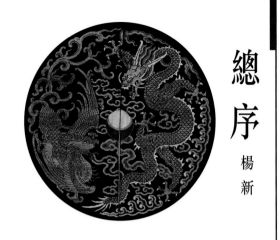

總序

楊新

故宮博物院是在明、清兩代皇宮的基礎上建立起來的國家博物館，位於北京市中心，佔地 72 萬平方米，收藏文物近百萬件。

公元 1406 年，明代永樂皇帝朱棣下詔將北平升為北京，翌年即在元代舊宮的基址上，開始大規模營造新的宮殿。公元 1420 年宮殿落成，稱紫禁城，正式遷都北京。公元 1644 年，清王朝取代明帝國統治，仍建都北京，居住在紫禁城內。按古老的禮制，紫禁城內分前朝、後寢兩大部分。前朝包括太和、中和、保和三大殿，輔以文華、武英兩殿。後寢包括乾清、交泰、坤寧三宮及東、西六宮等，總稱內廷。明、清兩代，從永樂皇帝朱棣至末代皇帝溥儀，共有 24 位皇帝及其后妃都居住在這裏。1911 年孫中山領導的"辛亥革命"，推翻了清王朝統治，結束了兩千餘年的封建帝制。1914 年，北洋政府將瀋陽故宮和承德避暑山莊的部分文物移來，在紫禁城內前朝部分成立古物陳列所。1924 年，溥儀被逐出內廷，紫禁城後半部分於 1925 年建成故宮博物院。

歷代以來，皇帝們都自稱為"天子"。"普天之下，莫非王土；率土之濱，莫非王臣"（《詩經‧小雅‧北山》），他們把全國的土地和人民視作自己的財產。因此在宮廷內，不但匯集了從全國各地進貢來的各種歷史文化藝術精品和奇珍異寶，而且也集中了全國最優秀的藝術家和匠師，創造新的文化藝術品。中間雖屢經改朝換代，宮廷中的收藏損失無法估計，但是，由於中國的國土遼闊，歷史悠久，人民富於創造，文物散而復聚。清代繼承明代宮廷遺產，到乾隆時期，宮廷中收藏之富，超過了以往任何時代。到清代末年，英法聯軍、八國聯軍兩度侵入北京，橫燒劫掠，文物損失散佚殆不少。溥儀居內廷時，以賞賜、送禮等名義將文物盜出宮外，手下人亦效其尤，至 1923 年中正殿大火，清宮文物再次遭到嚴重損失。儘管如此，清宮的收藏仍然可觀。在故宮博物院籌備建立時，由"辦理清室善後委員會"對其所藏進行了清點，事竣後整理刊印出《故宮物品點查報告》共六編 28 冊，計有文物 117 萬餘件（套）。1947 年底，古物陳列所併入故宮博物院，其文物同時亦歸故宮博物院收藏管理。

二次大戰期間，為了保護故宮文物不至遭到日本侵略者的掠奪和戰火的毀滅，故宮博物院從大量的藏品中檢選出器物、書畫、圖書、檔案共計 13427 箱又 64 包，分五批運至上海和南京，後又輾轉流散到川、黔各地。抗日戰爭勝利以後，文物復又運回南京。隨着國內政治形勢的變化，在南京的文物又有 2972 箱於 1948 年底至 1949 年被運往台灣，50 年代南京文物大部分運返北京，尚有 2211 箱至今仍存放在故宮博物院於南京建造的庫房中。

中華人民共和國成立以後，故宮博物院的體制有所變化，根據當時上級的有關指令，原宮廷中收藏圖書中的一部分，被調撥到北京圖書館，而檔案文獻，則另成立了"中國第一歷史檔案館"負責收藏保管。

50 至 60 年代，故宮博物院對北京本院的文物重新進行了清理核對，按新的觀念，把過去劃分"器物"和書畫類的才被編入文物的範疇，凡屬於清宮舊藏的，均給予"故"字編號，計有 711338 件，其中從過去未被登記的"物品"堆中發現 1200 餘件。作為國家最大博物館，故宮博物院肩負有蒐藏保護流散在社會上珍貴文物的責任。1949 年以後，通過收購、調撥、交換和接受捐贈等渠道以豐富館藏。凡屬新入藏的，均給予"新"字編號，截至 1994 年底，計有 222920 件。

這近百萬件文物，蘊藏着中華民族文化藝術極其豐富的史料。其遠自原始社會、商、周、秦、漢，經魏、晉、南北朝、隋、唐，歷五代兩宋、元、明，而至於清代和近世。歷朝歷代，均有佳品，從未有間斷。其文物品類，一應俱有，有青銅、玉器、陶瓷、碑刻造像、法書名畫、印璽、漆器、琺瑯、絲織刺繡、竹木牙骨雕刻、金銀器皿、文房珍玩、鐘錶、珠翠首飾、家具以及其他歷史文物等等。每一品種，又自成歷史系列。可以說這是一座巨大的東方文化藝術寶庫，不但集中反映了中華民族數千年文化藝術的歷史發展，凝聚着中國人民巨大的精神力量，同時它也是人類文明進步不可缺少的組成元素。

開發這座寶庫，弘揚民族文化傳統，為社會提供了解和研究這一傳統的可信史料，是故宮博物院的重要任務之一。過去我院曾經通過編輯出版各種圖書、畫冊、刊物，為提供這方面資料作了不少工作，在社會上產生了廣泛的影響，對於推動各科學術的深入研究起到了良好的作用。但是，一種全面而系統地介紹故宮文物以一窺全豹的出版物，由於種種原因，尚未來得及進行。今天，隨着社會的物質生活的提高，和中外文化交流的頻繁往來，無論是中國還是西方，人們越來越多地注意到故宮。學者專家們，無論是專門研究中國的文化歷史，還是從事於東、西方文化的對比研究，也都希望從故宮的藏品中發掘資料，以探索人類文明發展的奧秘。因此，我們決定與香港商務印書館共同努力，合作出版一套全面系統地反映故宮文物收藏的大型圖冊。

要想無一遺漏將近百萬件文物全都出版，我想在近數十年內是不可能的。因此我們在考慮到社會需要的同時，不能不採取精選的辦法，百裏挑一，將那些最具典型和代表性的文物集中起來，約有一萬二千餘件，分成六十卷出版，故名《故宮博物院藏文物珍品全集》。這需要八至十年時間才能完成，可以說是一項跨世紀的工程。六十卷的體例，我們採取按文物分類的方法進行編排，但是不囿於這一方法。例如其中一些與宮廷歷史、典章制度及日常生活有直接關係的文物，則採用特定主題的編輯方法。這部分是最具有宮廷特色的文物，以往常被人們所忽視，而在學術研究深入發展的今天，卻越來越顯示出其重要歷史價值。另外，對某一類數量較多的文物，例如繪畫和陶瓷，則採用每一卷或幾卷具有相對獨立和完整的編排方法，以便於讀者的需要和選購。

如此浩大的工程，其任務是艱巨的。為此我們動員了全院的文物研究者一道工作。由院內老一輩專家和聘請院外若干著名學者為顧問作指導，使這套大型圖冊的科學性、資料性和觀賞性相結合得盡可能地完善完美。但是，由於我們的力量有限，主要任務由中、青年人承擔，其中的錯誤和不足在所難免，因此當我們剛剛開始進行這一工作時，誠懇地希望得到各方面的批評指正和建設性意見，使以後的各卷，能達到更理想之目的。

感謝香港商務印書館的忠誠合作！感謝所有支持和鼓勵我們進行這一事業的人們！

1995 年 8 月 30 日於燈下

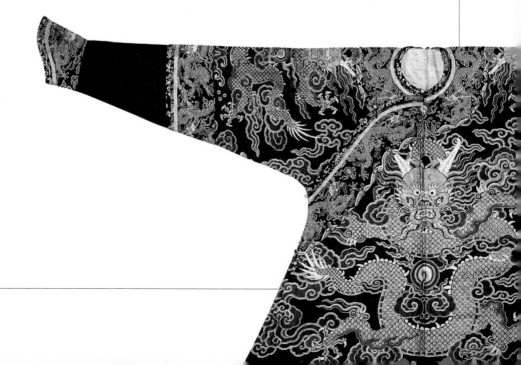

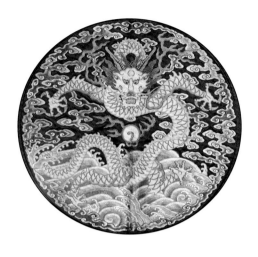

目錄

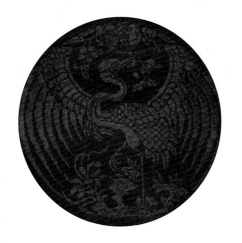

文物目錄

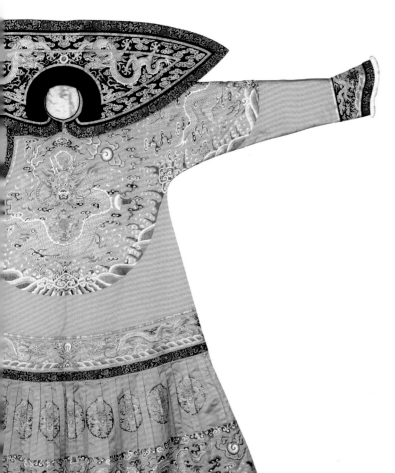

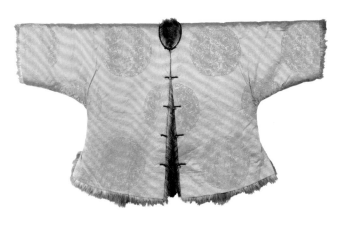

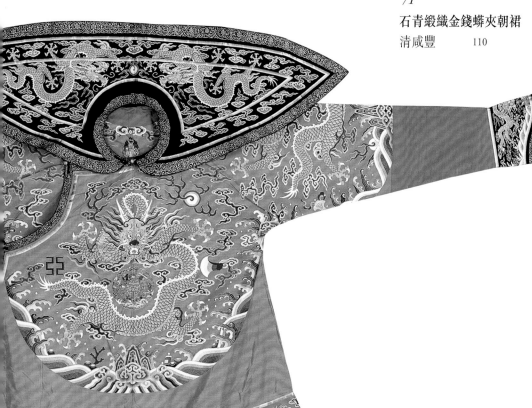

13

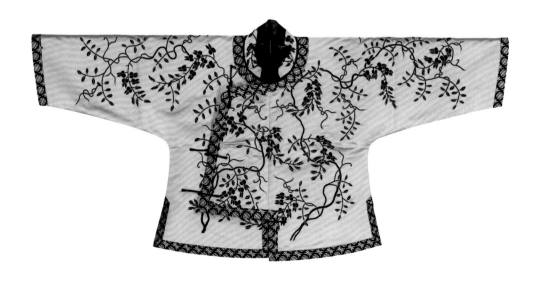

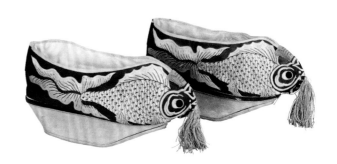

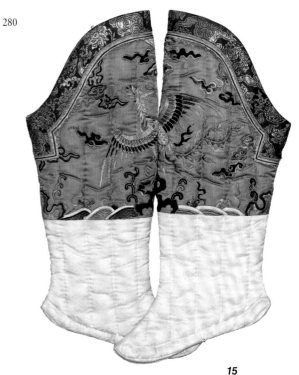

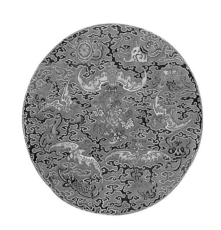

導言

陶鎔滿漢的清代宮廷服飾

張 瓊

在中國古代社會，服飾除了蔽體、禦寒和裝飾等基本功能之外，更重要的是昭顯服用者的社會身份等級。《易‧繫辭下》即有："黃帝、堯、舜，垂衣裳而天下治，蓋取諸乾坤"的記載，可見這一傳統之久遠。服飾制度是歷代禮儀制度的重要組成內容之一，服裝的色彩、紋樣、款式、質地無不反映服用者的身份等級和社會地位，所謂"禮之大者，昭名分，辨等威，莫備乎冠服"（《皇朝禮器圖式‧冠服》）。

故宮博物院現藏織繡文物 14 萬餘件，其中清代服飾文物 2 萬餘件，包括冠帽、服裝、佩飾、靴、鞋、襪等，以清宮舊藏為主，少部分是從熱河行宮和瀋陽故宮運回的。這些服飾都是生活和服務於宮廷的人士所服用，即所謂"宮廷服飾"。前者指皇帝、皇太后、皇后、貴妃、妃、嬪、貴人、常在、皇子、皇孫、公主、福晉等人的冠服，後者為太監、侍衛、宮女的服飾以及一些宮內用的僧道法衣。

本卷從中遴選出 206 件（套）珍品，以類別、等級和時間為序，臚陳於讀者面前，這是北京故宮博物院首次對院藏服飾珍品進行系統的整理出版。在編選取材時，綜合考慮了服用者身份、時代、工藝和制度等諸多方面的因素，力圖在有限的篇幅內既突出服飾文物的珍品特點，又較全面地反映出清代宮廷服飾的主要內容。

一、清代服飾的特點

服裝的款式和紋樣不僅是與客觀生活環境相適應的產物，它還有着更為深刻的文化內涵。在中華民族的大家庭裏，各民族個性鮮明的服飾紋樣與用色，正是他們各自不同的文化背景的寫照。中國自漢唐以來，大部分時間是漢族佔統治地位，服飾文化受漢文化影響最為深遠，但其間也經歷了南北朝、元代等幾次與少數民族服飾文化的融合，到了清代，中國的服飾文化發生了根本性轉變。清朝的統治者是滿族人，據《清太祖武皇帝實錄》記載：其祖先"原起於長白山之東北布庫里山下"，世代活動於中國東北的高寒地帶，是一支居無定所的遊牧民族，這樣的生存環境與生產方式決定了他們獨特的民族服飾習俗。隨着時間推移，特別是清政權的建立鞏固，漢文化的影響日益顯著，其服飾也發生了變化。簡言之，這一變化即是在保留滿族服飾便於騎射的傳統形式的基礎上，充分吸納漢民族的服飾文化，將漢族的禮制思想、富有寓意的紋飾和色彩融入其中，形成獨特的清代服飾文化。

清代服飾的最大特點——"纓帽箭衣"，就是完全取之於滿族衣冠的傳統形式。"纓帽"是指在冠頂上綴有紅纓，滿族的先民世代生活在東北寒冷地帶，冠帽是其生活必需品，帽上綴有紅纓作為標識，則是出於狩獵活動的實際需要。"箭衣"是指在袍服的袖端接出一個半圓形的袖頭——箭袖，這是清代禮服的基本形式之一。因其形似馬蹄，故俗稱"馬蹄袖"，滿語稱"哇哈"。箭袖最初的功能也完全是實用的，冬季狩獵時將袖頭放下覆蓋在手背上，既能保暖，又方便彎弓射箭，是一種方便實用且合理巧妙的設計。但在入關以後還竭力保持則不免顯得有些多餘，以至於後來出現了假套袖，只是在行使禮節時才臨時套用，行禮時將袖頭放下，平時挽起，俗稱"龍吞口"。

與此同時，明代服飾文化的豐厚積澱為清代所繼承。千百年來被賦予了種種美好吉祥寓意的裝飾紋樣，如龍鳳翟鳥、海水江崖、祥雲八寶等等，被滿族統治者全盤接納。特別值得一提的是乾隆皇帝對"十二章"紋的採用，"十二章"出自《尚書·益稷》，以"日、月、星辰、山、龍、華蟲、藻、火、粉米、宗彝、黼、黻"十二種紋樣裝飾於服飾之上，代表君主的十二種才能與美德，這是滿族統治者接受漢文化傳統君德思想在服飾上的最高體現。

滿族先民關外生活的自然環境決定了他們獨特的審美取向。皚皚白雪，人跡稀少，渴望表現生命的存在、個體的張揚，反映在服飾上，就是用色豐富、強烈而明亮。這種審美需求導致清代服飾的面料多採用適於色彩表現的妝花、緙絲和刺繡技法，並大量使用金線。黃金作為財富的象徵，一直為各遊牧民族包括滿族所喜愛，以金線織繡，成為其十分推崇的裝飾工藝之一。而我們看到的清代服飾的紋樣多寫實、具象，不同於漢文化追求的含蓄、抽象，也是由其文化傳統和審美習慣決定的。

關外馬背生活的一些習俗與用具在清代服飾上也被保留下來，這有習慣使然，也有強制教化的因素。如皮毛製品，既是生活在寒冷地帶的生活必需品，也是以狩獵為主要生產活動所能獲得的最重要的衣被原料。入關以後，儘管生活環境改變了，但是對於皮毛製品的喜愛，有清一代卻未見絲毫衰減。不僅端罩、冬朝服及冠帽等皮毛製品在清代禮儀服飾中佔有相當重要的位置，不同身份等級的人服用何種品級種類的皮毛，也在制度中有着明確規定。對貴重皮毛的追求佔有成了王公貴冑競相鬥富、炫耀身份的一種方式。按清代服制，皮褂的穿着應該是以綢緞為褂面、毛為褂裏，如早期的石青色暗花緞皮褂（圖46）即是石青色暗花緞面，貂皮裏。但是清中期以後，出現了如"金黃色團龍暗花緞皮褂"（圖48）這樣將貴重皮毛朝外的有違制度的穿戴時尚，用以誇富。其他如"燧、觿、刀、削"等各種帶飾，原都是馬背生活所必須隨身攜帶的生產、生活工具，以用於取火、解結、切割、拴繫等，在入關後雖都已失去了原有的使用價值，但卻作為一種禮制被規範保留下來，並作了詳細的規定，與各種不同形式的大典禮服相匹配，以示不忘根本。

總之，形成清代服飾特有形式的根本原因在於統治者吸取北魏、遼、金、元的教訓，認為"凡改漢衣冠者無不一再世而亡"，"凡言語衣服及騎射之事，時諭子孫勤加學習"。尤其是男子服飾，始終保持着他們本民族便於騎射的形式，牢記"我朝初以馬上得天下"，"衣冠必不可輕言改易"的祖訓。（以上引文均見《皇朝禮器圖式》序）

然而，制度與現實總是有距離的。清代中期，出現了婦女裝束效做漢人廣袖之風，屢禁不止，後期尤甚。如道光時期的"大紅緙絲彩繪八團梅蘭竹菊夾袍"（圖109），袖廣已達一尺。最為典型的是同治（1862—1874）、光緒（1875—1908）年間時尚的襯衣、氅衣，已完全如漢風的"寬衣褒袖"，如一件清晚期的"綠紗繡折枝梅金團壽單襯衣"（圖127）有四重寬大的袖端和三重領襟邊，將這一風尚發揮到了極致。我們現在見到的清宮舊藏的老照片上，慈禧最常穿着的就是這樣的"南裝"。

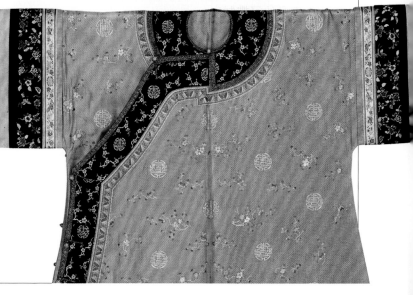

二、清代服飾制度的建立

滿族傳統服飾無等級之分，是上下同服。清太祖努爾哈赤（1559—1626）於公元 1616 年在赫圖阿拉（今遼寧新賓）建立後金政權，隨即着手建立服制，佈告全國養蠶、植棉，並令眾家貝勒一律穿戴一種帶有披肩領的朝衣，以別臣庶，這是其官服制度的開端。天命六年（1621），後金定都遼陽新城，在這樣一個經濟文化較為發達的地區，面對大批頭腦裏有着根深蒂固的封建等級觀念的明朝降官，健全禮制遂成為當前要務。當年七月，努爾哈赤即效法明朝的補服製訂出後金官員的補服制度，同年十一月，又規定了各級官員的冠頂之制，後來逐漸發展成為標誌官員品級的"頂戴花翎"。但總體來看，當時的服制還是相當簡陋的。

1626 年清太宗皇太極繼位，次年改元天聰，繼續借鑒明朝的成法治理國政。天聰五年（1631）十二月，漢臣寧完我向他提出明辨服制的重要性，説："至於服飾一節，是皇上陶鎔滿漢之第一要務，……宜亟分辨服制，造設腰牌。此最簡最易，關係最大者，皇上勿再忽之也。"（《清太宗文皇帝實錄·卷十》），皇太極對其中的利害關係也非常清楚，他清醒地認識到："服制者，立國之經"。在把貴族、官僚的等級和名號重定之後，於天聰六年（1632）二月開始着手更定和補充努爾哈赤時期所定的官服制度。據《清太宗文皇帝實錄·卷十二》記載：同年十二月規定"八固山諸貝勒，在城中行走，冬夏俱服朝服，出外方許服便服。冬月入朝許戴元狐大帽，居家戴尖纓貂帽及貂鼠團帽。春秋入朝，許戴尖纓貂帽。夏月許戴綴纓涼帽。素、蟒緞，各隨其便。不得擅服黃緞及五爪龍等服，若係上賜不在此例。平時勿著緞靴，惟夏月入朝乃許用。又八家福晉等，居家服飾前已有旨，如冬夏出外，俱許服用女朝衣，冬季許戴尖纓貂帽，夏月戴尖纓涼帽"，明確提出"不得擅服黃緞及五爪龍等服"。天聰七年（1633）六月，又補充規定"特定入朝冠服之制"。天聰十年（1636），皇太極改國號為"大清"，改元崇德，成為清朝的開國之君，隨即着手從各個方面完備典章制度，較全面地製訂了親王、郡王、官員的冠帶制度。

順治元年（1644），清政權遷都北京，定鼎中原，百廢待舉，百業待興，在前明複雜完備的禮儀等級制度面前，滿清原有制度的不健全和無章可循日益明顯，製訂系統完善的禮儀制度遂為當務之急。據《東華錄·順治三》記載：七月十四日己亥，山東巡按朱朗鑅啟奏攝政王多爾袞："中外臣工皆以衣冠禮樂覃敷文教，頃聞東省新補監司三人俱關東舊臣，若不加冠服以臨民，恐人心驚駭，誤以文德興教之官，疑為統兵征伐之將，乞諭三臣各製本品紗帽圓領臨民理事。"多爾袞無奈，特允其請，説："目下急剿逆賊，兵務方殷，衣冠禮樂未遑製訂，近簡用各官姑依明式，速製本品冠服以便蒞事。"由此可見，衣冠制度的不完善已使統治者在治理一個文明程度更高的民族時非常窘迫難堪。據對《清世祖章皇帝實錄》的不完全統計，自順治元年十月至順治十八年七月的 18 年間，共更定和增訂衣冠制度達 21 次之多。其中順治二年六月和順治九年二月的兩次，對諸王以下文武官民的輿馬服飾制度作了詳盡的規定。至此，清朝的官服制度已基本完備。

康熙二十三年（1684），清代首次纂修《大清會典》，其中卷六十四為《冠服》。內容包括：皇帝冠服，皇后冠服，皇貴妃、貴妃、妃嬪冠服，皇太子冠服，諸王冠服，公主等冠服，王妃等冠服，官員士庶冠服和冠服通例。其中皇后冠服和皇貴妃、貴妃、妃嬪冠服為首次制訂。這次制訂的主要內容是冠帶制度和禮服制度，對身份、等級的劃分和服飾紋樣、顏色的規定都比較寬泛，不同身份者之間有許多服飾是通用的，且對禮服的服用場合也只是泛指慶賀大典，沒有更具體的規定。雍正二年（1724），世宗御極之初，即允禮臣之請開館重修《大清會典》，九年告竣，刊梓頒行，卷四十八為《冠服》。這次修訂對皇帝禮服的顏色和紋樣有了較具體的規定，為石青、明黃、大紅、月白四色緞。總體來看，康熙、雍正兩朝的冠服制度主要是對皇帝與后妃的服飾作了重要補充，此後 20 年間，屢有損益。乾隆十二年（1747）再度重修《大清會典》時，乾隆皇帝認為 "原議舊儀，連篇並載，是典與例無辨也"（《欽定大清會典 · 御製序》），於是將典與例分開編寫。不僅如此，還將冠服細分為禮服、吉服（采服）和常服，並對四色禮服的服用場合作了具體規定。乾隆二十四年（1759）完成大型器物圖譜——《皇朝禮器圖式》的繪製，圖譜在當時的影響似乎僅限於宮廷，但對後世產生了一定的作用，成為嘉慶朝（1796—1820）首次繪製《大清會典圖》的依據。其後道光、光緒年間增補、修纂的《大清會典圖》基本上都是沿用其例。可以這樣說，清代冠服制度在乾隆朝完備確立，直至清末未有改變。

三、清代宮廷服飾的內容

清朝統治者認為 "衣冠為一代昭度"，逼令漢族臣民 "剃髮易服"，是其統治、壓服漢族的基本國策之一。因此，清代服飾制度比中國歷史上的任何一代都更為繁縟嚴格。而宮廷服飾又是其中等級制度最為複雜嚴密的，這是它區別於一般服飾的最根本特徵。從現存清宮遺存的服飾中，我們可以清楚地看到它所具有的兩重性——既體現出禮儀的制度性，又具有生活用品的隨意性。

在宮廷服飾中，最具代表的當然是皇帝和皇后的服飾。據康熙朝《大清會典》卷四十八 "冠服" 規定："皇帝冠服　崇德元年定，冠用東珠寶石鑲頂，服黃袍，束金鑲玉版嵌東珠帶。

康熙二十二年定，凡大典禮及祭壇廟，冠用大珍珠東珠鑲頂，禮服用黃色、秋香色、藍色，五爪、三爪龍緞等項，俱隨時酌量服御。"……"皇后冠服 凡慶賀大典，冠用東珠鑲頂。禮服用黃色、秋香色，五爪龍緞、妝緞、鳳凰翟鳥等緞，隨時酌量服御。"雍正朝《大清會典》卷六十四"冠服"新增："皇帝冠服 雍正元年定，禮服用石青、明黃、大紅、月白四色緞，花樣三色，圓金龍九，當龍口處珠各一顆；腰襴，小團金龍九；通身五彩祥雲，下八寶平水、萬代江山。"

由此可知：一、定皇帝禮服為石青、明黃、大紅、月白四色的制度始於雍正元年，乾隆時改石青為藍色，這一制度延續至清末；二、"腰襴，小團金龍九"，這句話有些費解，因為在實物中至今尚未發現有在腰襴處飾小團金龍的現象。清宮遺存的雍正皇帝朝服的實際情況是在腰帷與胸背柿蒂紋之間前後各飾小團金龍四，襞積處前後各飾小團金龍九。對照雍正皇帝的朝服像，畫中所繪的皇帝朝服上的紋樣與實物是完全一致的。腰帷與胸背柿蒂紋之間飾的小團金龍可說是雍正朝的典型特徵，它始自康熙晚年，這種形式在雍正以後再也沒有出現過。

自乾隆纂修《皇朝禮器圖式》始，根據不同的服用場合對服飾作了更細緻的分類。如皇帝服飾又具體分為禮服、吉服、常服、行服和雨服五大類。下面以帝、后的部分服飾為例作簡單介紹。

皇帝禮服由朝冠、朝服、端罩、袞服、朝珠、朝帶組成。是皇帝在重大慶典祭祀活動時穿用的服裝與配飾。

朝冠、朝服有冬夏之分。冬朝冠有薰貂和黑狐皮，十一月朔至上元用黑狐，上綴朱緯，頂三層，貫冬珠各一，皆承以金龍各四，飾東珠如其數，上銜大珍珠一。夏朝冠織玉草或藤竹絲為之，緣石青片金二層，上綴朱緯，前綴金佛，飾東珠十五，後綴舍林，飾東珠七，頂如冬朝冠。冠前綴以金佛是統治者宗教信仰在冠服上的體現。

皇帝朝服的顏色是最豐富的，有明黃、藍、紅、月白四色。在重大慶典如登基、元旦、萬壽節（皇帝的誕辰日）及祀廟等場合用明黃色（圖1）；圜丘、祈穀、雩祭用藍色（圖2）；朝日用紅（圖3）；夕月用月白（一種淺藍色）（圖4）。冬朝服的形式有兩種：十一月朔至上元用緣貂朝服，披領及裳俱裱以紫貂，袖端薰貂，兩肩前後正龍各一，襞積行龍六，衣前後列十二章，間以五色雲。另一種披領及袖俱石青，片金加海龍緣，兩肩前後繡正龍各一，腰帷行龍五，衽正龍一，襞積前後團龍各九，裳正龍二，行龍四，披領行龍二，袖端正龍各一，前後列十二章：日、月、星辰、山、龍、華蟲、黼、黻在衣，宗彝、藻、火、粉米在裳，間以五色雲，下幅八寶平水。夏朝服披領及袖俱石青，片金緣，質料隨時節有緞有紗，製作有單有夾，形式同冬朝服二。

皇帝端罩是冬季穿在朝袍外面的禮服。有黑狐皮和紫貂皮兩種，十一月朔至上元用黑狐，皆明黃緞裏，左右垂帶各二，下廣而銳，色與裏同。

皇帝衮服，通常是套穿在朝服和龍袍外面，有時也套穿在常服外，又稱"龍褂"。據《大清會典》規定：色用石青，繡五爪正面金龍四團，兩肩、前後身各一，其章左日右月，前後萬壽篆文，間以五色雲。

皇帝朝珠用東珠一百零八，佛頭、記念、背雲、大小墜珍寶雜飾惟宜。惟圜丘以青金石為飾，方澤珠用蜜珀，朝日用珊瑚，夕月用綠松石。

皇帝朝帶有兩種形式，色皆明黃。一種是龍紋金圓版四，飾紅寶石或藍寶石、綠松石，每版銜東珠五，圍珍珠二十，左右佩帉，淺藍及白各一，下廣而銳，中約鏤金圓結，飾寶如版，佩囊文繡，鞢鞻刀削。另一種為龍文金方版四，其飾圜丘用青金石，方澤用黃玉，朝日用珊瑚，夕月用白玉，每版銜東珠五，佩帉及緣惟圜丘用純青，其餘與圓版朝帶同，中約圓結飾如版，銜東珠各四，佩囊純石青，左鞻右削。

皇帝吉服由吉服冠、吉服袍、吉服朝珠、吉服帶等組成。其等級略次於禮服，用於勞師、受俘、賜宴等一般典禮。

吉服冠，頂滿花金座，上銜大珍珠一。吉服朝珠，珍寶隨所御，緣皆明黃色。

皇帝龍袍（吉服袍），也稱采服。色用明黃，領袖皆石青，片金緣，繡金龍九，列十二章，間以五色雲，領前後正龍各一，左右交襟處行龍各一，袖端正龍各一，下幅八寶立水，裾左右開。

皇帝常服由常服冠、常服褂、常服袍等組成。是皇帝日常起居所穿用的服裝。常服冠，紅絨結頂。常服褂，色用石青，花紋隨所御。常服袍，色及花紋隨所御。

皇帝行服，由行冠、行服袍、行褂、行裳等組成，是皇帝出行時穿用的服裝。行冠冬以黑狐、黑羊皮、青絨或青呢為之，餘制如冬常服冠。夏織玉草或藤絲、竹絲為之。行褂，色用石青，長與坐齊，袖長及肘。行服袍制如常服袍，長減十之一，右裾短一尺，又稱"缺襟袍"。行裳，色隨所御，左右各一幅，氈、夾惟其時，冬用鹿皮或黑狐皮為表。

皇帝雨冠、雨衣、雨裳之制，皆用明黃色，羽緞、油綢惟其時。

皇后冠服的禮制、等級和服用場合與皇帝等齊，但形式上有男女的差別，且據《大清會典》分類：皇帝的龍褂屬禮服，龍袍屬吉服，而皇后的龍褂、龍袍均屬吉服。

皇后禮服由朝冠、朝褂、朝袍、朝裙、朝珠和金約、領約等各種配飾組成，制如皇帝禮服。穿着時朝裙在裏，再穿朝袍，外加朝褂。

皇后冬朝冠，薰貂皮為之，飾以東珠、金鳳，冠後有護領。夏朝冠，青絨為之。

皇后朝褂之制有三，皆石青色，片金緣，領後垂明黃縧，飾珠寶惟宜。其一，前後立龍各二，下通襞積，四層相間，上為正龍各四，下為萬福萬壽。其二，前後正龍各一，腰帷行龍四，中有襞積，下幅行龍八。其三，前後立龍各二，中無襞積，下幅八寶平水。

皇后朝袍之制三，皆明黃色。其一，披領及袖俱石青，片金加貂緣，繡金龍九，間以五色雲，中無襞積，下幅八寶平水，披領行龍二，袖端正龍各一，袖相接處行龍各二，領後垂明黃縧，其飾珠寶惟宜；其二，片金加海龍緣，夏片金緣，前後正龍各一，兩肩行龍各一，腰帷行龍四，中有襞積，下幅行龍八；其三，片金加海龍緣，夏片金緣，裾後開，餘制如冬朝袍一。

冬朝裙，片金加海龍緣，上用紅織金壽字緞，下石青行龍妝緞，皆正幅，有襞積。夏朝裙，片金緣，餘制如冬朝裙。

金約，鏤金嵌東珠、寶石，飾於額間。耳飾左右各三，每具金龍銜一等東珠各二。領約，鏤金為之，飾以東珠、珊瑚。朝珠三盤，東珠一，珊瑚二。綵帨，綠色，繡五穀豐登。

皇后吉服，由龍褂、龍袍、吉服冠、吉服朝珠等組成。制如皇帝吉服。

皇后吉服冠，頂用東珠。吉服朝珠一盤，珍寶隨所御，縧皆明黃色。

皇后龍褂（吉服褂）之制二，皆石青色。其一，繡五爪金龍八團，兩肩、前後身正龍各一，襟行龍四，下幅八寶立水，袖端行龍各二；其二，下幅及袖端不施章采。

皇后龍袍（吉服袍）之制三，色用明黃，領袖皆石青。其一繡金龍九，間以五色雲，福壽文采惟宜，下幅八寶立水，領前後正龍各一，左右及交襟處行龍各一，袖如朝袍，裾左右開；其二繡五爪金龍八團，兩肩、前後身正龍各一，襟行龍四，下幅八寶立水，領袖及裾均如前制；其三制同，下幅不施章采。

清代服飾等級的區分，首先是顏色，其次是紋樣，再是質地。帝后服飾是等級最高，也是禮儀制度規定最繁縟的，其他如妃嬪、皇子宗室等依次遞減。關於其他人等的服飾制度，將在書中結合具體實物逐一介紹，此處不再贅述。

清朝統治者對服飾制度非常重視，將其提到“治國之經”的高度來認識，但在本卷收錄的服飾中我們可以看到，有相當數量的服飾實物與制度是不相符的。這一情況在清前期尤甚，這是因為當時的制度尚不健全，實際情況要比制度規定的豐富和複雜得多。這部分實物資料對於我們了解明末清初絲織工藝的面貌，掌握清初服飾制度建立和演變過程是尤為難得的寶貴資料。在乾隆及乾隆以後，儘管制度已非常完備嚴格，但同樣有實物與制度不相符的現象，說明理想化的制度與現實總是有距離的。這些服飾實物反映的是真正的歷史面貌，對於我們認識歷史，對典章制度進行動態的、實證的研究有着重要價值。

四、清代宮廷服飾的生產

清代宮廷服飾所用的衣料大多由江南三織造即江寧織造局、蘇州織造局和杭州織造局生產，極少部分由京內織染局織造。清代江南三織造是在明代官營絲織機構的基礎上，於順治二年、三年、四年相繼恢復發展起來的，主要承擔御用絲織品的生產和採辦。這些絲織品根據用途可分為“上用”、“內用”和“官用”三大類，“上用”即皇帝御用；“內用”為后妃等人所用；"官用"則用於諸王百官的賞賜，不同用途的織物採用的紋樣和原料品質各不相同。成造這些御用及宮中所用衣物通常的程序是：由宮中"如意館"畫樣人依禮部定式繪出樣稿，呈皇帝御覽欽定，最後發往江南

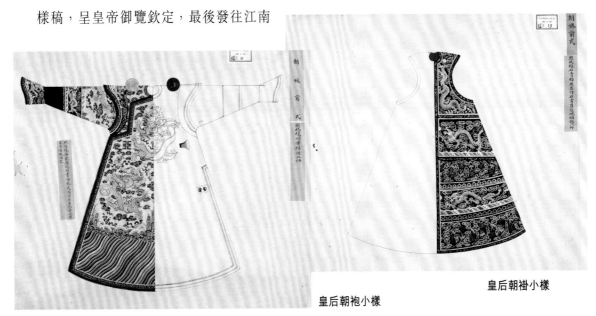

皇后朝裙小樣

皇后朝袍小樣

織造。據光緒《大清會典事例》載：順治初年定"御用禮服及四時衣服，各宮及皇子、公主朝服衣服，均依禮部定式，移交江寧、蘇州、杭州處織造恭進。"

三處織造雖然都承擔御用織品的生產，但根據其不同的技術特點和地理優勢也有分工和側重。一般來說，江寧長於織金妝彩以及倭緞、神帛的織造；蘇州的緙絲、刺繡工藝最精；因湖絲的品質最為優良，故輕薄的綾、羅、紡、縐、綢等則多由杭州織造。也有一些品質要求特殊的織物是由三地合作完成的，如用湖絲在江寧織成匹料，再發往蘇州施以刺繡。一些大宗的年例、重大慶典活動以及邊疆貿易、賞賜等用緞，則多為三處織造平均攤派。這些織物既可由三處織造自行生產，也可從市場購買，現在宮內還藏有附帶商行款識的匹料，就是江南織造從市場採辦的。與此相對應，宮內也建有一套嚴格的驗收獎懲制度，據《內務府·織造檔》記載："乾隆三十八年十一月，內經臣衙門奏稱，嗣後織造處辦解上用緞匹內，如挑出不堪應用一二匹者，著落補織，不准開銷，免其論處；三匹以上者，著落補織，不准開銷外，仍將該織造嚴加治罪。至官用緞紗等項，如挑出不堪應用十匹以內者，著落補織，不准開銷，免其議處；十匹以上者，著落補織，不准開銷外，仍准該織造交該處議處。"

根據織物等級用途的不同，運輸方式也有所區別。陸路運輸成本較高，水路相對便宜，但走水路絲織品易受潮，所以只有上用緞是通過陸路運輸，其他則經運河走水路。

為皇家織造御用物品不計工本是當然的,但其數額究竟幾何?早期的織造檔案我們已看不到,現在所能見到的是同治九年(1870)以後的。從一份同治九年六月的檔案記載中,我們得知:一件鵝黃緞細繡五彩雲水全洋金龍袍,需用繡匠六百八工,繡洋金工二百八十五工,畫匠二十六工六分,每件工料銀合計為三百九十兩二錢一分九厘。一件鵝黃透緙五彩雲水全金龍袍,需用緙絲匠九百九十工,畫匠二十四工七分,每件工料銀合計為三百四十兩八分二厘。

這些宮廷御用織物的生產時代不同,質量差別很大。清早期雖然處在經濟恢復期,財政時常得不到保證,但從現存實物來看,卻達到了清代絲織工藝的最高峰。尤其是康熙朝,其質地工藝之精居清代之冠,這與皇帝本人所具有的藝術品味和重視程度密切相關。乾隆是產品最豐富,用工最奢侈的一朝。乾隆以後,如嘉慶、咸豐朝,在刺繡工藝方面雖然還時有一些精品和創新,但是織造工藝水平已是明顯衰退,江河日下。

五、幾點説明

第一、本書的選材與編排

本書的編選兼顧藏品的工藝性和代表性,綜合考慮了時代、工藝和服用者的身份、服用場合等諸多因素,如"太宗文皇帝御用舊朝袍"(圖 5),雖然品相不佳,但有歷史價值,作為孤品收入。為了較全面地反映故宮藏品的面貌,使讀者對清代宮廷服飾制度有一較完整的了解和認識,我們將收編範圍定為"清代宮廷服飾",即除帝后服飾外,還包括其他生活、服務於宮廷的人員的服飾(圖 140—145)及部分宗教服飾(圖 146—156)。從制度等級和工藝水平角度來看,帝后服飾當然是最高等精緻的,代表了當時的最高水平。但從認識歷史的角度來說,其他服飾也必不可少,這樣才構成了完整的宮廷社會等級體

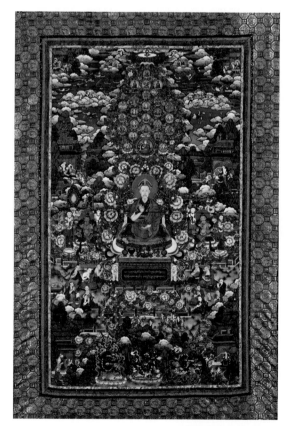

乾隆普寧寺佛裝像軸

系。這些服飾為宮廷所獨有，長期以來深藏禁宮，鮮為世人所知，本書是首次系統地整理發表。這不僅對研究宮廷服飾制度極其重要，還必將推動其他相關領域的研究。其中的宗教服飾部分，以藏傳佛教服飾為主，所選都是稀世珍品，對於研究清代宮中的宗教法事活動具有重要價值。

需要說明的是，本卷內容以服裝為主，收錄的冠帽與配飾略顯不足。這是因為冠帽與配飾原多鑲有珠寶，由於種種原因現已多有殘缺。又有《宮廷珍寶》卷已先行選收，在此不宜重複。為了彌補這一不足，盡可能展現服飾的完整性，本卷特選取了幾幅故宮珍藏的乾隆朝彩繪本《皇朝禮器圖式》的朝珠、冠帶圖作為配圖，與黃、紅、藍、月白四色皇帝朝服組合展示。不同顏色的朝服分別為皇帝舉行不同的朝會典禮、祭祀儀式時所穿戴，其中所選黃色、藍色、月白三色朝服為乾隆皇帝御用之物（圖1、2、4），是清代皇帝朝服的標準樣式，紅色朝服為雍正皇帝御用之物（圖3），可以看到二者在形式上稍有不同。它不僅能讓我們了解清朝冠帶制度的標準樣式，同時也反映了服飾制度的建立是一個發展演變的過程，對我們正確理解清代章服制度有所幫助。

本書的編排分為三大部分，前兩部分參考《大清會典》，分為皇帝冠服（附皇子及其宗室）與后妃冠服（附公主及福晉），每一部分又依《會典》，根據不同的服用場合細分為：禮服、吉服、常服、行服、雨服等，略有損益。第三部分收錄宮廷服務人員的服飾、宗教服飾以及部分冠帶、配飾、靴鞋襪等。在每一類服飾中，基本是以時代先後為序排列的。

清代服飾制度之繁縟堪稱中國歷史之最，為了能將這些煩瑣無比的服飾穿戴形式較為直觀地展示給讀者，我們特選了乾隆皇帝25歲登基像和孝賢皇后朝服像作為插圖。這兩幅肖像畫是十八世紀意大利傳教士郎世寧所繪，應是對着真人寫生的作品，圖中的服飾也完全是寫實的。但從畫面中我們可以看到，帝后的服飾與現存實物並不完全吻合。這反映了幾方面的問題：其一，我們現在看到的保存下來的實物只是極少的一部分；其二，服飾制度的建立是一個逐步完善的過程；其三，服飾制度的制定與實施情況存在着差距。

第二、清代宮廷服飾的斷代

文物斷代是文物鑒定的重要內容。不同的文物根據各自不同的文化特性與其承載的歷史信息，有着不同的鑒定方式與標尺。早期的服飾文物主要來自考古發掘，其斷代也主要依靠考古方法。清宮服飾則不然，其特殊性和得天獨厚的條件決定了它與眾不同的斷代方式——依靠黃條記錄。在清宮舊藏的服飾中，有一部分繫有黃條，黃條的形式大致有以下三種：

一是有明確身份，書寫恭敬準確，如"聖祖"、"世祖"、"高宗"等，這一部分只限於皇帝專用服飾。有的還附以詳細準確的服飾名稱和配飾情況，如"聖祖 黃緞織金龍貂皮邊天馬皮朝袍一件 珊瑚背云二塊 珊瑚墜角四個 加間飯塊正珠八顆 四等四顆 五等四顆"（圖 6）。從目前掌握的資料來看，這種黃條始於"聖祖"，是雍正時期書寫並供奉的康熙皇帝冠服。也就是說，將先帝服飾加以保存的制度始於雍正朝，這一制度的建立與清代喪葬制度的改革有着密切關係。入關前的滿族過着居無定所的遷徙生活，其傳統的葬俗為火葬。康熙實行喪葬制度改革，改火葬為土葬，世祖福臨是清代最後一位實行火葬的皇帝。從《大清會典》"喪禮"中我們也可以看到，從康熙皇帝開始有了冠服的供奉制度，即將聖祖御用冠服供於壽皇殿。乾隆時也曾複製祖上冠服，用於盛京供奉。另外，在宮內藏品中，現知僅存的一件上附黃條"穆宗毅皇帝供奉"的冬行服冠（圖 161），應是晚清時後人供奉的同治皇帝用品。由此可以確認，這類寫有皇帝廟號黃條的服飾是後人用來祭祀先帝的，這一制度始於康熙，並沿襲整個清代。這樣，宮中遺存的服飾為甚麼基本上是從康熙皇帝開始也就完全可以理解了。而僅有的一件"太宗文皇帝御用舊朝袍"（圖 5）和一雙"太宗文皇帝撒林皮皂靴"（圖170），據史料可知，原是皇太極賞賜部下之物，乾隆時由其後人繳回宮中，其上的黃條應為乾隆時所書。

二是有準確紀年的黃條，如"某年某月某日收，某某人（或敬事房、或造辦處等）呈覽"，再加以服飾名稱。這種有紀年的黃條始見於乾隆朝，如"乾隆三十三年五月初五日收 敬事房呈覽 石青緞繡八團金龍有水夾褂一件"（圖 76）。這類黃條上的時間大部分應該是成衣並呈皇帝御覽的時間。其上的人名如王常貴、韓來玉等均是當朝的敬事房太監。對這類黃條的誤解是最多的，因為宮中確實存在着一些從面料紋樣上看與黃條所書年代難以吻合的現象，這種情況的出現一般有兩方面因素。一是我們對紋樣特徵的判斷標準是否可靠；二是在某些情況下，後朝用前朝留下的衣料做成成衣也是完全正常的事情。如是前者，自不必贅言，如果屬第二種情況，從其所用的裏料、做工以及領袖邊上是可以看出這些材料不屬於同一時代，尤其是領袖邊往往有拼接，與服飾主體部分面料的精緻程度不相匹配。最典型的就是一批黃條紀年為嘉慶、咸豐的女袍褂，從面料的工藝紋樣看，應屬於清早期。如黃條記載"嘉慶十二年收"的"石青緞織金龍綿蟒袍"（圖 108），面料用色完全是清早期風格。另有黃條書寫"咸豐三年收"的"鵝黃紗雙面繡卍字地彩雲藍龍單蟒袍"（圖 112）和"鵝黃緞織彩

雲金龍綿蟒袍"（圖113），從工藝和紋樣
特徵來看，一般都認為是乾隆年間的產
品。這是因為咸豐年間，太平軍攻佔江
南，三織造被迫停歇，這批服飾很可能是動用
了宮中的庫存衣料所做。所以說，此類黃條上所記錄的時間
應是成衣時間。

上述兩種黃條是宮廷服飾文物斷代的重要依據，第三種比較簡略，僅有服飾名
稱，書寫也較草率，時有塗改，對文物斷代意義不大。因此，本書對服飾文物
的斷代，一律以黃條所書的身份、紀年為標準。對於部分沒有黃條可依的，
採用清前期、中期、晚期的方式斷代。清前期包括順治、康熙、雍正三朝，
中期為乾隆、嘉慶、道光三朝，咸豐及以後為清晚期。

最後需要指出的是，服飾作為一種生活用品，被提高到歷史文物和服
飾藝術的高度來認識只是近幾十年的事，對這一領域的研究還處於
初級階段。編者相信，通過此次對故宮藏清宮服飾的系統整理出
版，對建立科學求實的清代服飾研究方法將是一個良好的開端。

參考文獻：

1 · 王雲英《再添秀色——滿族官名服飾》，遼海出版社，1997 年。

2 · 韋慶遠《江南三織造與清代前期政治》，中國社會科學出版社《明清史新析》，1995 年。

3 · 范金民、金文《江南絲綢史研究》，農業出版社，1993 年。

4 ·《近代中國史料叢刊三編 · 大清會典 · 康熙朝》，文海出版社，1991 年。

5 ·《近代中國史料叢刊三編 · 大清會典 · 雍正朝》，文海出版社，1995 年。

6 · 劉潞《〈皇朝禮器圖式〉：一部規範清代社會成員行為的圖譜》，《故宮博物院院刊》，
    2004 年第 4 期。

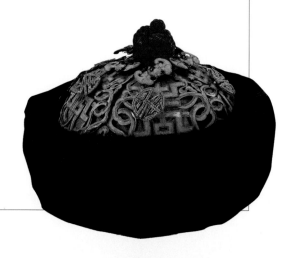

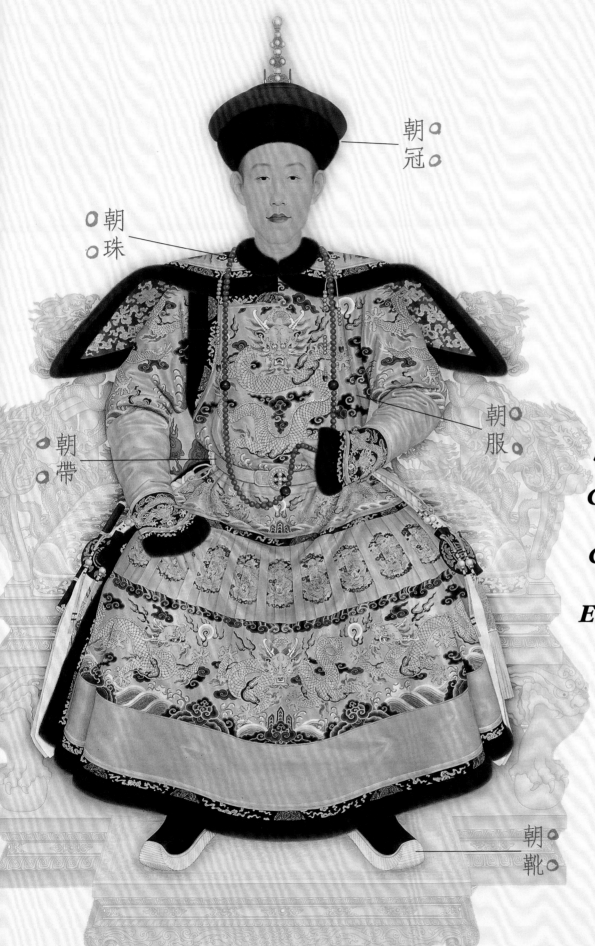

朝冠

朝珠

朝服

朝帶

朝靴

皇帝冠服

Crowns and Clothes of the Emperor

1

明黃緞繡彩雲金龍夾朝服
清乾隆
身長 144 厘米　兩袖通長 190 厘米
下幅寬 162 厘米　披領 100 × 34 厘米
清宮舊藏

Lined court robe of bright yellow satin embroidered with colored clouds and gold dragons
Qianlong period, Qing Dynasty
Length of robe: 144cm　Overall width, cuff to cuff: 190cm
Width of hemline: 162cm　Collar drape: 100×34cm
Qing Court collection

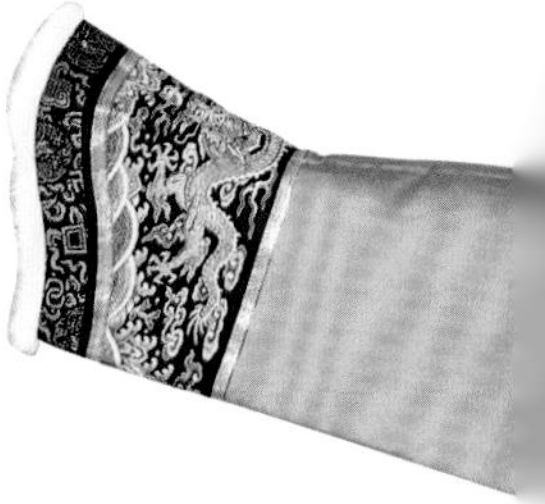

圓領，大襟右衽，馬蹄袖，附披領，明黃色縧背雲二。腰帷以下為襞積式。明黃色緞面，披領及袖皆石青，片金緣，袖端裏襯銀鼠皮，有出鋒。

袍身紋樣兩肩前後繡正龍各一，腰帷行龍五，衽正龍一，襞積前後團龍各九，裳正龍二，行龍四；披領行龍二，袖端正龍各一；間以五色雲，列十二章，下幅八寶平水。圖紋均以赤圓金綫勾邊，繡工精妙，針法多變，用色和諧。

此袍為乾隆皇帝朝會大典時所穿禮服，這種禮服的形式紋樣乾隆朝始為定制，是清代皇帝朝服的標準樣式。黃條墨書："高宗　繡黃緞面片金邊夾朝袍一件　珊瑚背雲二塊　珊瑚墜角四個　加間飯塊正珠八顆"。

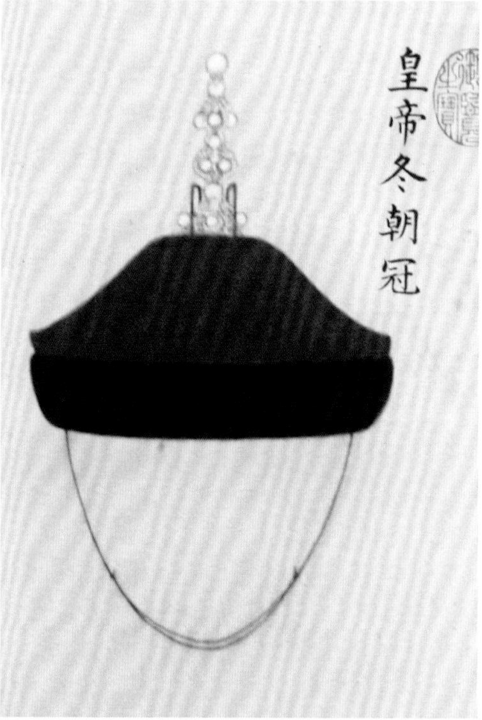

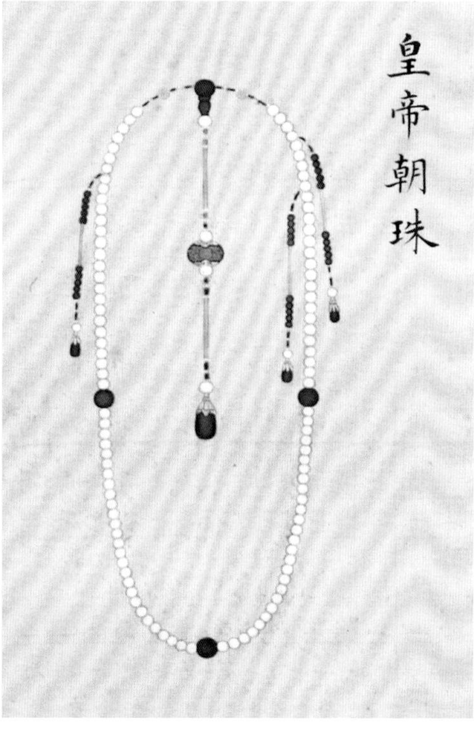

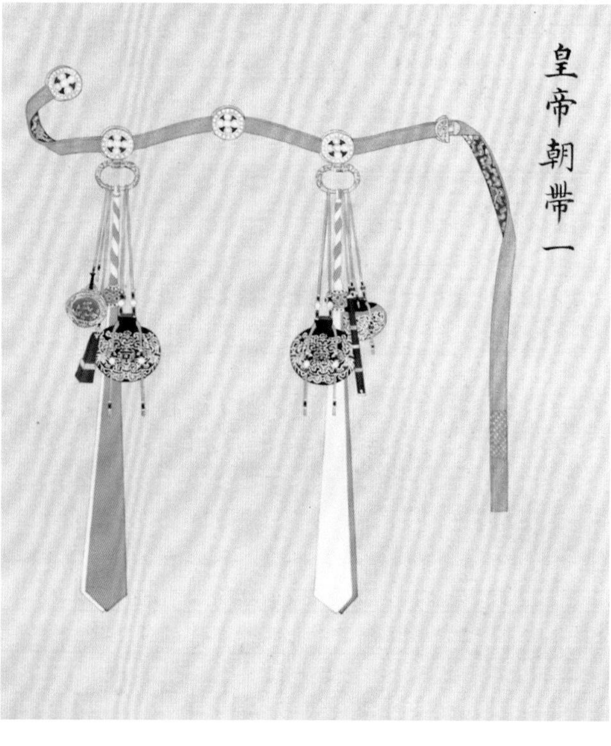

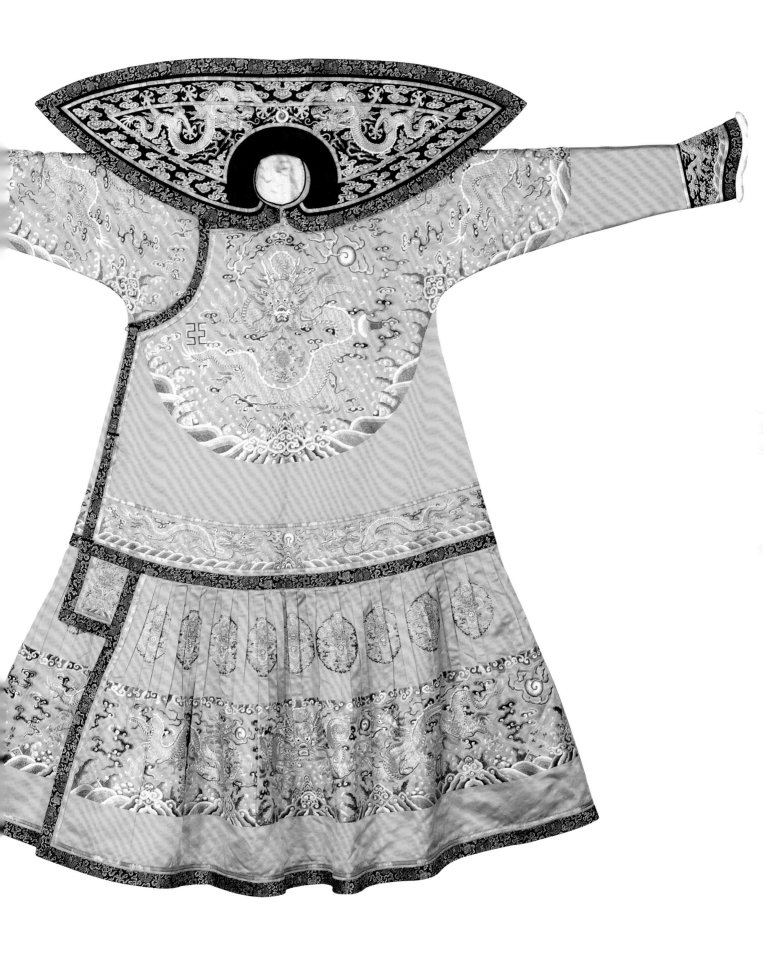

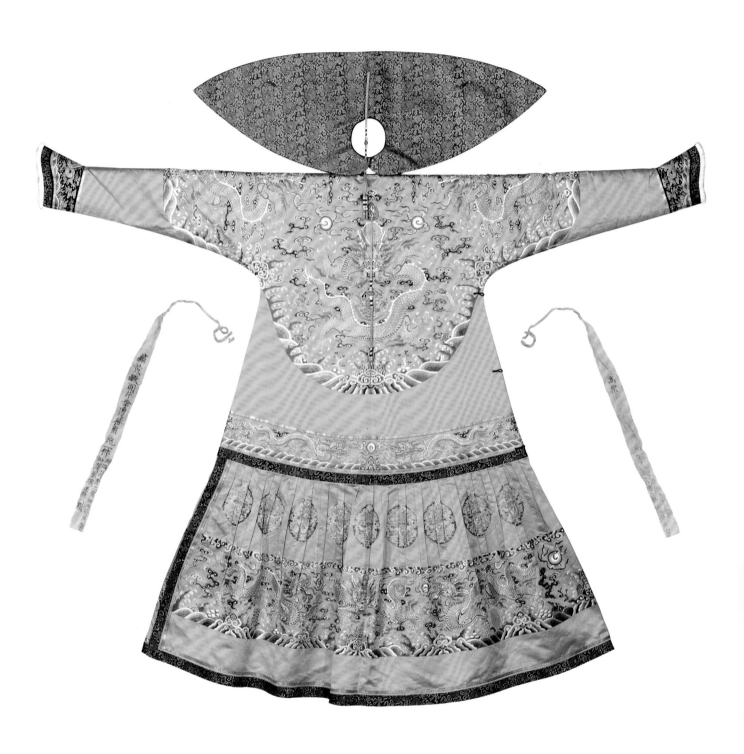

2

藍緙絲彩雲金龍單朝服
清乾隆
身長 144 厘米　兩袖通長 194 厘米
下幅寬 160 厘米　披領 100×34 厘米
清宮舊藏

Unlined court robe of blue silk tapestry woven with colored
clouds and gold dragons
Qianlong period, Qing Dynasty
Length of robe: 144cm　Overall width, cuff to cuff: 194cm
Width of hemline: 160cm　Collar drape: 100×34cm
Qing Court collection

圓領，大襟右衽，馬蹄袖，附披領，明黃色緶背雲二。腰帷
以下為襞積式。藍色緙絲面，披領及袖皆石青色，片金緣。
袍身用二色圓金綫緙織金龍紋，以紅、綠、藍、淡紫、香色
等五彩絲綫織祥雲平水，十二章分佈其間。

此袍為乾隆皇帝所用，是清代皇帝朝袍的標準形式之一。據
《清會典》"朝服色用明黃，惟南郊、祈穀、雩祭用藍色"的
規定，可知此袍應是祭祀時所穿。黃條墨書："高宗　藍緙
絲描金邊單朝袍一件　珊瑚背雲二塊　珊瑚墜角四個　加間
飯塊正珠八顆"。

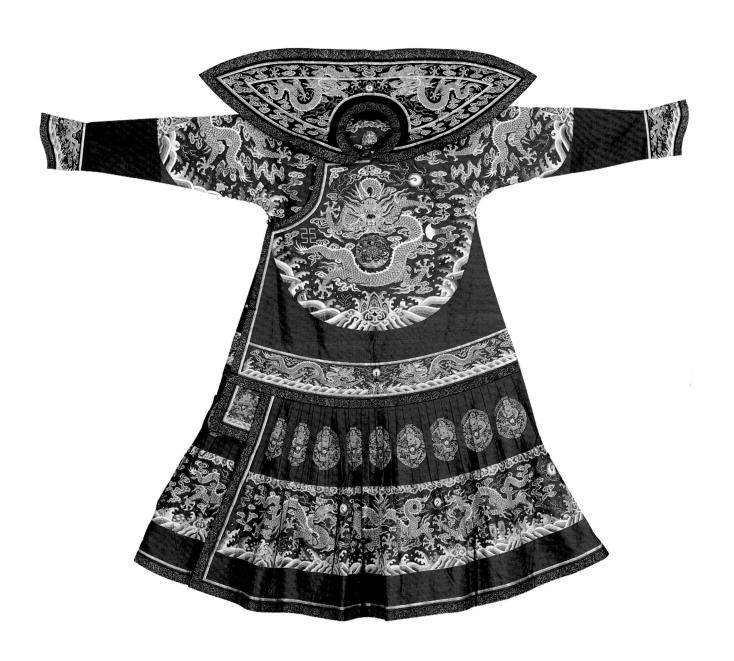

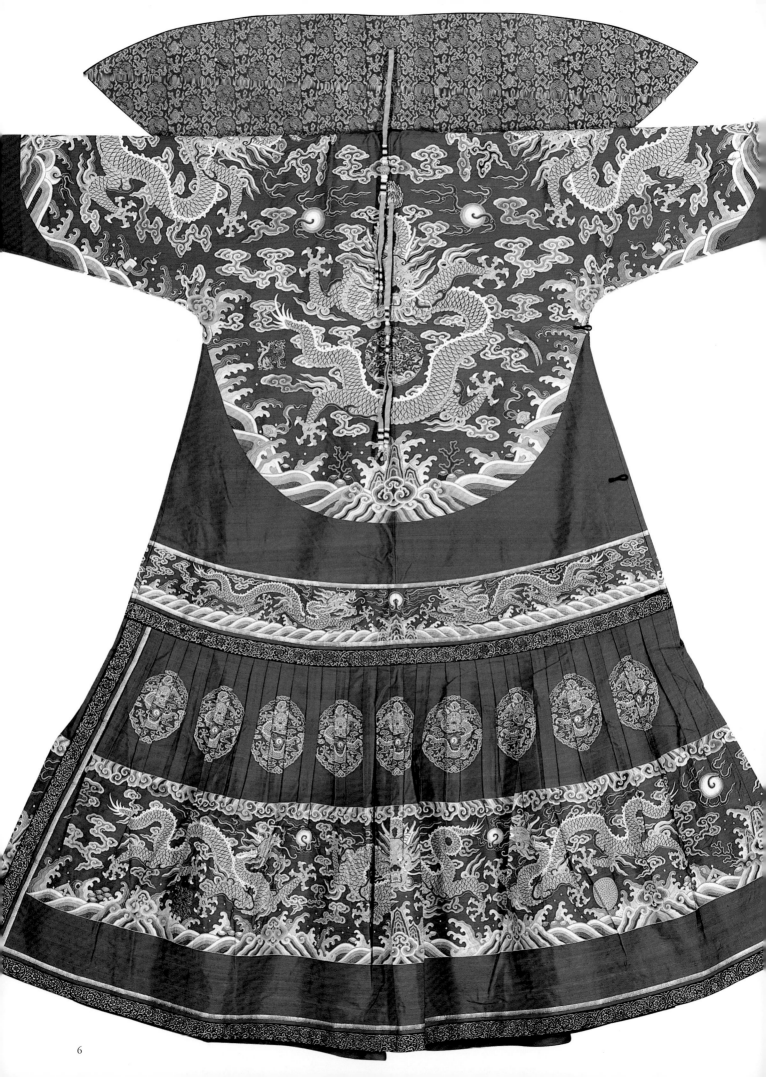

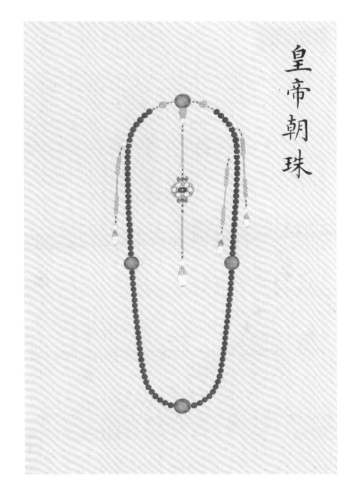

皇帝朝珠

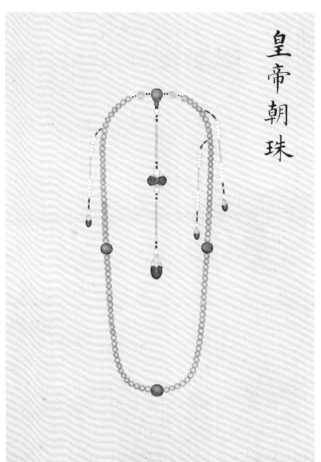

皇帝朝珠

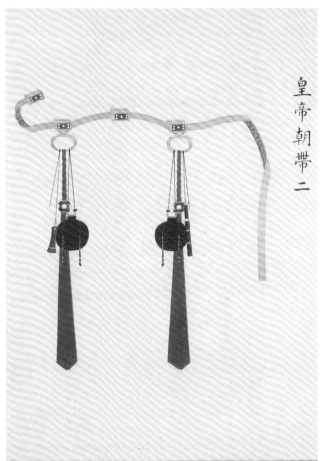

皇帝朝帶二

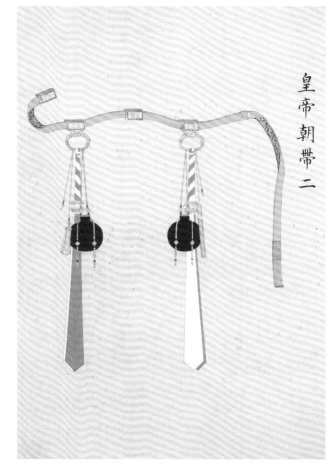

皇帝朝帶二

7

3

大紅緞織彩雲金龍皮朝服
清雍正
身長 145 厘米　兩袖通長 192 厘米
下幅寬 136 厘米　披領 100×34 厘米
清宮舊藏

Fur-lined court robe of red satin woven with colored clouds and gold dragons

Yongzheng period, Qing Dynasty
Length of robe: 145cm　Overall width, cuff to cuff: 192cm
Width of hemline: 136cm　Collar drape: 100×34cm
Qing Court collection

圓領，大襟右衽，馬蹄袖，附披領，無背雲。腰帷以下為襞積式。紅色緞面，披領及袖藍色，片金加海龍緣，裏襯上為羔羊皮，下為銀鼠皮。袍身妝花織花紋，由前胸、後背及兩肩的四條正龍、五色雲和海水江崖共同構成柿蒂紋，腰帷飾行龍五，裳前後行龍各五。披領行龍二，袖端正龍各一，衽飾山水紋。

雍正元年始定皇帝禮服為明黃、藍、大紅、月白四色的制度，這件大紅色朝袍是雍正皇帝祭日所穿。黃條墨書："世宗"。

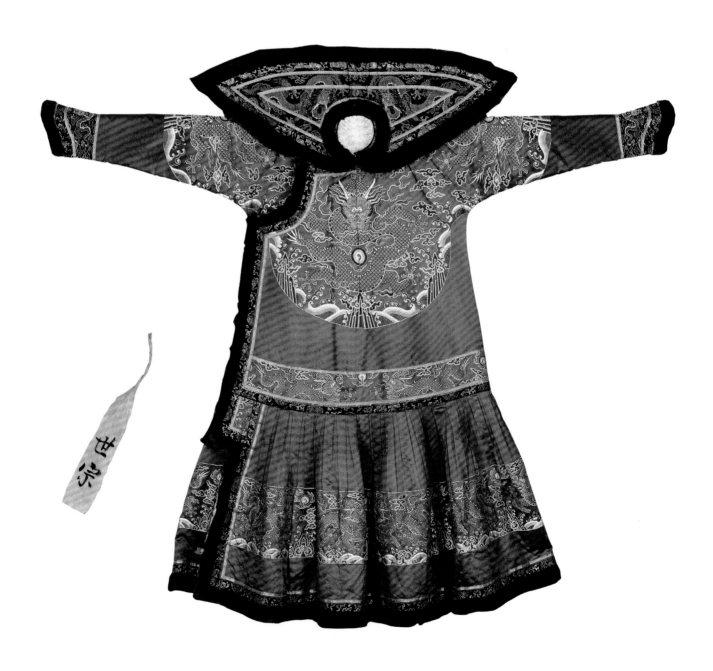

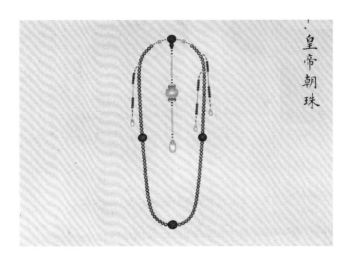

皇帝朝珠

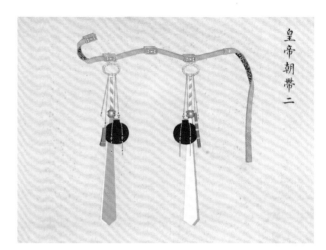

皇帝朝帶二

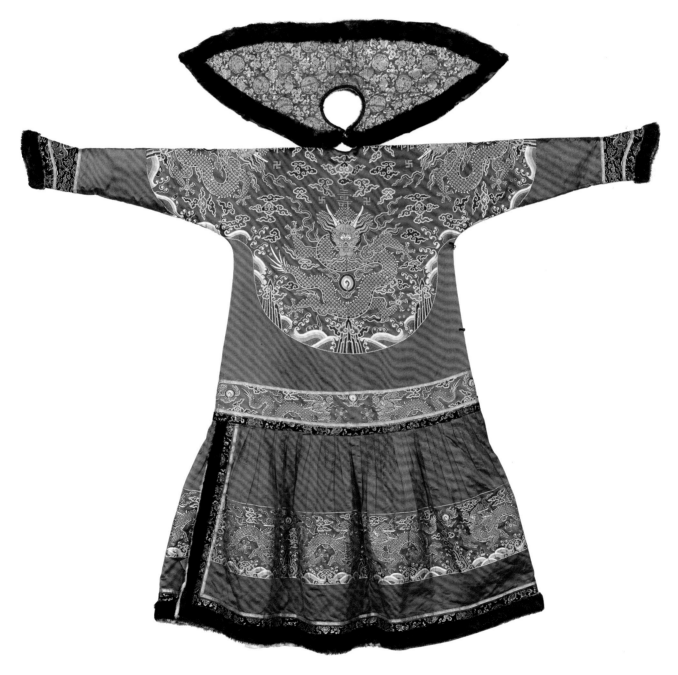

4

月白緙絲彩雲金龍單朝服
清乾隆
身長 148 厘米　兩袖通長 190 厘米
下幅寬 146 厘米　披領 100×33 厘米
清宮舊藏

Unlined court robe of bluish white silk tapestry woven with colored clouds and gold dragons
Qianlong period, Qing Dynasty
Length of robe: 148cm　Overall width, cuff to cuff: 190cm
Width of hemline: 146cm　Collar drape: 100×33cm
Qing Court collection

圓領，大襟右衽，馬蹄袖，附披領，明黃色緙紅珊瑚背雲二。腰帷以下為襞積式。月白色緙絲地，披領及袖皆石青色，片金緣。袍身兩肩及前胸後背飾正龍紋各一，腰帷行龍五，衽正龍一，襞積前後團龍各九，裳前後各正龍一、行龍二；袖端正龍各一，披領行龍二。周身列十二章。

此袍為乾隆皇帝在秋分祭月時的服用，是清代朝袍的標準形式之一。黃條墨書："高宗　月白緙絲描金邊單朝袍一件　珊瑚背雲二塊　珊瑚墜角四個　加間飯塊正珠八顆"。

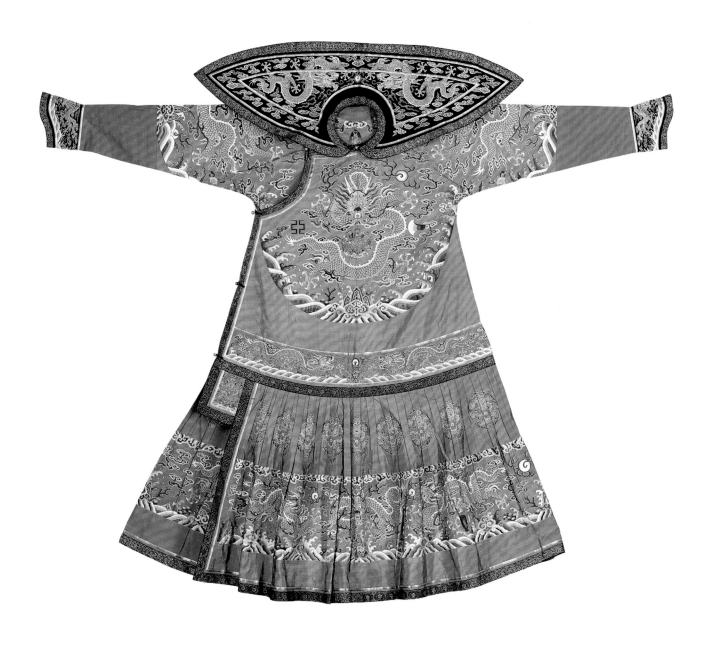

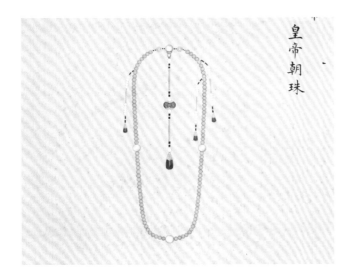

皇帝朝珠

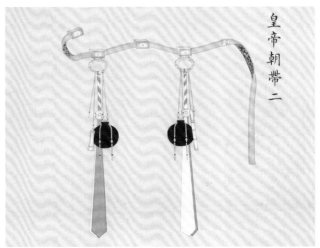

皇帝朝帶二

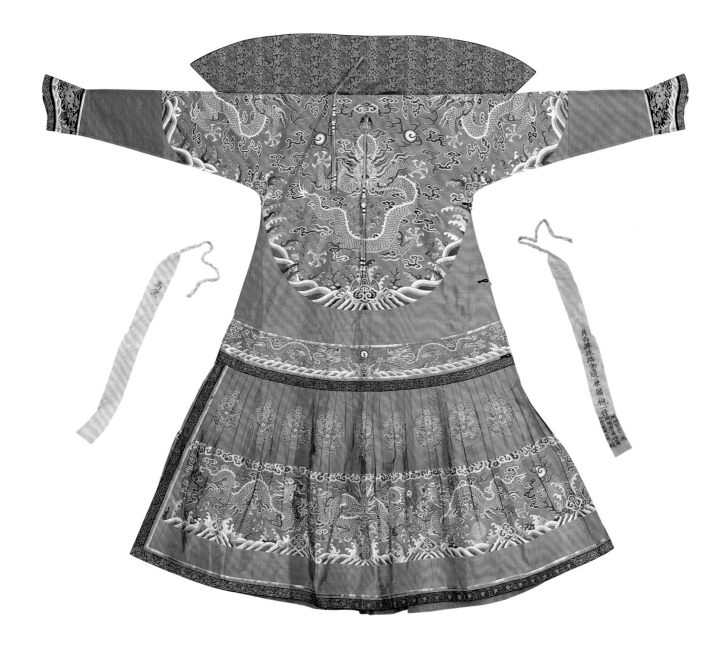

5

黃色八寶暗花綢綿袍
清皇太極
身長 124 厘米　兩袖通長 198 厘米
下幅寬 116 厘米
清宮舊藏

**Silk floss-padded robe of yellow silk with veiled design of Eight
Treasures**
Huangtaiji period, Qing Dynasty
Length of robe: 124cm
Overall width, cuff to cuff: 198cm
Width of hemline: 116cm
Qing Court collection

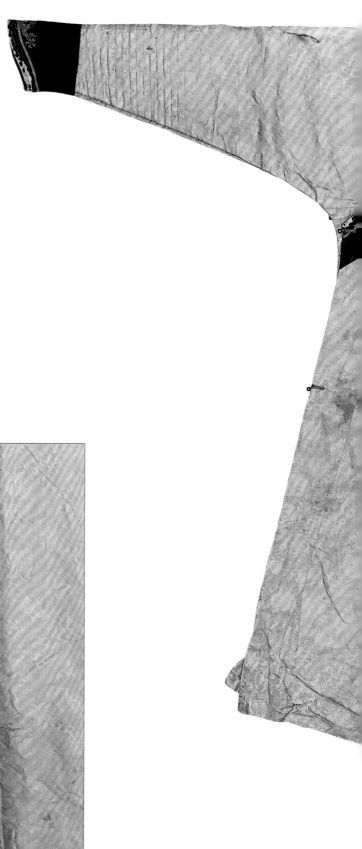

圓領，大襟右衽，馬蹄袖，裾四開。黃色暗花綢面，白素絹
裏，內絮薄綿。藍色雲紋暗花緞織金龍領袖邊，藍素緞緣。
黃色綢面地組織為四枚經面右斜紋，緯綫顯花織法螺、法
輪、寶傘、白蓋、蓮花、寶瓶、金魚、盤長等八寶紋，寓意
"八寶生輝"。提花準確，花型飽滿，織造緊密，有浮雕感。

此袍為皇太極御用並曾賞賜臣屬，乾隆年間交回宮中。其服
裝形式反映了入關前滿族服飾的面貌，袍面由多塊材料拼接
而成，入關前絲綢面料的緊缺由此可見。黃條墨書："太宗
文皇帝御用舊朝袍一件"。

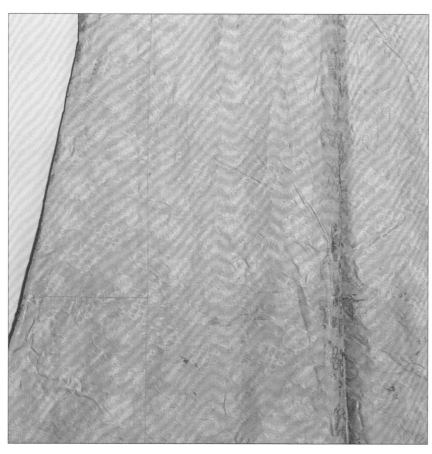

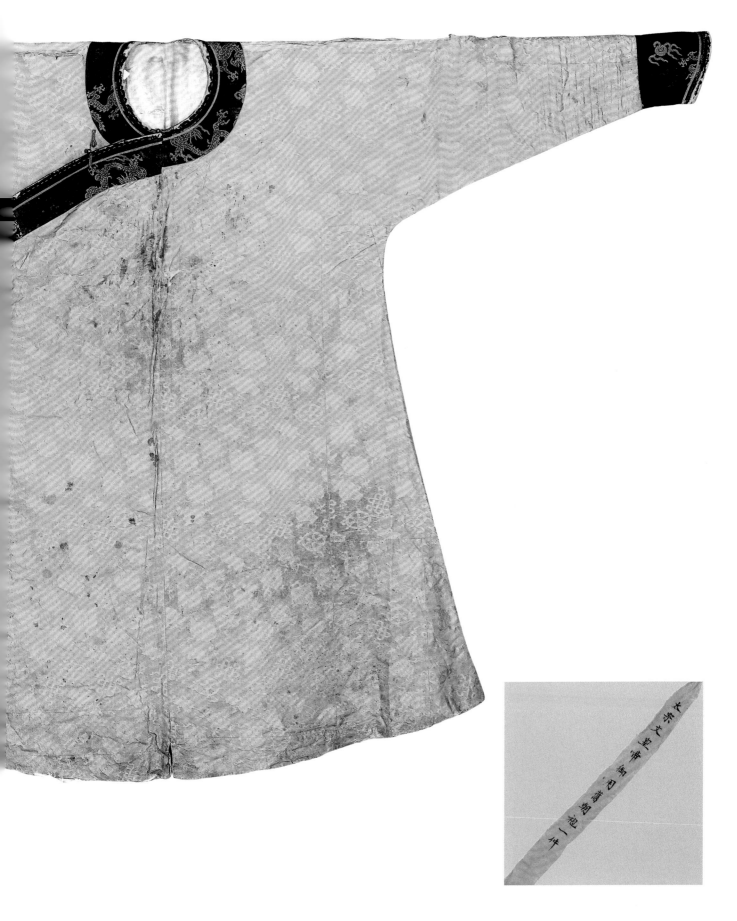

6

黃緞織彩雲金龍皮朝服

清康熙

身長 150 厘米　兩袖通長 194 厘米

下幅寬 152 厘米　披領 120×42 厘米

清宮舊藏

Fur-lined court robe of yellow satin woven with colored clouds and gold dragons

Kangxi period, Qing Dynasty

Length of robe: 150cm　Overall width, cuff to cuff: 194cm　Width of hemline: 152cm　Collar drape: 120×42cm

Qing Court collection

黃色緞面，披領及裳俱裱以紫貂，馬蹄袖端為薰貂，天馬皮裏。朝袍採用妝花工藝，以圓金綫挖梭織金龍，片金邊，利用金綫不同的折光率來表現層次；以五色絲綫織祥雲、海水江崖紋。

此袍為康熙皇帝在冬季舉行重大慶典時服用，毛色柔亮，輕暖華貴，保存完好，是一件難得的精品。黃條墨書："聖祖黃緞織金龍貂皮邊天馬皮朝袍一件　珊瑚背雲二塊　珊瑚墜角四個　加間飯塊正珠八顆　四等四顆　五等四顆"。

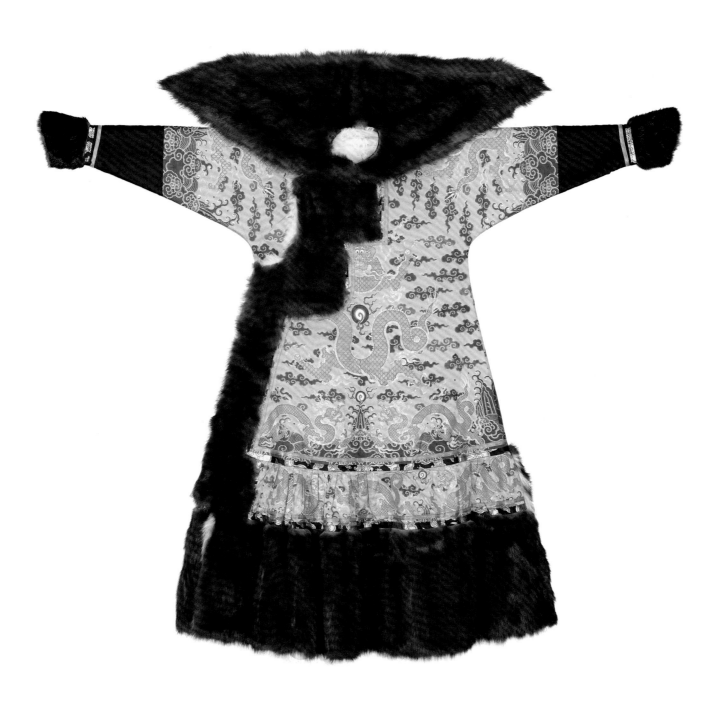

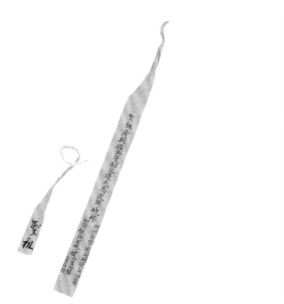

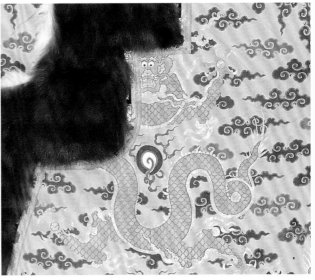

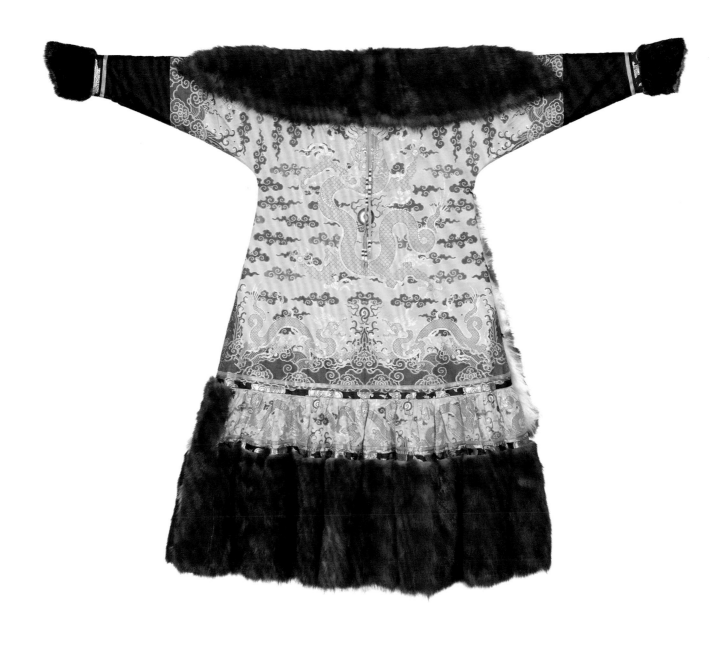

7

藍緞織彩雲金龍皮朝服
清康熙
身長 150 厘米　兩袖通長 208 厘米
下幅寬 153 厘米　披領 122×42 厘米
清宮舊藏

Fur-lined court robe of blue satin woven with colored clouds and gold dragons
Kangxi period, Qing Dynasty
Length of robe: 150cm　Overall width, cuff to cuff: 208cm
Width of hemline: 153cm　Collar drape: 122×42cm
Qing Court collection

藍色素緞面，披領及裳俱褙以紫貂皮，袖端褙以薰貂皮，天馬皮裏。袍身妝花織龍紋，上衣為圓金龍九，襞積為行龍七，間飾五彩祥雲。通身構圖繁而不雜，毛色均勻，柔順質輕。

此袍是一件織造極佳的上乘之作，具有康熙後期服飾特徵，是康熙皇帝冬季祭祀大典時服用。黃條墨書："聖祖　藍緞織金龍貂皮邊天馬朝袍一件　青金背雲二塊　青金墜角四個　加間飯塊正珠八顆　四等四顆　五等四顆"。

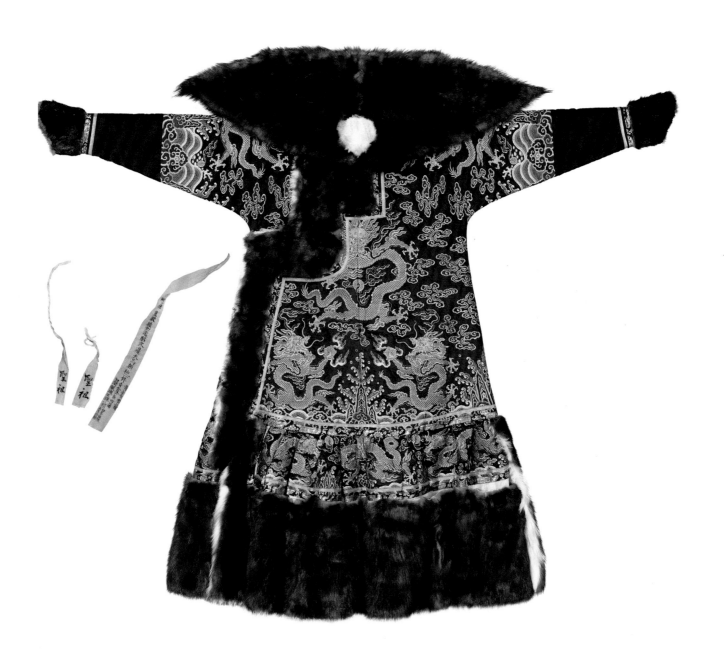

8

黃緞繡彩雲金龍皮朝服
清康熙
身長 148 厘米　兩袖通長 202 厘米
下幅寬 160 厘米　披領 110×41 厘米
清宮舊藏

Fur-lined court robe of yellow satin embroidered with colored clouds and gold dragons
Kangxi period, Qing Dynasty
Length of robe: 148cm　Overall width, cuff to cuff: 202cm
Width of hemline: 160cm　Collar drape: 110×41cm
Qing Court collection

黃色緞面，貂皮裏。披領及袖皆藍色，片金加海龍緣。通身以赤圓金繡龍紋，前胸、後背和兩肩正龍各一，腰帷行龍五，襞積前後團龍各九，裳正龍二，行龍四。又以藍、紫、綠、香四色絲綫為主色調，輔以深淺不同的三暈色，繡流雲、火焰點綴其間。

此袍為康熙皇帝冬季慶賀大典時服用，捻金極細，用色沉穩素雅。在柿蒂紋和腰帷之間前後繡團龍各四，衽無紋，是康熙後期朝服所特有的形式。黃條墨書："聖祖"。

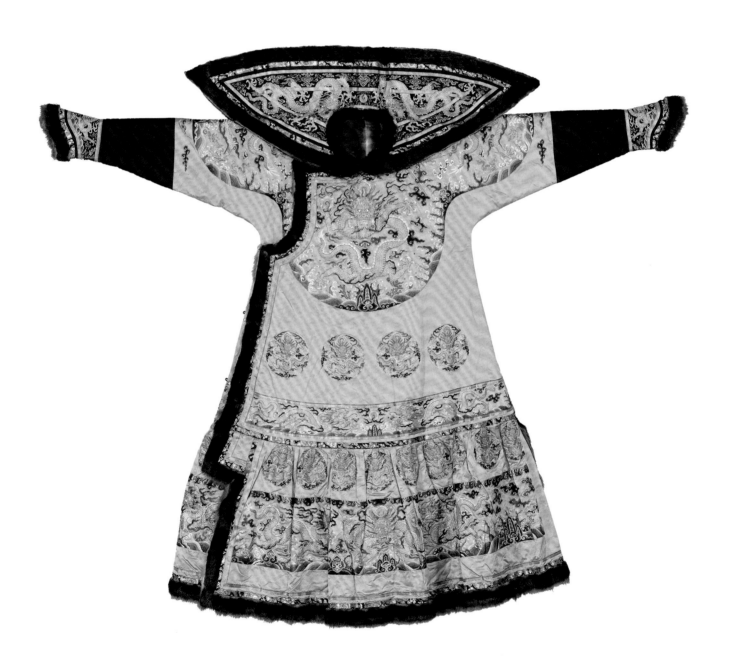

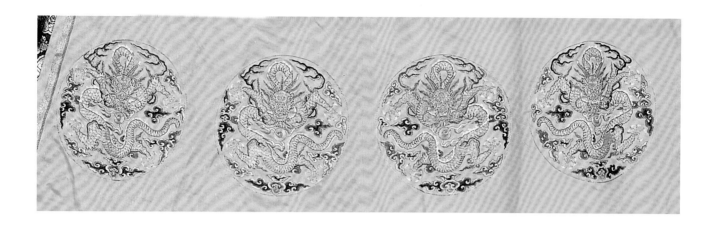

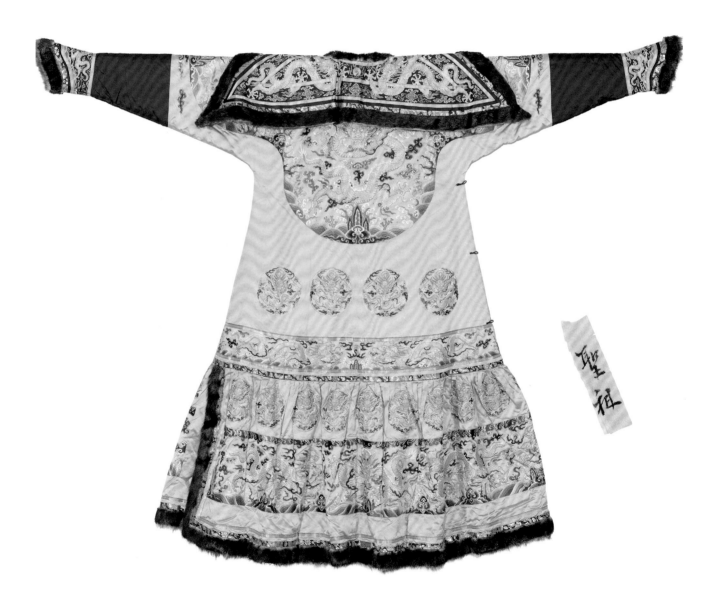

9

藍緞織四團金龍綿朝服
清康熙
身長 148 厘米　兩袖通長 210 厘米
下幅寬 147 厘米　披領 106×36 厘米
清宮舊藏

Silk floss-padded court robe of blue satin woven with four
medallions of gold dragons
Kangxi period, Qing Dynasty
Length of robe: 148cm
Overall width, cuff to cuff: 210cm
Width of hemline: 147cm　Collar drape: 106×36cm
Qing Court collection

藍色暗花緞面，月白色雙勾卍字曲水紋暗花綾裏。披領與袖
為藍色團龍八寶如意雲紋漳絨，披領為藍色綢裏，妝花織彩
雲行龍二，藍色西番蓮片金綢緣。袍身以雙股捻金綫織金龍
四團，間飾紅、綠、藍三色彩雲。色用三暈，片金勾邊，利
用金綫不同的折光率，來表現金色的層次。

此袍花紋清晰雅致，織造平整光亮，選料上等。現知的四團
金龍朝袍僅見於康熙朝，這種捻金織紋，片金勾邊的手法亦
多見於康熙時期。黃條墨書："聖祖　藍緞織四團金龍片金
邊綿朝袍一件　珊瑚背雲二塊　珊瑚墜角四個　加間飯塊正
珠八顆　四等四顆　五等四顆"。

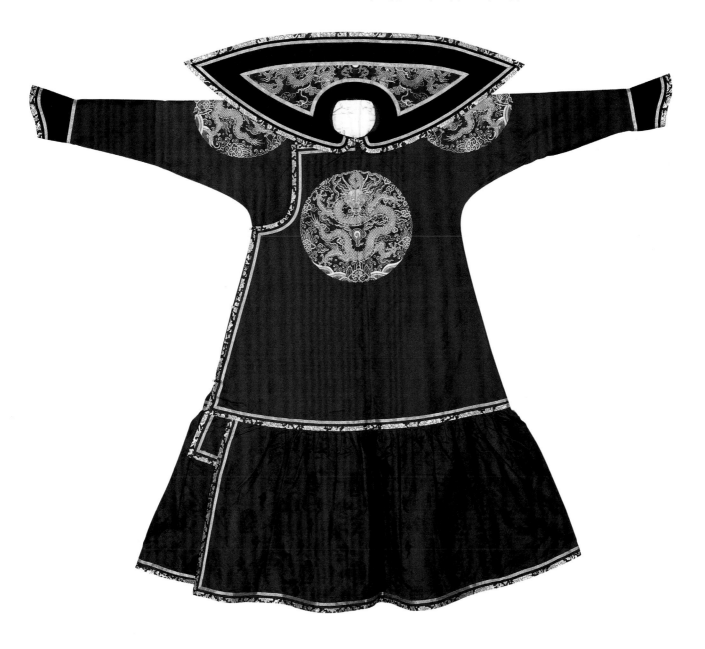

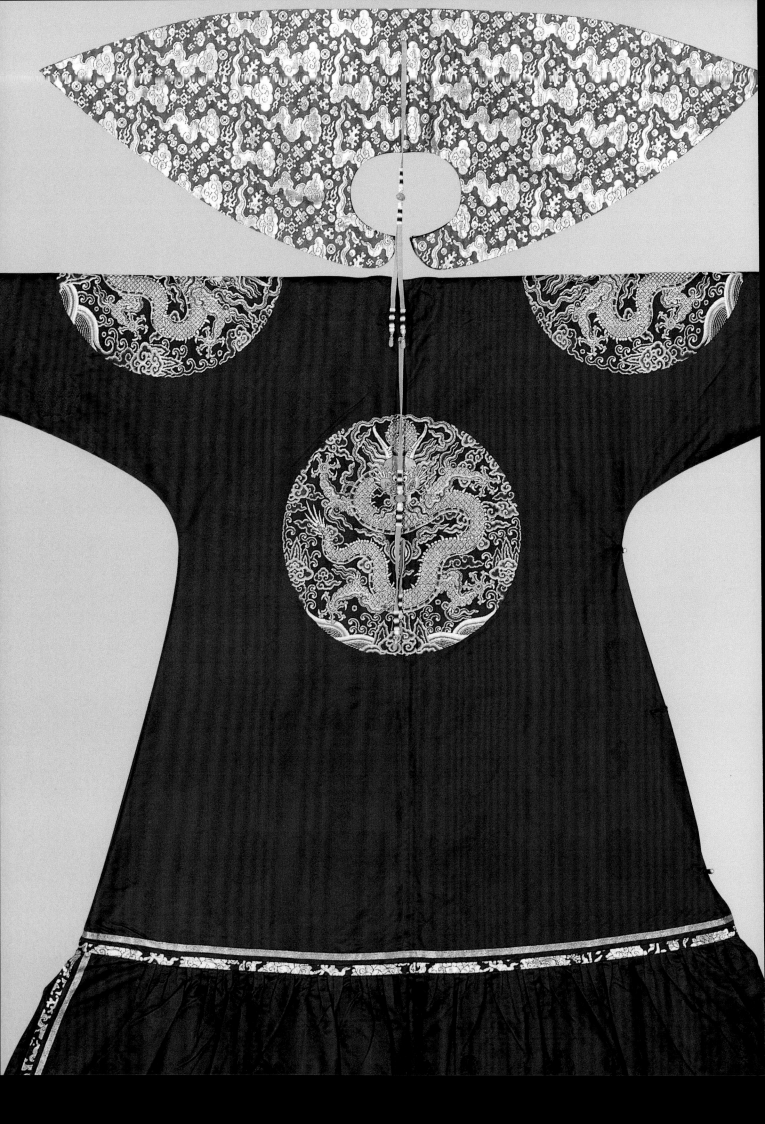

10

藍色團龍暗花緞夾朝服
清康熙
身長 146 厘米　兩袖通長 194 厘米
下幅寬 133 厘米　披領 107×37 厘米
清宮舊藏

Lined court robe of blue satin with veiled design of dragon
medallions
Kangxi period, Qing Dynasty
Length of robe: 146cm　Overall width, cuff to cuff: 194cm
Width of hemline: 133cm　Collar drape: 107×37cm
Qing Court collection

藍色緞面，白色勾蓮暗花綾襯裏。馬蹄袖和披領均為石青色
漳絨，飾二龍戲珠紋，披領裏為紅色織金綢，片金織雜寶、
如意雲、卍字等紋飾，藍色縧帶背雲。通身織二則團龍勾蓮
暗花紋，一個花紋單位達 36 厘米。

此袍是康熙皇帝在祭祀典禮時所穿。織工講究，質地細密光
滑，團花設計嚴緊飽滿。"則數"是在匹料幅寬尺寸內，橫
向排列的單位紋樣數，"二則"就是橫向並列兩個花紋。黃
條墨書："聖祖　藍二則緞素朝袍一件　二等飯塊正珠背雲
二塊　四等飯塊正珠墜角四顆"。

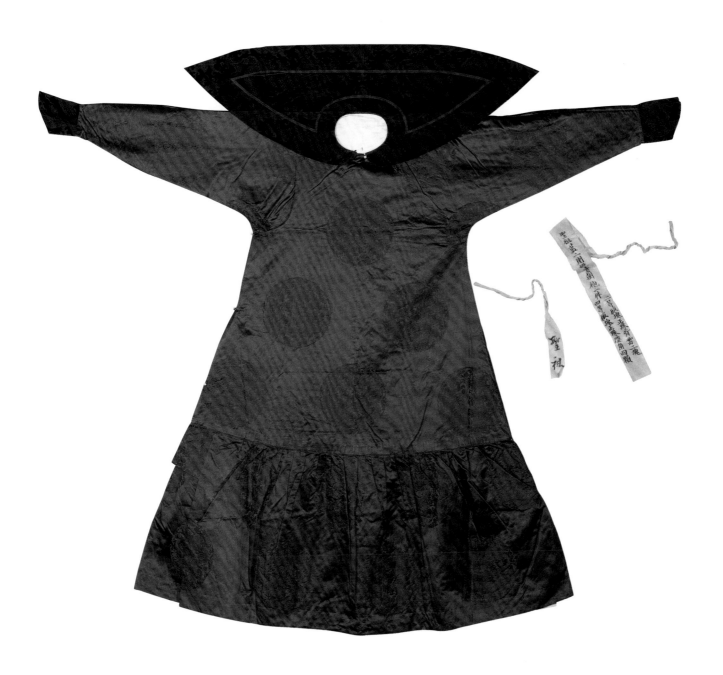

11

黃色織金緞彩雲金龍夾朝服
清早期
身長 136 厘米　兩袖通長 169 厘米
下幅寬 125 厘米　披領 91×32 厘米
清宮舊藏

Lined court robe of gold thread-woven yellow satin with colored
clouds and gold dragons
Early Qing Dynasty
Length of robe: 136cm　Overall width, cuff to cuff: 169cm
Width of hemline: 125cm　Collar drape: 91×32cm
Qing Court collection

黃色織金緞面，月白色如意雲紋暗花綾裏，石青片金緣，腰帷以下為襞積式下裳。素石青緞接袖，石青色五彩雲龍妝花緞披領及袖端，披領裏為鳳穿牡丹紋織金緞，無背雲。袍身柿蒂形紋樣內，以赤圓金綫在胸前和背後織頂壽托萬字正龍紋各一，有"萬壽"之吉祥寓意。兩肩織正龍頂壽紋各一，間飾五彩祥雲、壽山福海。腰帷織行龍五，下裳織行龍、彩雲和海水江崖紋。

此袍花紋設計大方，配色濃豔華麗，龍紋用片金勾邊，具有清初裝飾的特點。所用捻金綫極細，織龍鱗時兩根並作一根，凸顯了金龍的質感和光澤。

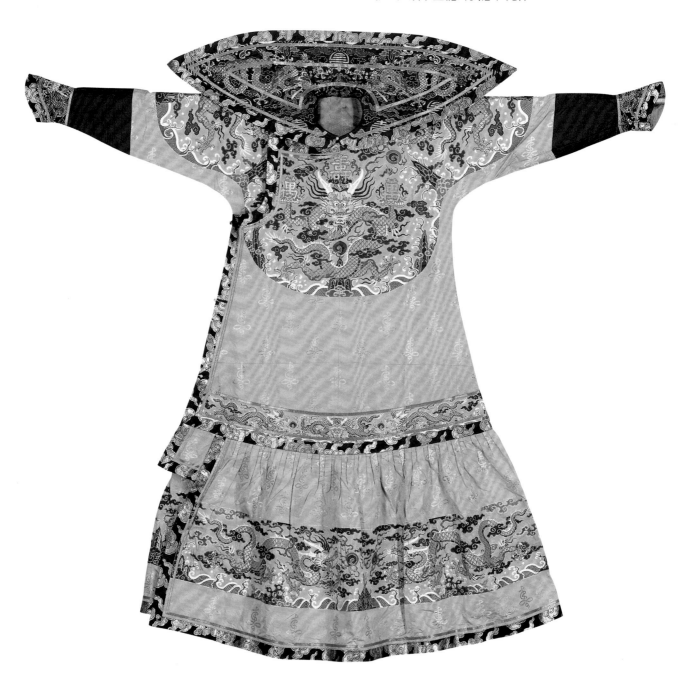

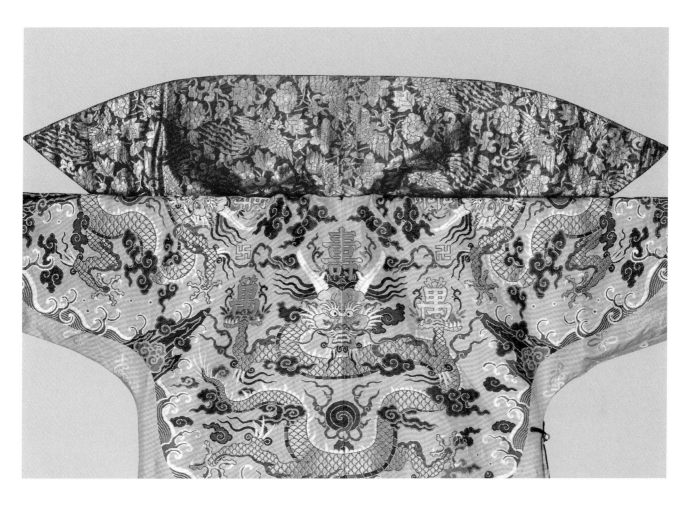

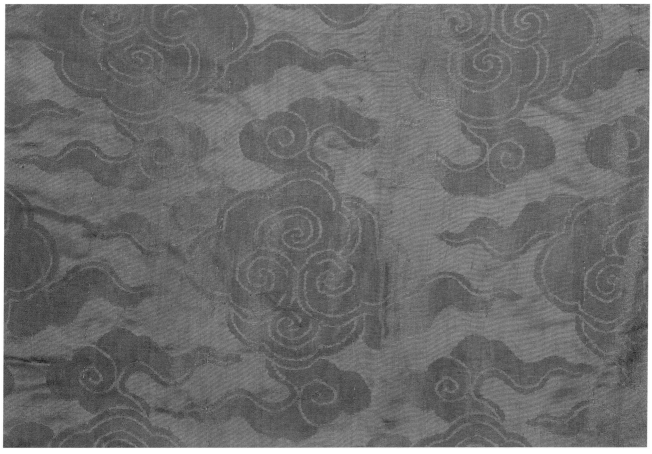

12

明黃緞織彩雲金龍皮朝服

清雍正
身長 149 厘米　兩袖通長 200 厘米
下幅寬 172 厘米　披領 106×38 厘米
清宮舊藏

Fur-lined court robe of bright yellow satin woven with colored clouds and gold dragons
Yongzheng period, Qing Dynasty
Length of robe: 149cm　Overall width, cuff to cuff: 200cm
Width of hemline: 172cm　Collar drape: 106×38cm
Qing Court collection

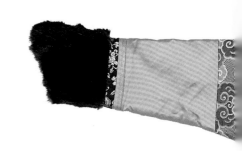

明黃色緞面，上施羊皮下接銀鼠皮裏。領襟、披領及下幅為
紫貂皮，袖口為薰貂皮。石青色花卉雲紋織金綢邊，披領裏
為紅色團龍雜寶紋織金綢，無背雲。袍面採取二至四色暈裝
飾法，織金龍、彩雲及海水江崖等紋。

此袍織工精緻細膩，色彩莊重，是雍正時期江寧織造的妝花
緞禮服珍品。黃條墨書："世宗　沿貂鑲羊皮　鑲天馬銀鼠
裏　金龍朝袍二件"。

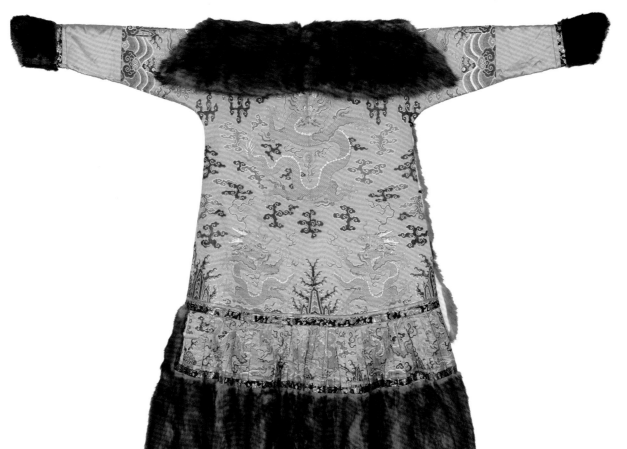

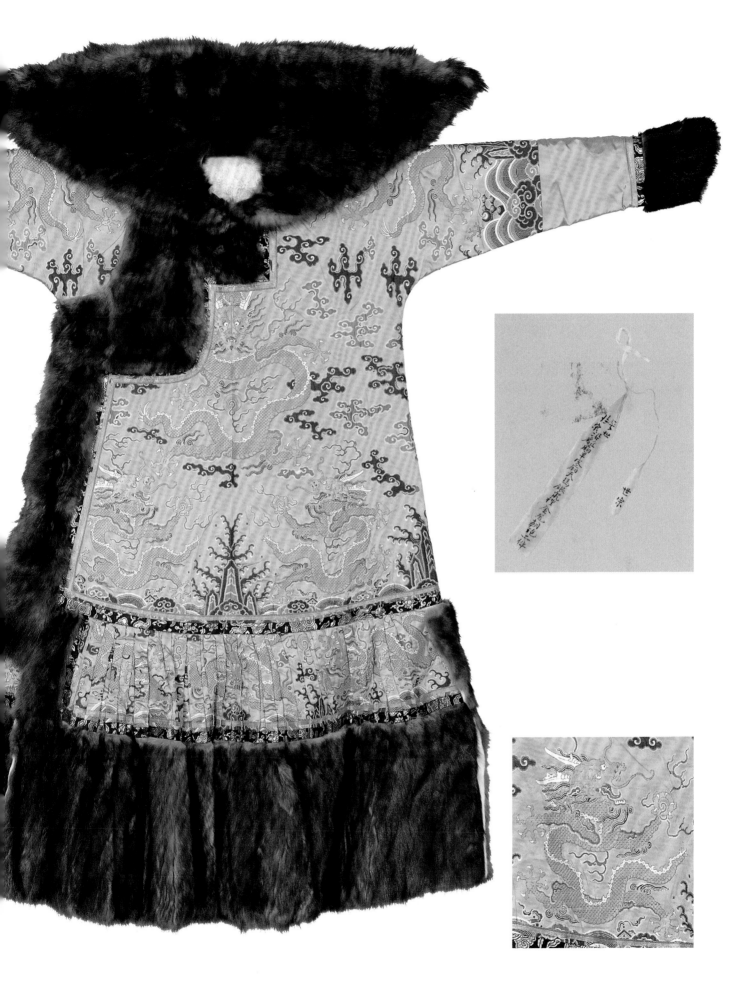

13

石青緞織彩雲金龍夾朝服
清雍正
身長 146 厘米　兩袖通長 193 厘米
下幅寬 172 厘米　披領 100×34 厘米
清宮舊藏

Lined court robe of azurite blue satin woven with colored clouds and gold dragons
Yongzheng period, Qing Dynasty
Length of robe: 146cm　Overall width, cuff to cuff: 193cm
Width of hemline: 172cm　Collar drape: 100×34cm
Qing Court collection

石青色緞面，湖色纏枝菊紋暗花綾裏。披領後襯紅色團龍雜寶織金綢裏，無背雲。領襟鑲石青祥雲花卉雜寶織金綢及三色平金邊。袍面採取二至四色間暈的裝飾方法，彩織金龍、彩雲、海水江崖等圖紋，組合成柿蒂形。

此袍織工精細，色彩豔麗沉穩，紋樣質樸豪放，是雍正時期江寧織造生產的妝花緞朝服精品。黃條墨書："世宗"。

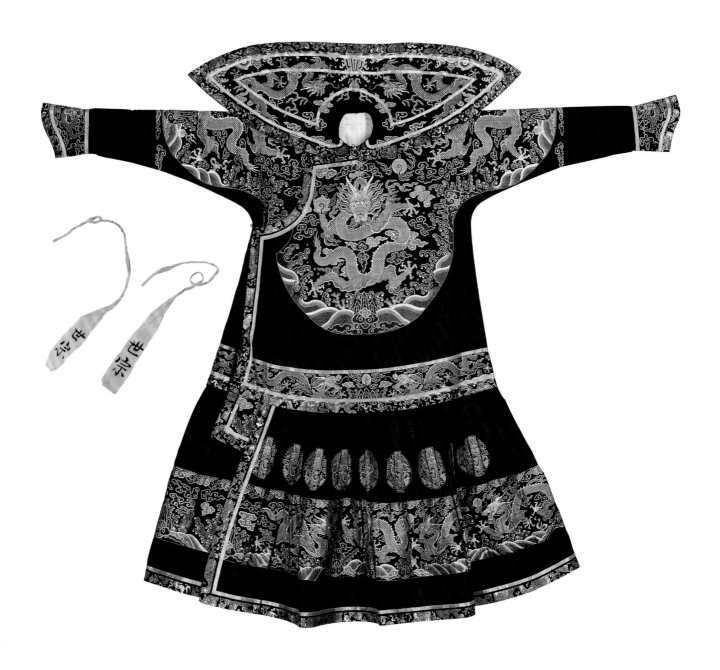

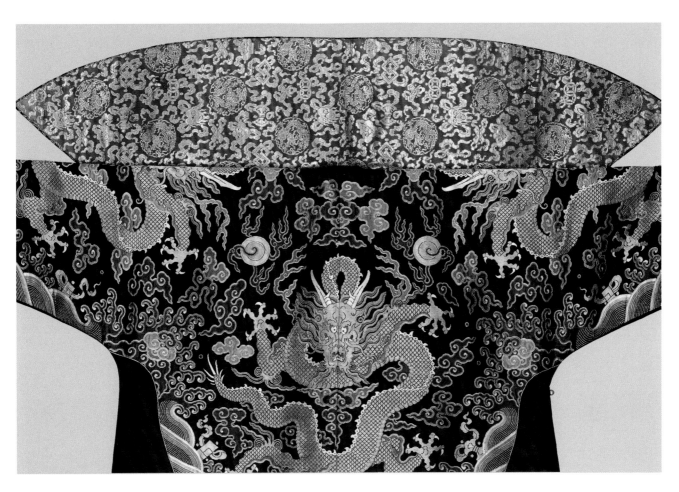

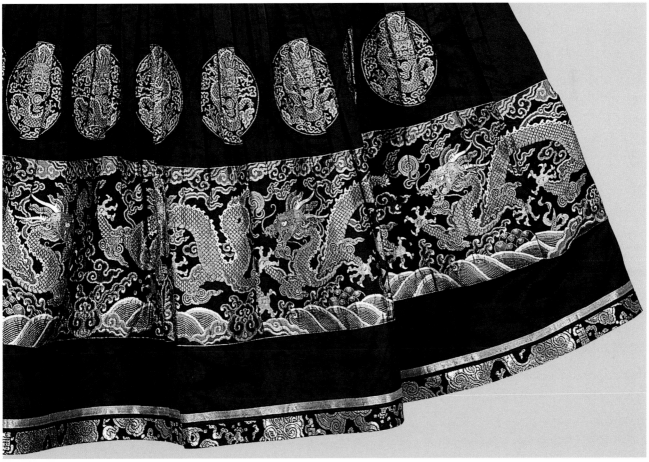

14

黃紗繡彩雲金龍單朝服
清雍正
身長 143 厘米　兩袖通長 196 厘米
下幅寬 139 厘米　披領 105×36 厘米
清宮舊藏

Unlined court robe of yellow gauze embroidered with colored clouds and gold dragons
Yongzheng period, Qing Dynasty
Length of robe: 143cm　Overall width, cuff to cuff: 196cm
Width of hemline: 139cm　Collar drape: 105×36cm
Qing Court collection

明黃色直經紗面，披領及袖皆石青色，石青色直經紗地描金纏枝花邊。袍身前胸、後背及兩肩在柿蒂形紋樣內繡正龍各一和彩雲、海水江崖紋，腰帷行龍五，襞積前後團龍各九，裳正龍二，行龍四。

此袍是雍正皇帝夏季舉行慶賀大典時的服用。設色淡雅，以平金繡金龍，納紗法繡彩雲，拉鎖針繡海水、火焰，刺繡針法多變。其腰際前後繡團龍各四，裀繡山水紋的形式為雍正朝服所獨有。黃條墨書："世宗"。

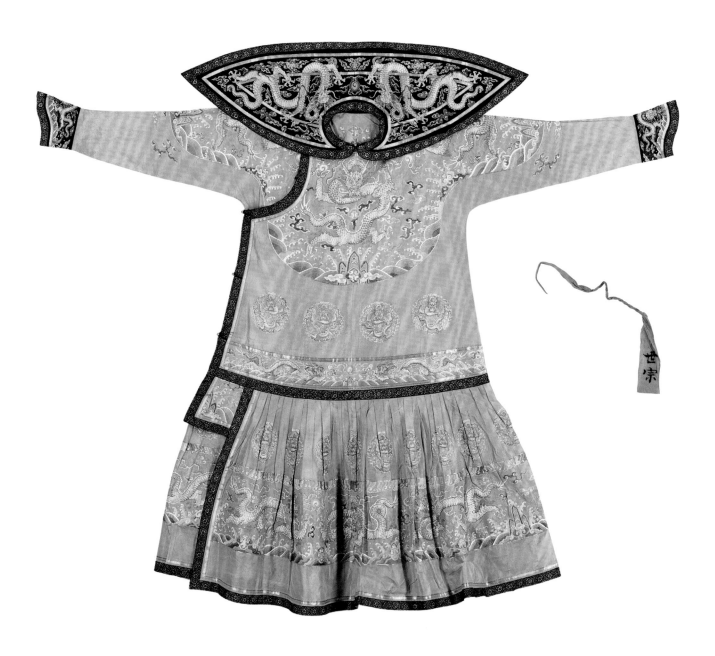

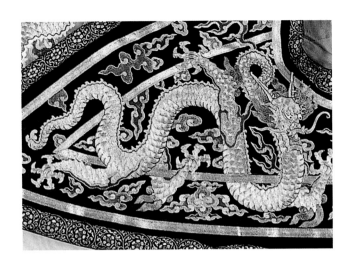

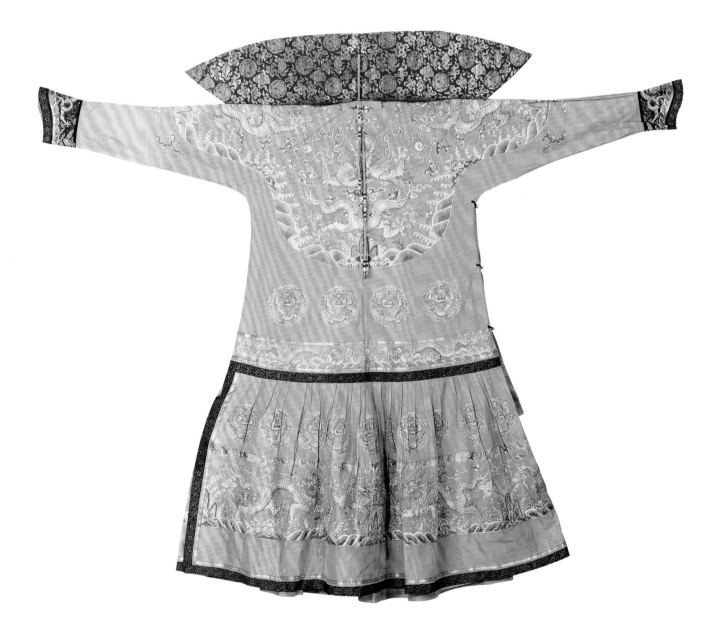

15

月白紗織彩雲金龍夾朝服
清雍正
身長 144 厘米　兩袖通長 196 厘米
下幅寬 149 厘米　披領 93×32 厘米
清宮舊藏

Lined court robe of bluish white gauze woven with colored clouds
and gold dragons
Yongzheng period, Qing Dynasty
Length of robe: 144cm　Overall width, cuff to cuff: 196cm
Width of hemline: 149cm　Collar drape: 93×32cm
Qing Court collection

月白色紗面，湖色團龍雜寶實地紗裏。披領裏為紅色團龍
雜寶織金綢，領袖飾石青四合如意花卉織金緞及三色平金
邊。無背雲。袍面採取二至四色間暈的裝飾方法，彩織柿蒂
形紋，內織雲龍和海水江崖紋。腰帷、下裳飾行龍，襞積飾
團龍。

此袍成功之處在於運用了片金和三色圓金綫勾邊，使得龍紋
醒目突出，工藝精湛，色彩豔麗和諧，體現出雍正時期江寧
織造妝花紗的工藝特點。黃條墨書："世宗"。

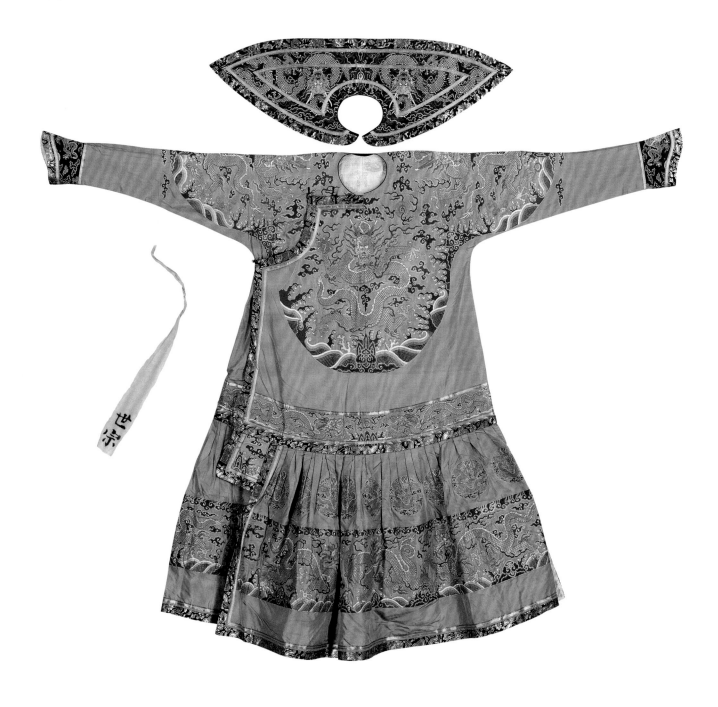

16

明黃緞織彩雲金龍皮朝服
清中期
身長 145 厘米　兩袖通長 192 厘米
下幅寬 158 厘米　披領 102×39 厘米
清宮舊藏

**Fur-lined court robe of bright yellow satin woven with colored
clouds and gold dragons**
Middle Qing Dynasty
Length of robe: 145cm　Overall width, cuff to cuff: 192cm
Width of hemline: 158cm　Collar drape: 102×39cm
Qing Court collection

明黃色七枚二飛經緞面，上羊皮下銀鼠皮裏。披領及袖皆石
青色，片金加海龍緣。無背雲。袍身柿蒂形紋樣中織正龍
紋，前胸、後背和兩肩各一。腰帷行龍五，衽正龍一，襞積
前後團龍各九，裳正龍二、行龍四。三暈色妝彩織八寶平水
和朵雲紋，四周飾石青團龍雜寶紋片金邊。

此袍是皇帝在秋、冬季舉行慶賀大典時所穿，其形式已呈乾
隆時期特徵，但無十二章紋，應是乾隆早期禮服。

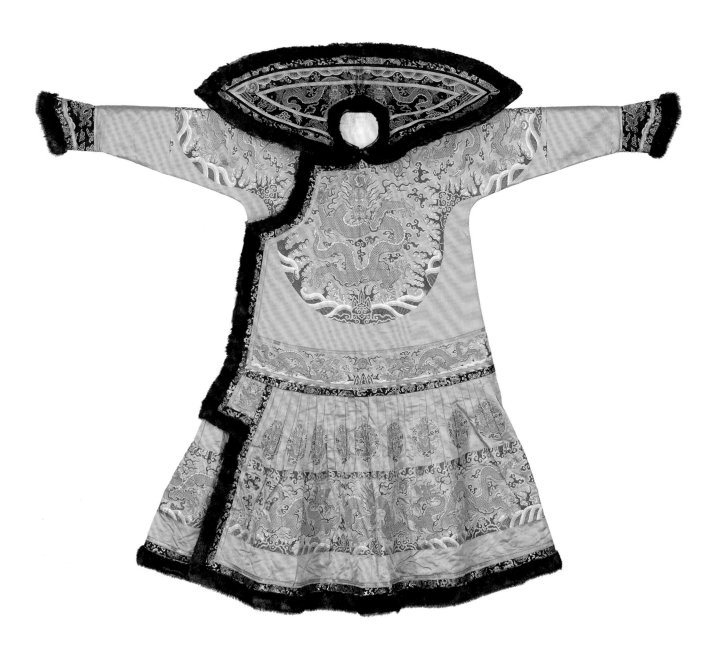

17

明黃紗繡彩雲金龍朝服
清晚期
身長 79 厘米　兩袖通長 114 厘米
下幅寬 96 厘米　披領 56×25 厘米
清宮舊藏

Court robe of bright yellow gauze embroidered with colored clouds and gold dragons
Late Qing Dynasty
Length of robe: 79cm　Overall width, cuff to cuff: 114cm
Width of hemline: 96cm　Collar drape: 56×25cm
Qing Court collection

明黃色直經紗面，石青色織金實地紗和圓銀綫鑲邊。披領、馬蹄袖均石青色。無背雲。袍身繡金龍紋為主，前胸、後背、兩肩正龍各一，腰帷行龍四，襞積前後團龍各九，下裳行龍六，衽正龍一。披領行龍二，馬蹄袖正龍各一。間飾十二章紋、五色雲和八寶平水。

此袍是清晚期皇帝幼年時所穿禮服，尺寸雖小，然紋飾、形制皆與典制相符。其龍紋以金綫繡成，並用銀綫、緝綫做點綴，由於金銀綫色彩的不同，使得龍紋具有立體感。祥雲、

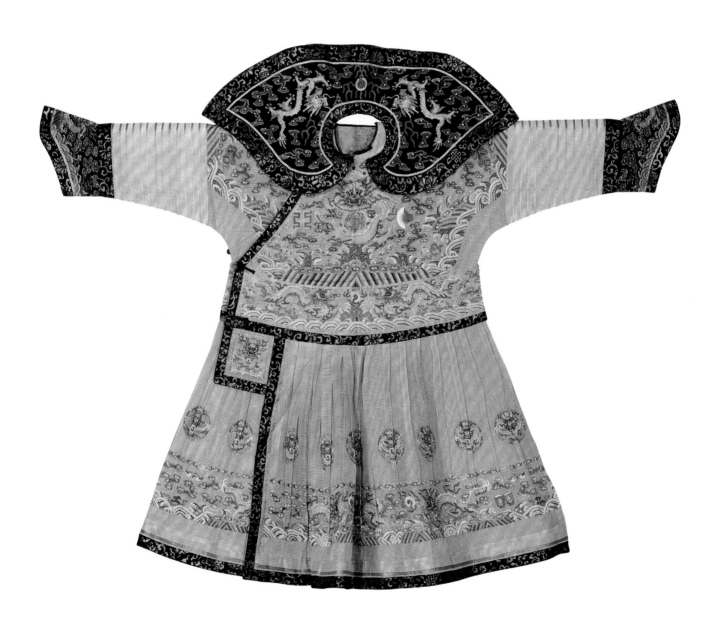

平水、立水以不同顏色的三暈、四暈、七暈色組成，針法為斜一絲串、正一絲串。十二章紋則採用滿繡，以套針、扎針、施針、斜纏針等工藝繡製。

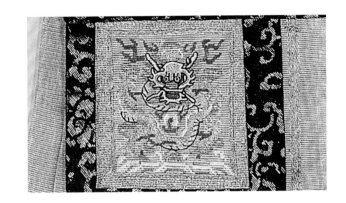

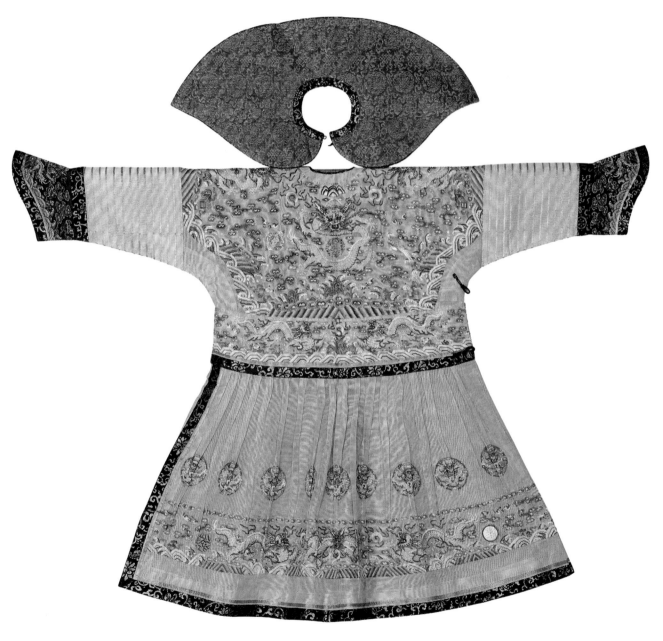

18

金黃色緞織彩雲金龍夾朝服

清乾隆
身長 135 厘米　兩袖通長 182 厘米
下幅寬 124 厘米　披領 93×35 厘米
清宮舊藏

Lined court robe of golden satin woven with colored clouds and gold dragons
Qianlong period, Qing Dynasty
Length of robe: 135cm　Overall width, cuff to cuff: 182cm
Width of hemline: 124cm　Collar drape: 93×35cm
Qing Court collection

金黃色緞面，石青織金緞緣，月白色素紡綢裏。披領、袖端為石青金龍妝花緞。金黃素緞接袖。袍身柿蒂紋樣內織金正龍四條，並飾五彩祥雲和海水江崖。腰帷飾行龍四條，下裳飾行龍八條，間飾五彩雲紋、八寶平水。

此袍為皇子及受賞賜的親王、郡王服用，鮮見於清宮舊藏。黃條墨書："金黃緞織五彩金龍片金邊夾朝袍一件　珊瑚背雲墜角　上嵌飯塊珠八顆"。

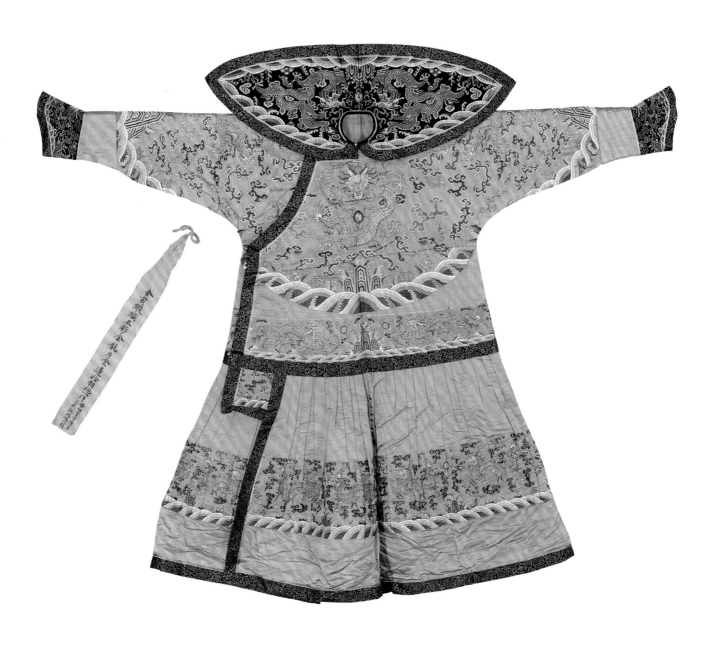

19

石青緞繡彩雲金龍夾朝服
清咸豐
身長 145 厘米　兩袖通長 200 厘米
下幅寬 142 厘米
清宮舊藏

Lined court robe of azurite blue satin embroidered with colored clouds and gold dragons
Xianfeng period, Qing Dynasty
Length of robe: 145cm
Overall width, cuff to cuff: 200cm
Width of hemline: 142cm
Qing Court collection

石青色緞面，以石青色織金緞鑲邊，月白色暗花綢襯裏。無披領、背雲。在兩肩、前胸、後背以金綫繡正龍各一，腰帷繡行龍四，衽正龍一，裳行龍八，袖端正龍各一，間飾以五彩絲綫繡的雲蝠、朵花、海水紋。

此袍是清代親王、郡王於春秋季舉行大典時穿着的禮服。針法多樣，繡工細緻，但繡綫較粗，圓金綫光澤度暗，其工藝與前朝相比略顯下降，但仍不失為一件精品。黃條墨書："繡石青緞夾朝袍一件　咸豐四年十月初三日收　韓來玉交"。

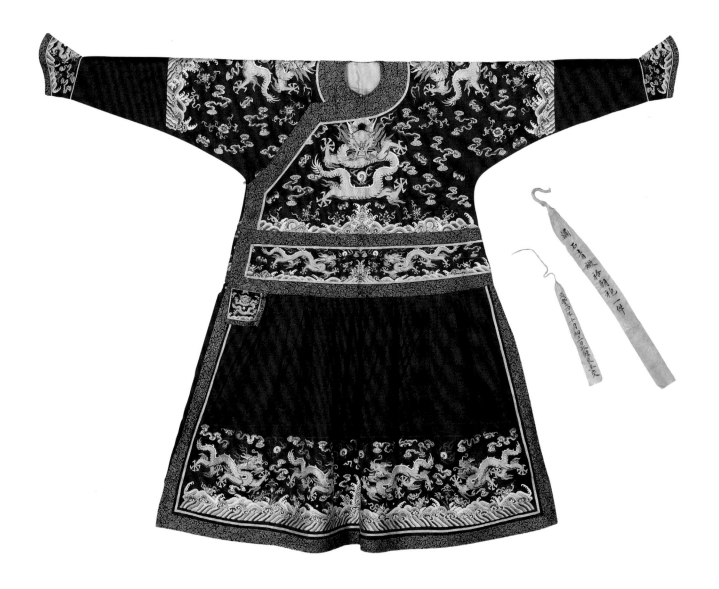

20

石青緞四團緝珠雲龍皮褂
清康熙
身長 109 厘米　兩袖通長 146 厘米
下幅寬 118 厘米
清宮舊藏

Fur-lined outer gown of azurite blue satin sewn with four
medallions of clouds and dragons of pearls
Kangxi period, Qing Dynasty
Length of gown: 109cm
Overall width, cuff to cuff: 146cm
Width of hemline: 118cm
Qing Court collection

圓領，對襟，平袖，袖長及肘，左右及後開裾。石青色緞面，
內鑲銀鼠皮裏。前胸、後背及兩肩用珍珠、珊瑚珠、貓睛石
緝綴雲龍紋四團，並以白和月白色龍抱柱綫勾勒輪廓。

此袍構圖莊重，珠粒均勻飽滿，串珠細密緊湊，團龍直徑達
29 厘米，通過米珠與珊瑚珠的結合運用和石青緞的襯托，
使圖紋更為鮮明突出。

龍褂是套在吉服外面的禮服，因褂面以龍為圖案，故名，乾
隆年間定名為袞服。黃條墨書："聖祖　石青緞四團金龍面
緝碎珠龍銀鼠皮褂一件"。

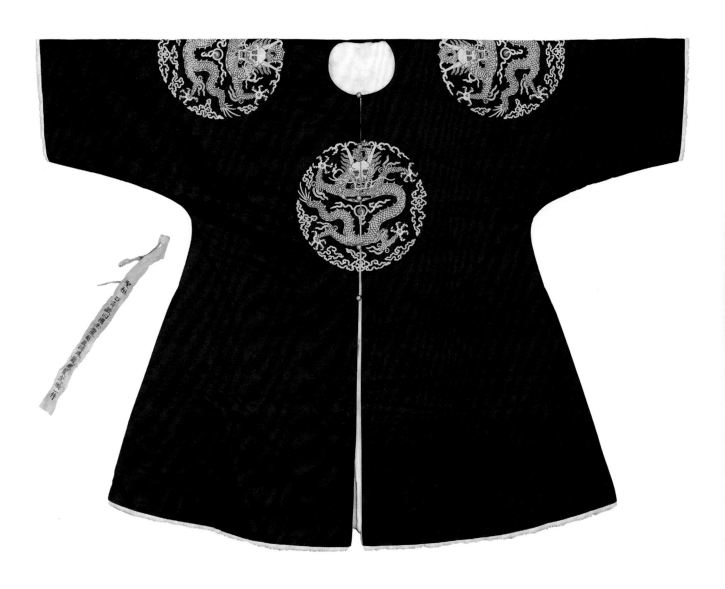

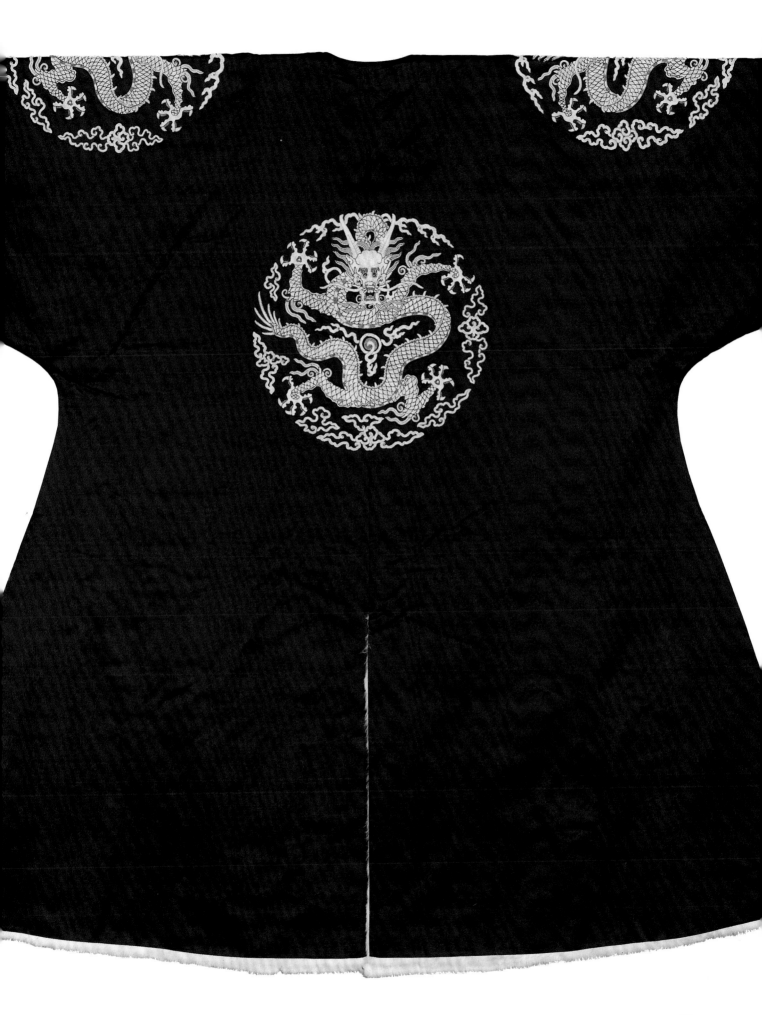

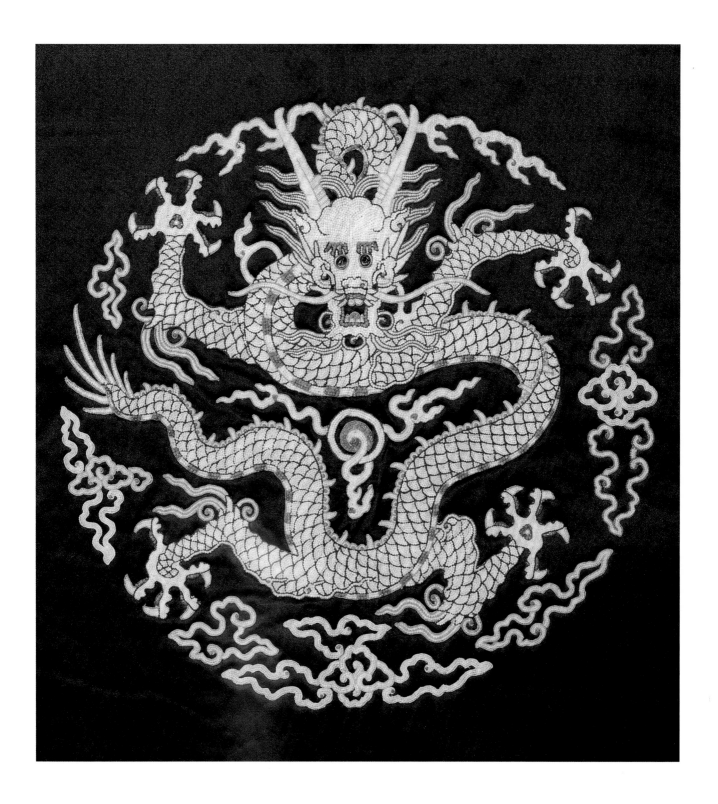

21

石青緞織四團金龍有水夾褂
清康熙
身長 115 厘米　兩袖通長 150 厘米
下幅寬 118 厘米
清宮舊藏

Lined outer gown of azurite blue satin woven with medallions of
two gold dragons playing with a pearl, and delineated with gold
characters "Shou" (longevity) on hem
Kangxi period, Qing Dynasty
Length of gown: 115cm
Overall width, cuff to cuff: 150cm
Width of hemline: 118cm
Qing Court collection

石青色緞面，月白色卍字曲水紋暗花綾裏。前胸、後背及兩
肩以圓金綫妝花織金龍捧壽紋四團，二龍作戲珠式，頭頂金
綫織的團壽字。下幅飾海水江崖紋。

此褂圖紋大方舒展，層次感分明，暈色以三暈為主，自然柔
雅。黃條墨書："聖祖　織石青緞四團金龍面夾褂一件"。

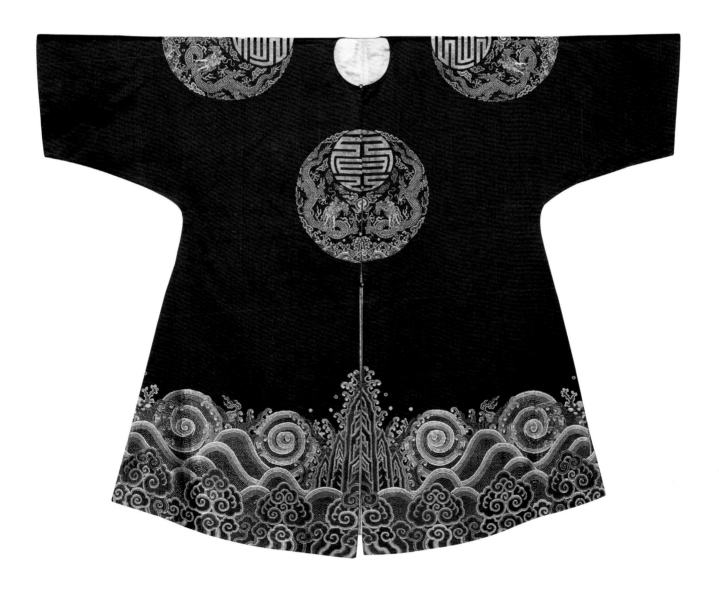

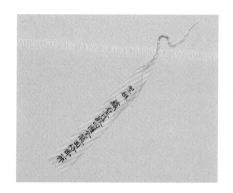

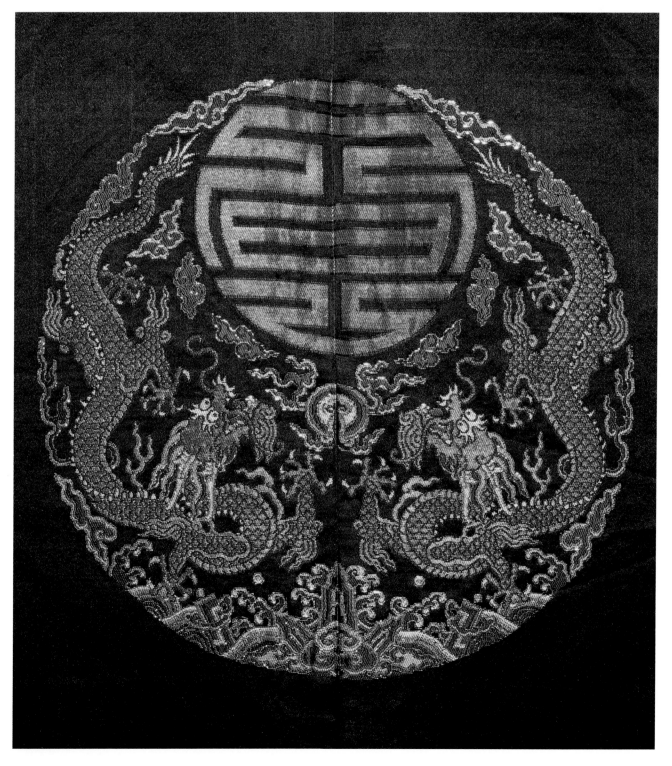

22

石青緞織四團金龍夾褂

清康熙
身長 110 厘米　兩袖通長 149 厘米
下幅寬 120 厘米
清宮舊藏

**Lined outer gown of azurite blue satin woven with four
medallions of gold dragons**
Kangxi period, Qing Dynasty
Length of gown: 110cm
Overall width, cuff to cuff: 149cm
Width of hemline: 120cm
Qing Court collection

石青色緞面，月白色卍字曲水折枝三多花卉紋暗花綾裏。褂
面妝花織金龍四團，前胸和後背為二龍戲珠紋，二龍中間飾
篆書"壽"字，間飾海水、勾蓮紋。兩肩為正金龍各一，皆
頂圓壽字，間飾彩雲。

此褂為康熙皇帝御用，妝花工藝極為精緻，以單股捻金綫織
金龍和壽字，五彩絲綫織彩雲、勾蓮等圖紋，用色純正、亮
麗、典雅。在龍身上飾以小勾蓮，威嚴中平添了幾許活潑。
這種二龍戲珠的圓補紋樣在清代非常少見，現知的僅見於康
熙朝。黃條墨書："聖祖　織石青緞四團金龍面夾褂一件"。

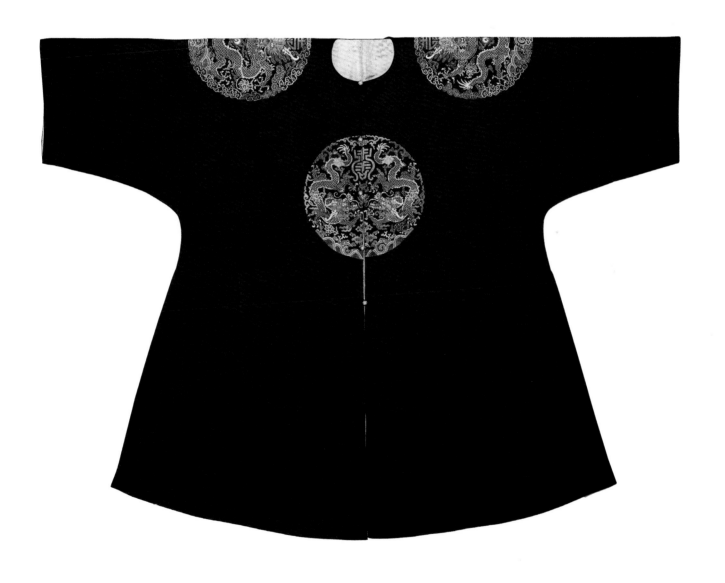

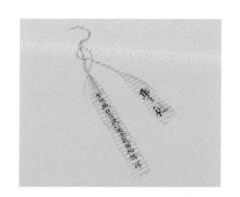

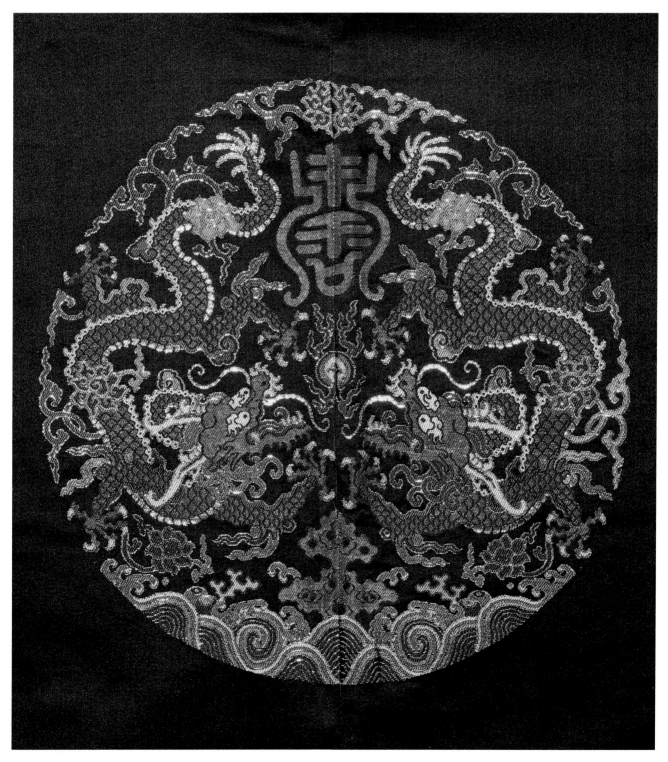

23

黃紗繡四團金龍夾褂

清早期
身長 92 厘米　兩袖通長 87 厘米
下幅寬 85 厘米
清宮舊藏

Lined outer gown of yellow gauze embroidered with four medallions of gold dragons
Early Qing Dynasty
Length of gown: 92cm　Overall width, cuff to cuff: 87cm
Width of hemline: 85cm
Qing Court collection

明黃色暗雲龍實地紗面，明黃色暗纏枝蓮直經紗襯裏。在前胸、後背和兩肩以圓金綫繡金龍頂壽紋四團，其中前後兩團略大於兩肩。以紅、藍、綠為主色調繡流雲、火珠、海水江崖等紋飾。

此褂紋飾繡法以套針、斜纏針和釘綫繡為主，工藝簡潔，繡工細膩平整。

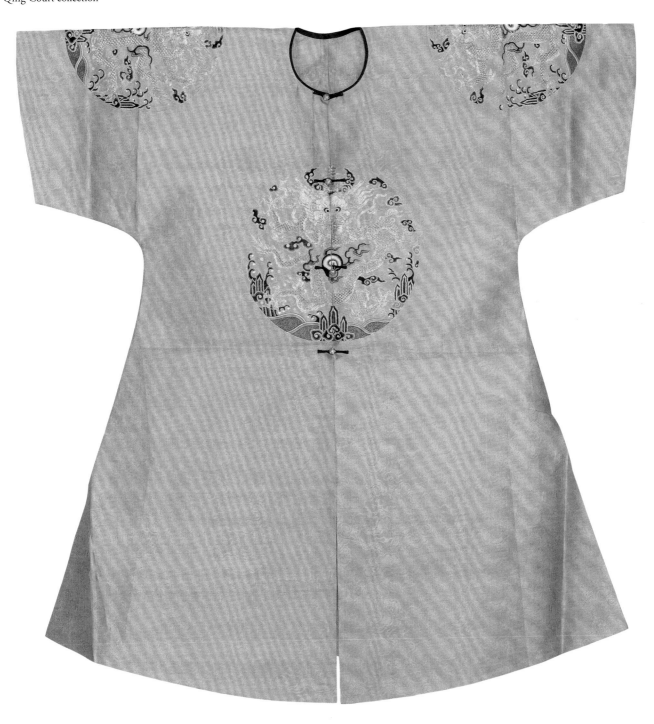

24

石青緞繡四團金龍夾褂
清早期
身長 110 厘米　兩袖通長 144 厘米
下幅寬 115 厘米
清宮舊藏

Lined outer gown of azurite blue satin embroidered with four
medallions of gold dragons
Early Qing Dynasty
Length of gown: 110cm　Overall width, cuff to cuff: 144cm
Width of hemline: 115cm
Qing Court collection

石青色緞面，月白色折枝三多紋暗花綾裏。緞面組織為八枚
三飛經面緞紋，光潔柔軟，用二色捻金綫繡金龍四團，前胸
和後背為正龍紋，兩肩為行龍各一。以藍、綠二色絲綫平繡
流雲，黑色絲綫勾邊；以纏針、拉鎖針繡海水；打籽針繡龍
爪、角、白角刺。

此褂繡工精湛，用色純正，暈色自然。其前胸為五爪正龍
紋，後背為三爪正龍紋，是清早期特有的形式。

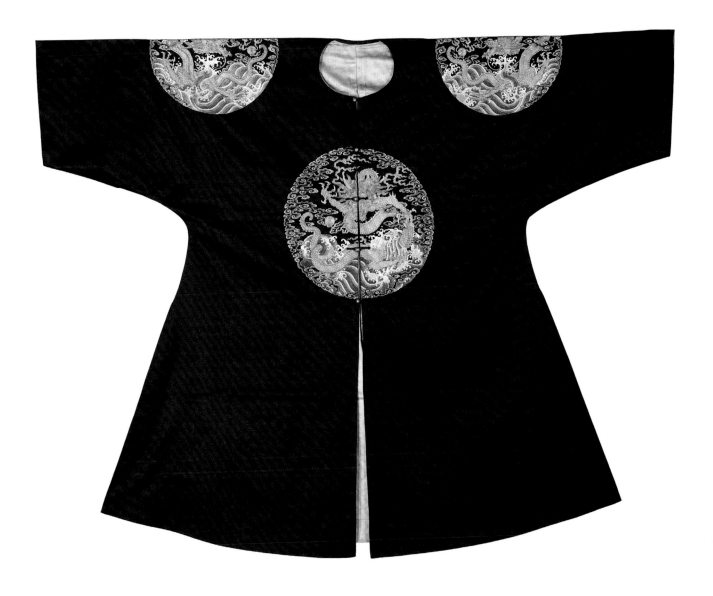

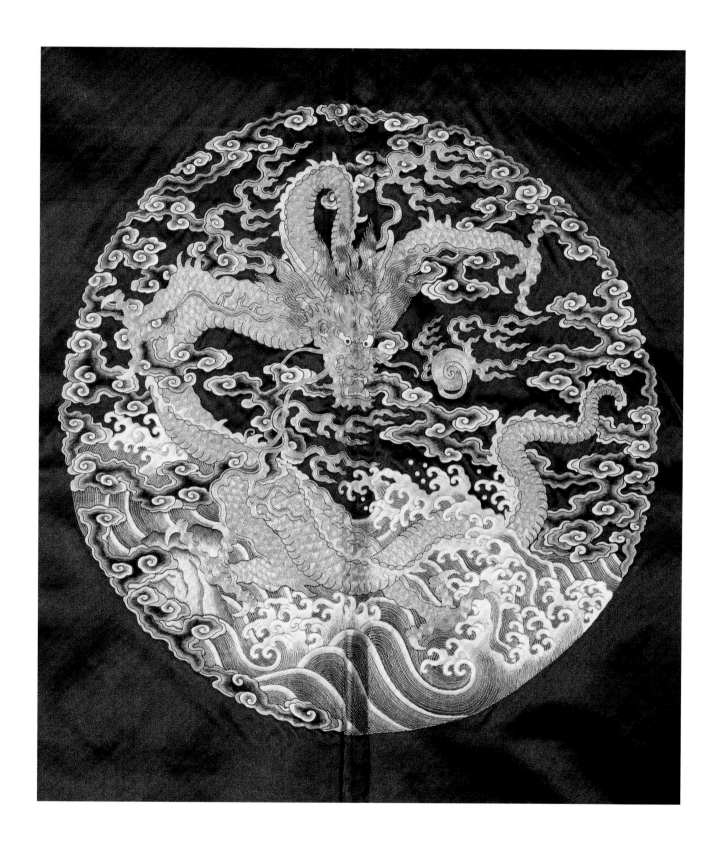

25

石青緞繡四團金龍綿褂
清乾隆
身長 113 厘米　兩袖通長 147 厘米
下幅寬 116 厘米
清宮舊藏

Silk floss-padded outer gown of azurite blue satin embroidered with four medallions of gold dragons
Qianlong period, Qing Dynasty
Length of gown: 113cm　Overall width, cuff to cuff: 147cm
Width of hemline: 116cm
Qing Court collection

石青色緞面，月白色纏枝暗花綾裏，內絮薄綿。前胸、後背和兩肩共繡五爪正龍紋四團。刺繡針法多變，以雙股赤圓金綫繡金龍，黃圓金綫繡火焰寶珠，石青色緝綫勾邊，白色緝綫繡白角刺、龍爪，柿紅、藍、綠、粉、香、黃、淡紫色絲綫平繡彩雲，長拉鎖針繡海水，平金壓綫。

此褂捻金、劈絨細，繡工平齊，用色豐富，暈色自然。從無日月章紋這一特點判斷，應為乾隆皇帝早期的御用龍褂。黃條墨書：「高宗純皇帝御用金龍褂一件」、「乾隆八年上留泰字十五號」。

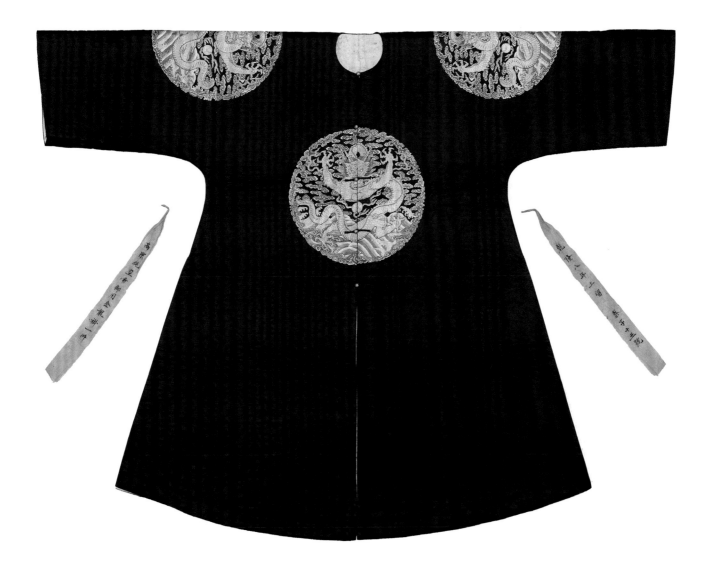

26

石青紗納四團金龍單褂
清乾隆
身長 116 厘米　兩袖通長 148 厘米
下幅寬 115 厘米
清宮舊藏

**Unlined outer gown of azurite blue petit-point gauze embroidered
with four medallions of gold dragons**
Qianlong period, Qing Dynasty
Length of gown: 116cm　Overall width, cuff to cuff: 148cm
Width of hemline: 115cm
Qing Court collection

在石青色紗地上繡五爪正龍紋四團，兩肩、前胸、後背各
一。兩肩金龍分別頭頂日、月二章，前胸、後背的金龍頭頂
金壽字。金龍以平金繡成，周圍用粉、藍、綠、香等色的五
綵絲綫以納紗繡纏枝蓮、平水、如意雲，而日、月二章則用
滿納法繡成，並用滾針勾邊。

這是一件形制和紋飾都十分標準的乾隆時期的袞服。黃條墨
書"高宗"。

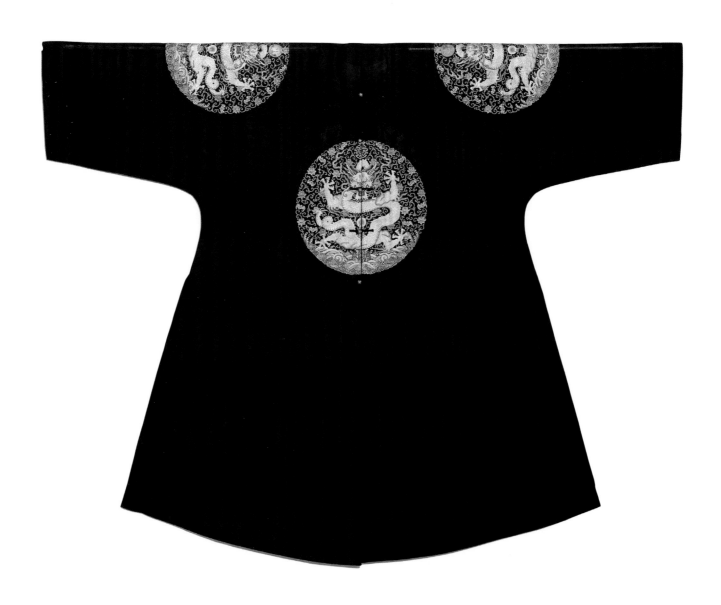

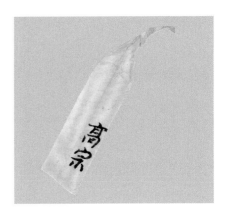

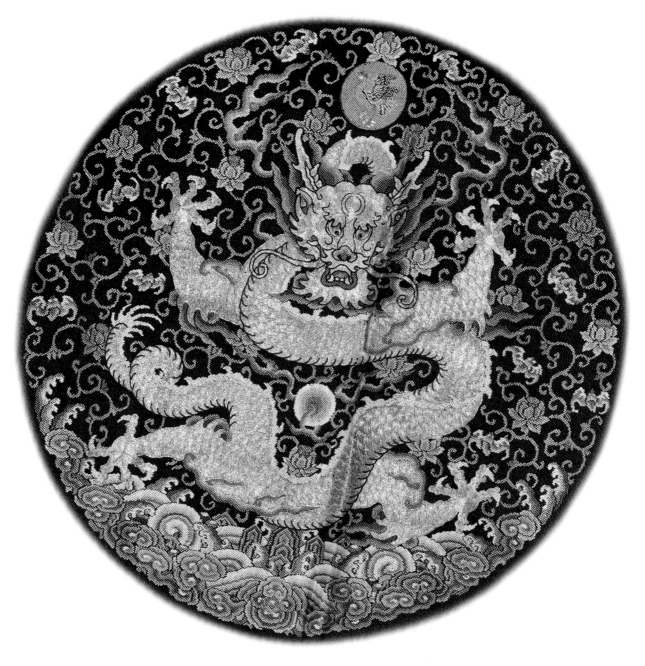

49

27

黃色暗團龍江綢玄狐皮端罩
清
身長 120 厘米　兩袖通長 164 厘米
下幅寬 112 厘米
清宮舊藏

Silver fox-fur overcoat of yellow Jiang silk with veiled design of dragon medallions
Qing Dynasty
Length of overcoat: 120cm
Overall width, cuff to cuff: 164cm
Width of hemline: 112cm
Qing Court collection

圓領，對襟，平袖，左右及後開裾。領口用石青素緞沿邊，後背垂明黃色絲縧。左右開裾處垂明黃色綢帶各二，下直而銳。內飾明黃色暗團龍江綢裏。

端罩是清代皇帝冬季穿在朝袍外面的禮服。此端罩以玄狐皮為之，毛色純正，鋒長鬆軟，是冬季禦寒的佳品。

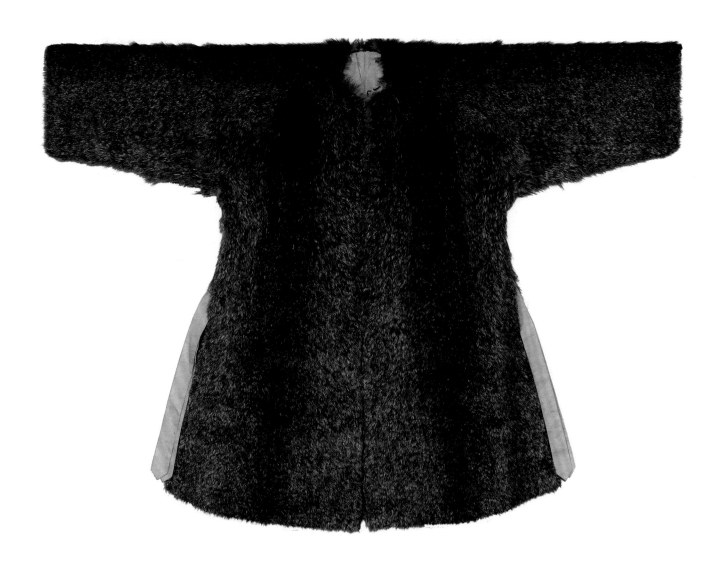

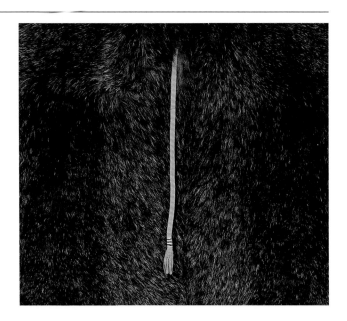

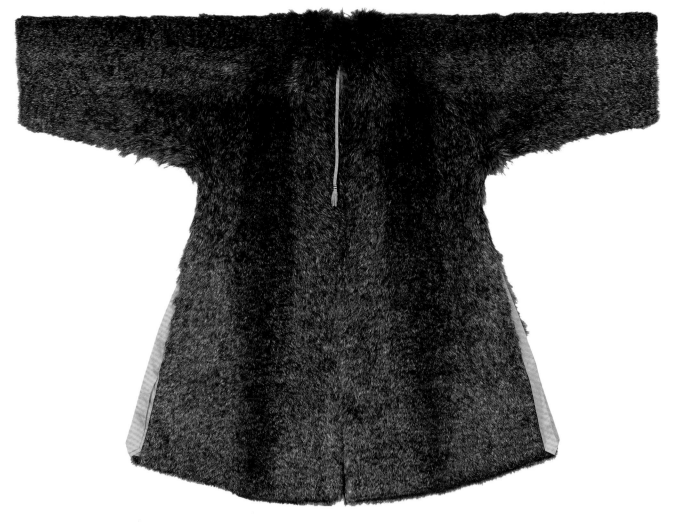

28

明黃色江綢黑狐皮端罩

清
身長 134 厘米　兩袖通長 176 厘米
下幅寬 125 厘米
清宮舊藏

Black fox-fur overcoat of bright yellow Jiang silk

Qing Dynasty
Length of overcoat: 134cm
Overall width, cuff to cuff: 176cm
Width of hemline: 125cm
Qing Court collection

圓領，對襟，平袖，後開裾，長至膝下，皮毛朝外，左右垂明黃色帶各二。明黃色暗花江綢襯裏。

端罩上半部為黑狐皮，毛長具有光澤；下半部為貂皮，每一根貂皮毛尖為白色，似一根根銀針，是上等的貂皮料。皮毛手感柔軟，保暖性強。黃條墨書："黑狐皮端罩一件"。

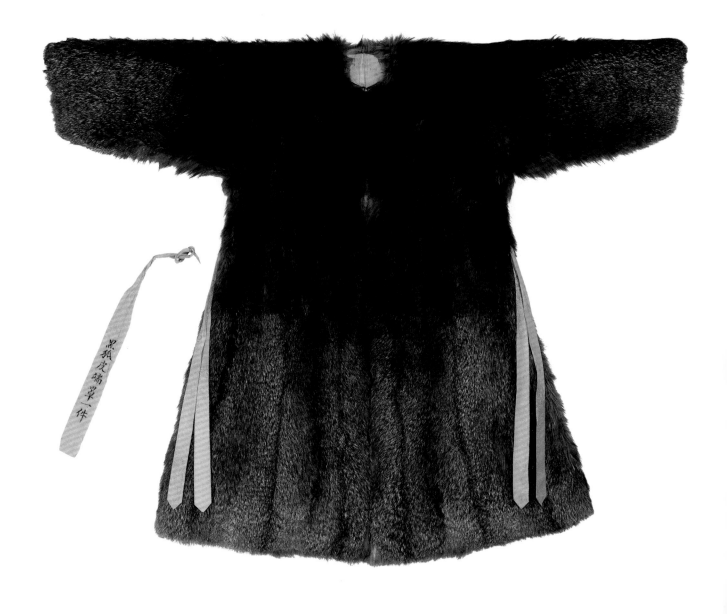

29

香色紗平金八團金龍單龍袍

清康熙
身長 150 厘米　兩袖通長 192 厘米
下幅寬 146 厘米
清宮舊藏

Unlined imperial robe of greenish yellow gauze with eight medallions of gold dragons embroidered with gold and silver threads

Kangxi period, Qing Dynasty
Length of robe: 150cm
Overall width, cuff to cuff: 192cm
Width of hemline: 146cm
Qing Court collection

圓領，大襟右衽，馬蹄袖，裾四開。暗四合如意雲龍紋香色紗面，在八團紋樣背後補綴香色直經紗。月白色暗雲龍實地紗袖襯，石青色紗二色平金雲龍紋領袖邊，外沿為石青素緞及絲織人字緣帶。

袍身採取一至四根二色金綫排列釘綴的工藝，平金繡八團雲龍紋。前胸、後背及兩肩為正龍紋，下襟為行龍紋。構圖簡練，金綫疏密有序，綫條細勁流暢，具有中國傳統書畫鐵綫白描的藝術效果。黃條墨書："聖祖　香色直經紗繡二色金團龍單金龍袍一件"。

吉服也稱采服，其等級略次於禮服，用於勞師、受俘、賜宴等一般典禮。因袍面多以龍為圖案，也被稱為"龍袍"。

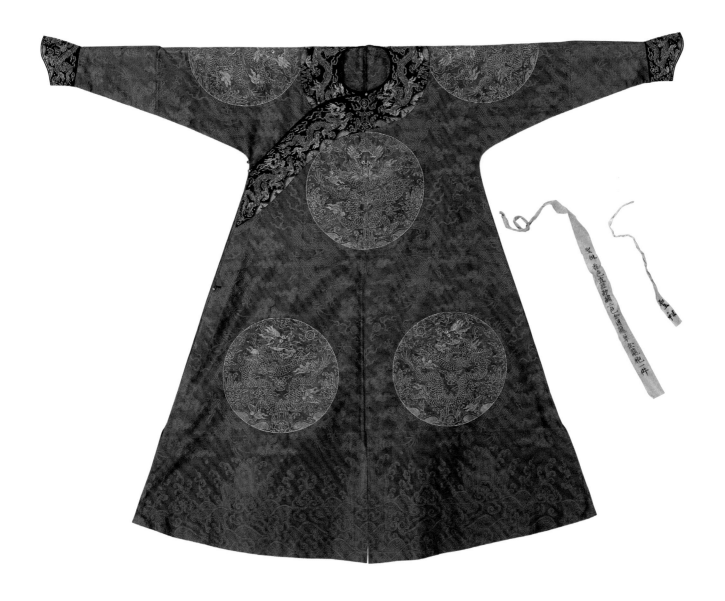

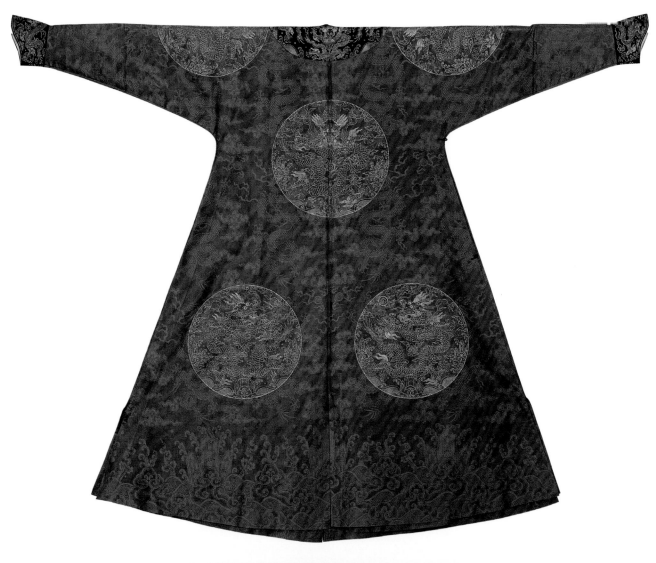

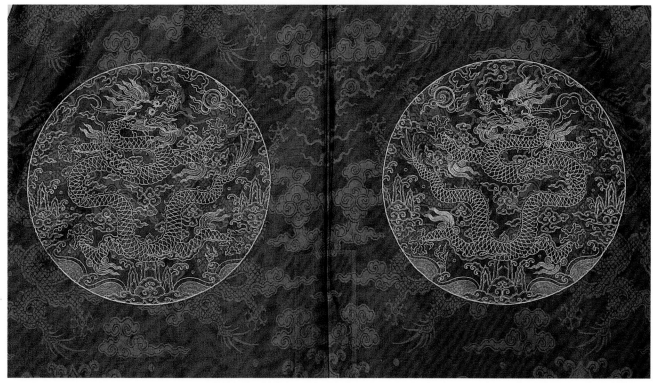

30

明黃緞繡彩雲金龍皮龍袍
清雍正
身長 142 厘米　兩袖通長 194 厘米
下幅寬 130 厘米
清宮舊藏

Fur-lined imperial robe of bright yellow satin embroidered with colored clouds and gold dragons
Yongzheng period, Qing Dynasty
Length of robe: 142cm　Overall width, cuff to cuff: 194cm
Width of hemline: 130cm
Qing Court collection

圓領，大襟右衽，馬蹄袖，裾四開。明黃色緞面，內鑲白狐皮裏，袖口鑲紫貂皮。袍身採取二至四色暈裝飾方法，繡彩雲、金龍及日、月、星辰、黼、黻、華蟲、宗彝等七章紋樣，局部以淡彩着筆暈染。

此袍運用了緝綫、平金、平針、纏針、套針、打籽等近 10 種針法繡成。繡工細緻，構圖嚴謹，色彩諧調。黃條墨書：
"世 (宗)"。

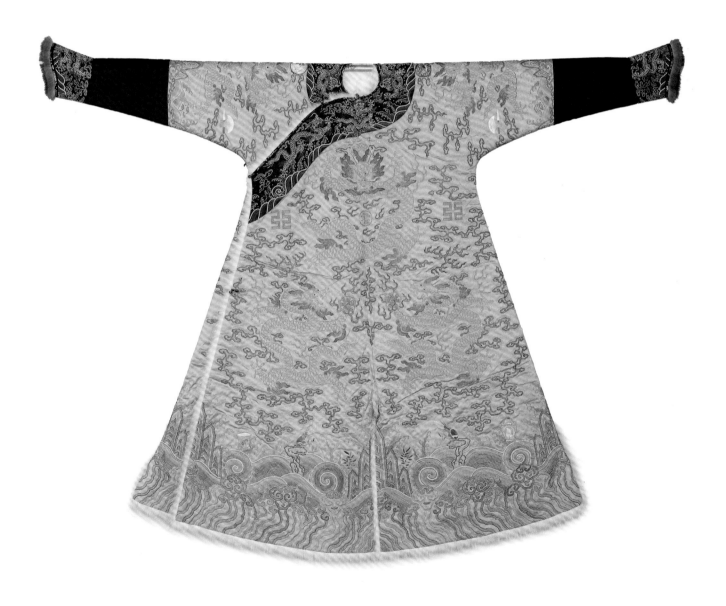

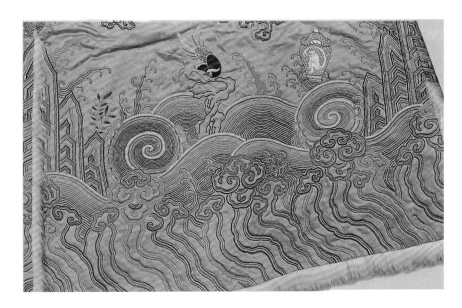

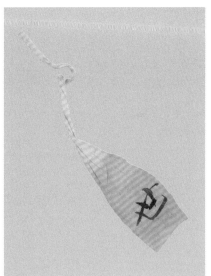

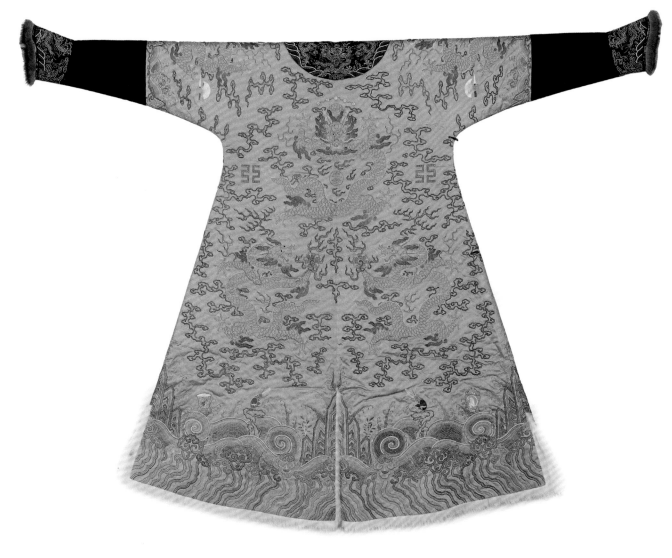

31

黃紗織彩雲金龍夾龍袍
清早期
身長 112 厘米　兩袖通長 136 厘米
下幅寬 100 厘米
清宮舊藏

Lined imperial robe of yellow gauze woven with colored clouds and gold dragons
Early Qing Dynasty
Length of robe: 112cm　Overall width, cuff to cuff: 136cm
Width of hemline: 100cm
Qing Court collection

黃色雲龍紋妝花紗面，黃色八寶暗花直經紗襯裏。馬蹄袖及領襟用石青色織金緞鑲邊。前胸、後背及兩肩飾正龍各一，下襟飾行龍各二，裏襟飾正龍一，袖端飾行龍各一，領邊飾行龍五。下幅飾海水江崖紋。通身點綴紅、黃、藍、綠、粉五色流雲。

此袍用金光亮，織工精細，是清初龍袍的典型代表。

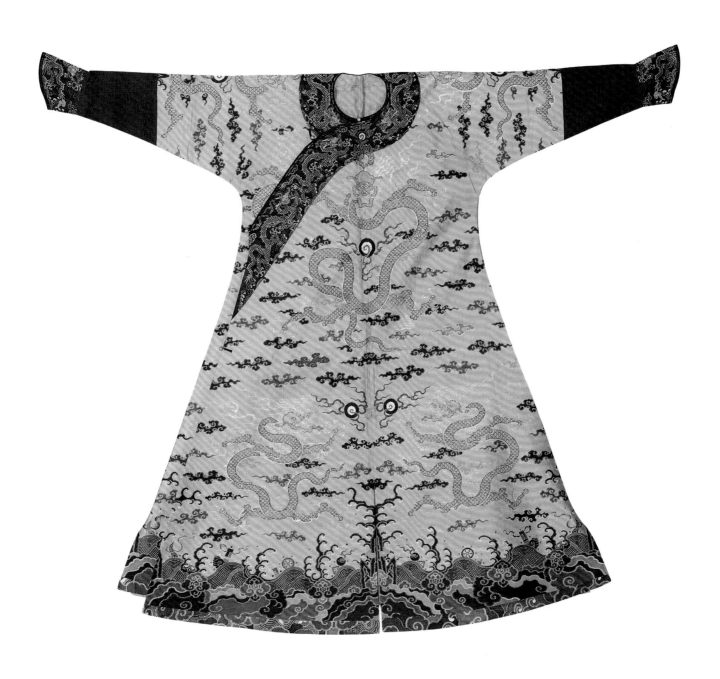

黃緞織八團金龍綿龍袍
清早期
身長 113 厘米　兩袖通長 130 厘米
下幅寬 96 厘米
清宮舊藏

Silk floss-padded imperial robe of yellow satin woven with eight medallions of gold dragons
Early Qing Dynasty
Length of robe: 113cm　Overall width, cuff to cuff: 130cm
Width of hemline: 96cm
Qing Court collection

面料為五枚緞紋組織，白色暗花綢裏，絮薄綿。領襟邊、袖端為石青色五彩雲龍片金緣，鑲平赤圓金邊。石青雲緞接袖。袍面暗花雲紋凸起如浮雕一般，妝花織正龍紋八團，前胸、後背兩團紋飾略大，兩肩及下襟略小。

此袍捻金勾細，織造精緻，紋飾全部以片金綫勾邊，給人以流光異彩的效果，極具清初服飾工藝特色。

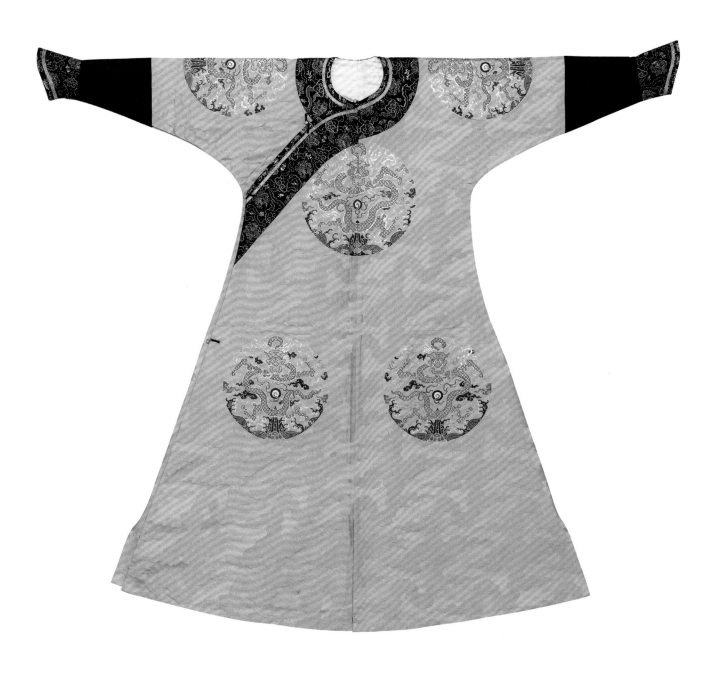

33

藍紗織八團金龍夾龍袍
清早期
身長 116 厘米　兩袖通長 142 厘米
下幅寬 102 厘米
清宮舊藏

Lined imperial robe of blue gauze woven with eight medallions of gold dragons
Early Qing Dynasty
Length of robe: 116cm　Overall width, cuff to cuff: 142cm
Width of hemline: 102cm
Qing Court collection

藍色暗纏枝蓮實地紗面，鑲絲織人字縧及石青素緞邊，藍色暗纏枝蓮直經紗襯裏。藍色纏枝蓮漳絨領袖邊。袍身採取二至三色間暈的裝飾方法，彩織八團雲龍紋樣。前胸、後背和兩肩為正龍紋，下襟為行龍紋。

此袍構圖質樸自然，設色濃淡適度，織工細密勻稱。既表現出清初滿族服飾的特徵，又具有很好的裝飾效果。

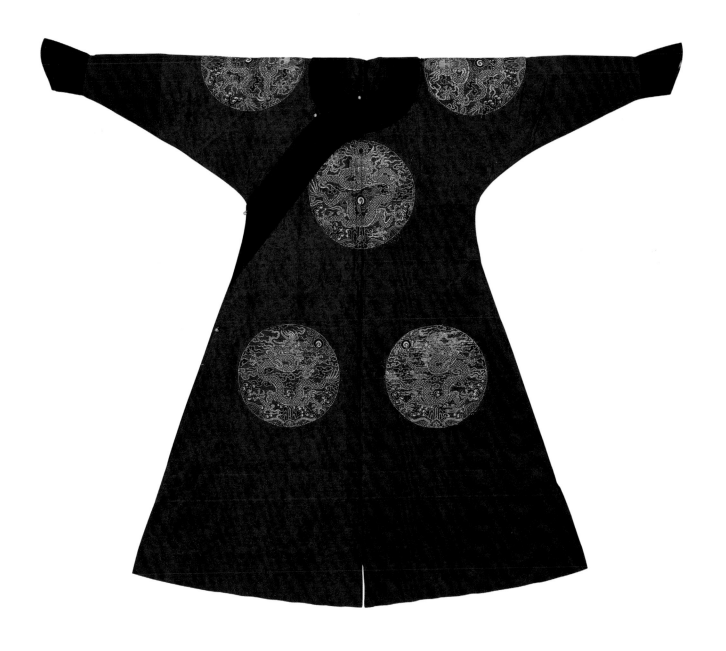

明黃緞繡彩雲金龍皮龍袍
清早期
身長 143 厘米　兩袖通長 198 厘米
下幅寬 126 厘米
清宮舊藏

Fur-lined imperial robe of bright yellow satin embroidered with colored clouds and gold dragons
Early Qing Dynasty
Length of robe: 143cm
Overall width, cuff to cuff: 198cm
Width of hemline: 126cm
Qing Court collection

立領，明黃色緞面，襯裏由大小不一的小塊白色銀鼠皮接成，並有出鋒，袖端裏襯、小翻領用貂皮。袍面前胸、後背及兩肩繡正龍各一，下襟繡行龍四，裏襟繡行龍一，合計為九條，從正面可見五條，有"九五之尊"的寓意。間以雲蝠、團壽字為飾，有"福壽"之寓意。下幅繡海水江崖及如意雲紋。

此袍龍紋以圓金綫繡成，並用白色緝綫點綴龍角、龍爪、龍尾等，再以黑綫勾邊，具有突起的效果。繡法以套針為主，間用緝綫、平金、施毛針等，繡工精緻，暈色自然。清代皮毛類服裝露出在外面的毳毛，被稱為"出鋒"或"出風"。

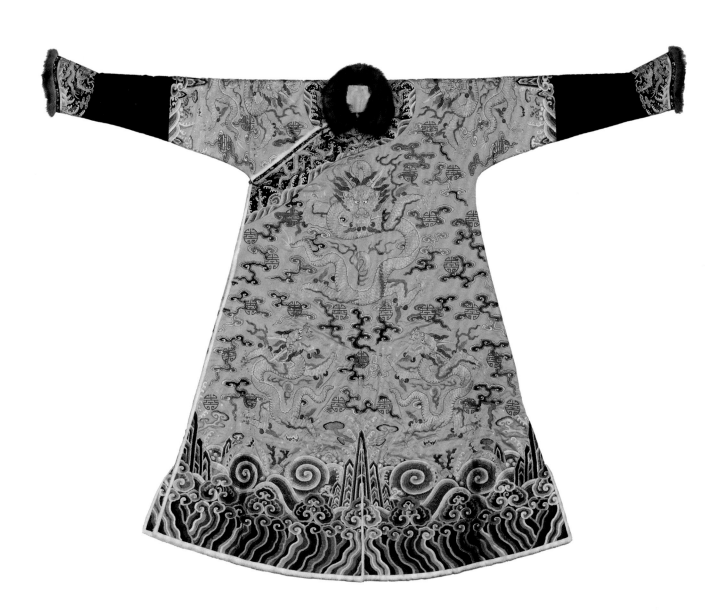

35

秋香色緙絲彩雲金龍皮龍袍
清乾隆
身長 148 厘米　兩袖通長 196 厘米
下幅寬 124 厘米
清宮舊藏

Fur-lined imperial robe of bluish yellow silk tapestry woven with colored clouds and gold dragons
Qianlong period, Qing Dynasty
Length of robe: 148cm
Overall width, cuff to cuff: 196cm
Width of hemline: 124cm
Qing Court collection

圓領，領袖皆石青，片金緣，狐皮裏，袖端貂皮出鋒。秋香色緙絲面上以圓金綫織金龍九條，兩肩前後正龍各一，交襟處行龍各一，袖端正龍各一；以藍、綠、白色絲綫緙織淡彩流雲，下幅以藍、綠、紫、黃四色絲綫加金織成八寶立水紋。周身列十二章，間以五色雲蝠和長圓壽字紋。

此袍為乾隆皇帝御用，這種列十二章的形式，也是乾隆時期開始形成的制度。黃條墨書："高宗"。"十二章"出自《尚書‧益稷》，以"日、月、星辰、山、龍、華蟲、藻、火、粉米、宗彝、黼、黻"十二種紋樣裝飾於服飾之上，代表君主的十二種才能與美德。

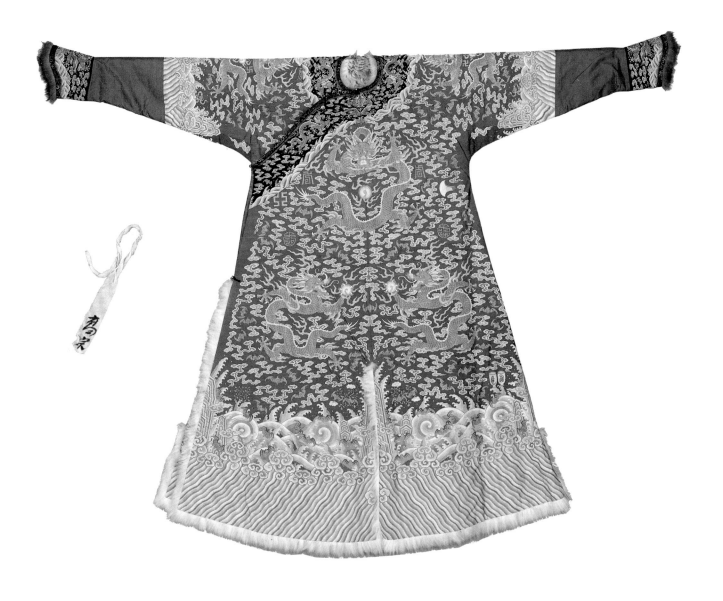

36

黃紗雙面繡彩雲金龍單龍袍
清乾隆
身長 140 厘米　兩袖通長 190 厘米
下幅寬 126 厘米
清宮舊藏

Unlined imperial robe of yellow gauze embroidered with colored clouds and gold dragons on two faces

Qianlong period, Qing Dynasty
Length of robe: 140cm　Overall width, cuff to cuff: 190cm
Width of hemline: 126cm
Qing Court collection

黃色芝麻紗面，明黃色素接袖，石青色雲蝠金龍紋領襟邊和袖端，片金緣。袍身以雙面繡技法在前胸、後背及兩肩繡正龍各一，下襟繡行龍四，裏襟繡行龍一。前胸、後背的正龍圍繞一團雲蝠紋飾，內繡兩隻鸞鳥各銜綬帶和雜寶飛舞，下方是壽石、靈芝、牡丹，有"雙鸞獻壽"、"福壽如意"等吉祥寓意。下幅飾海水江崖和八寶立水紋，通身點綴流雲飛蝠。

此袍為乾隆帝御用，黃條墨書："高宗"。

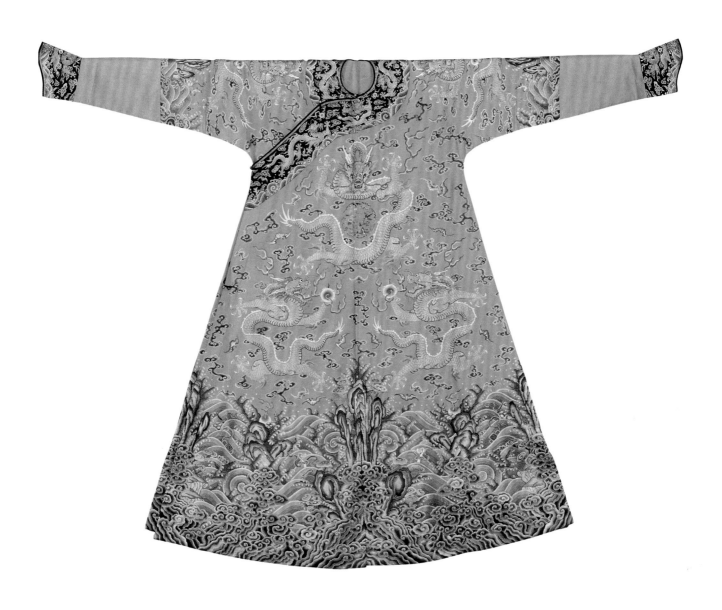

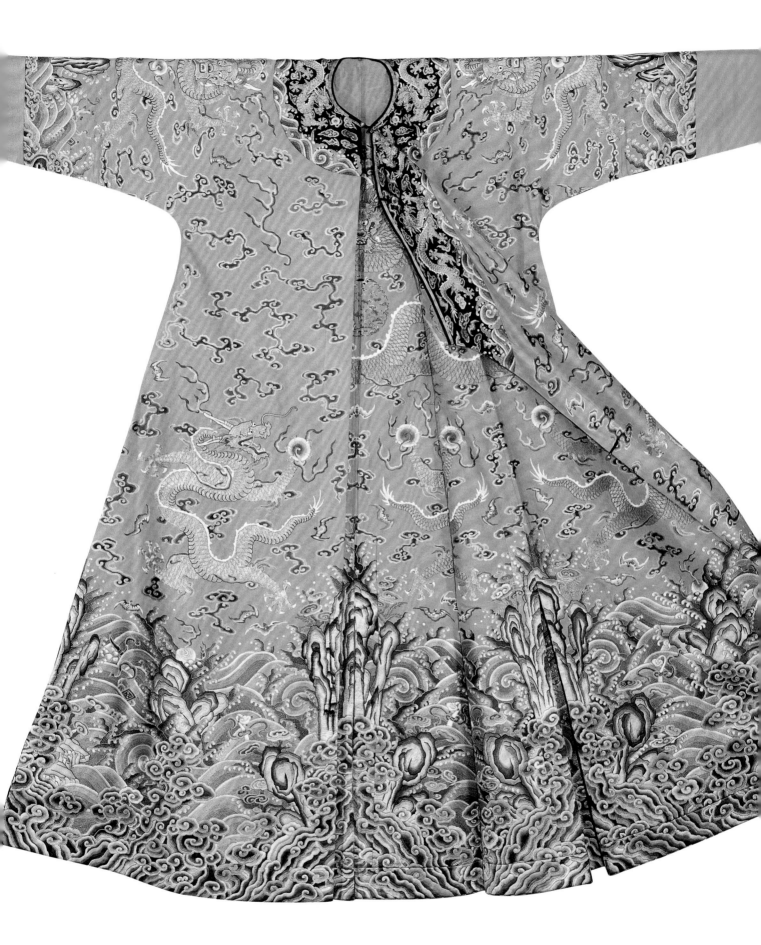

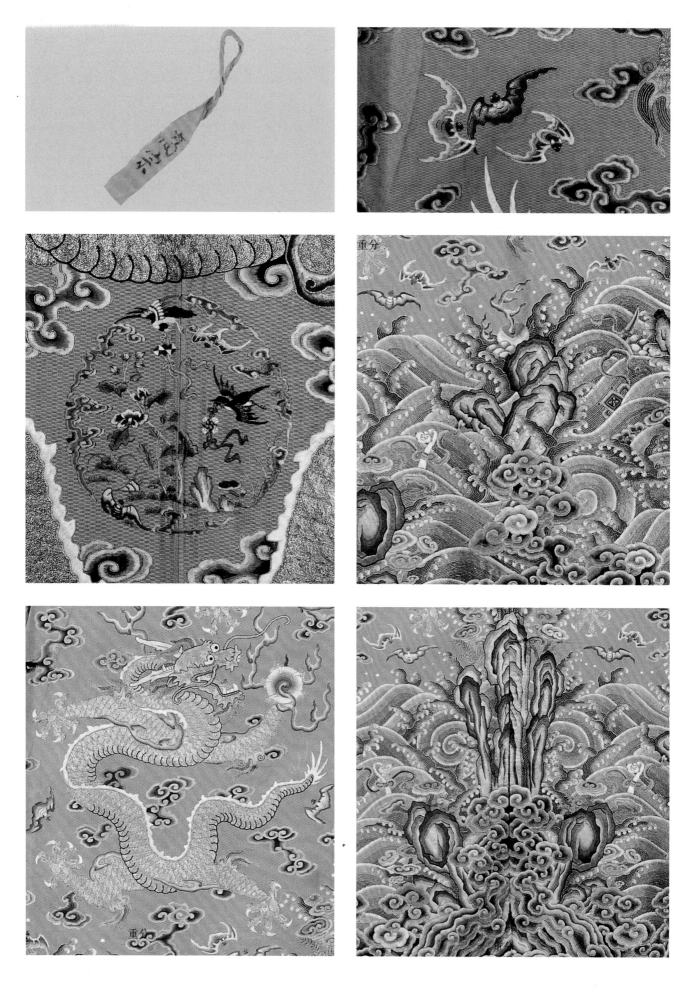

37

月白緙絲彩雲藍龍夾龍袍
清乾隆
身長 147 厘米　兩袖通長 149 厘米
下幅寬 128 厘米
清宮舊藏

Lined imperial robe of bluish white silk tapestry woven with
colored clouds and blue dragons
Qianlong period, Qing Dynasty
Length of robe: 147cm　Overall width, cuff to cuff: 149cm
Width of hemline: 128cm
Qing Court collection

立領，藍素綢接袖，石青緙五彩行龍雲蝠紋領袖邊，飾片金
緣。月白色緙絲面緙織藍色龍紋九條和十二章紋，間飾團
壽、長壽、雲蝠等圖紋，下幅飾海水江崖紋。

此袍是乾隆皇帝夏季所穿吉服。配色淡雅、清麗、和諧。
緙織技法嫻熟精妙，除常用的平緙、搭緙外，還用鳳尾戧緙
織浪花，長短戧緙織水紋，搭梭時，裂隙較小，圖案不易開
緙，實用性好。黃條墨書："高宗"。

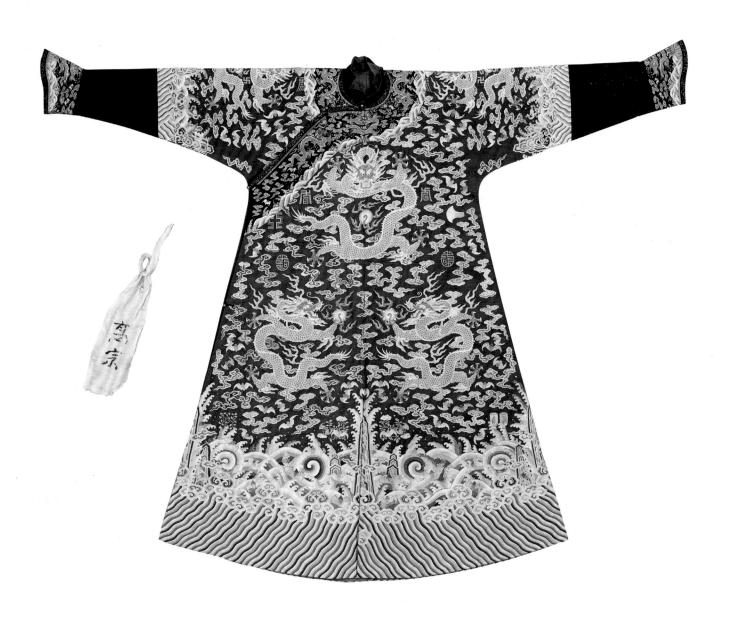

38

金地緙絲彩雲藍龍皮龍袍

清中期
身長 150 厘米　兩袖通長 214 厘米　下幅寬 120 厘米
清宮舊藏

Fur-lined imperial robe of silk tapestry woven with colored clouds and blue dragons over a gold thread-woven ground
Middle Qing Dynasty
Length of robe: 150cm　Overall width, cuff to cuff: 214cm
Width of hemline: 120cm
Qing Court collection

圓領，緙金面，青白肷狐皮做襯裏並出鋒。袖口貂皮出鋒。袍身以藍色絲綫織龍紋九條，周身用五彩絲綫點綴朵雲、纏枝蓮、蝙蝠和雜寶紋，下幅為海水江崖和八寶紋。

此袍是皇帝冬季所穿吉服。運用 20 多種顏色緙織花紋，設色豐富和諧。工藝以平緙為主，兼用長短戧、鳳尾戧、勾緙等技法，緙工細緻。緙金地用圓捻金綫織成，捻金細勻，與九條藍龍形成鮮明的對比。以暈色緙織的平水紋，有流動的效果，非常寫實。滿地的纏枝勾蓮使紋樣具有層次感，繁複而不顯雜亂。

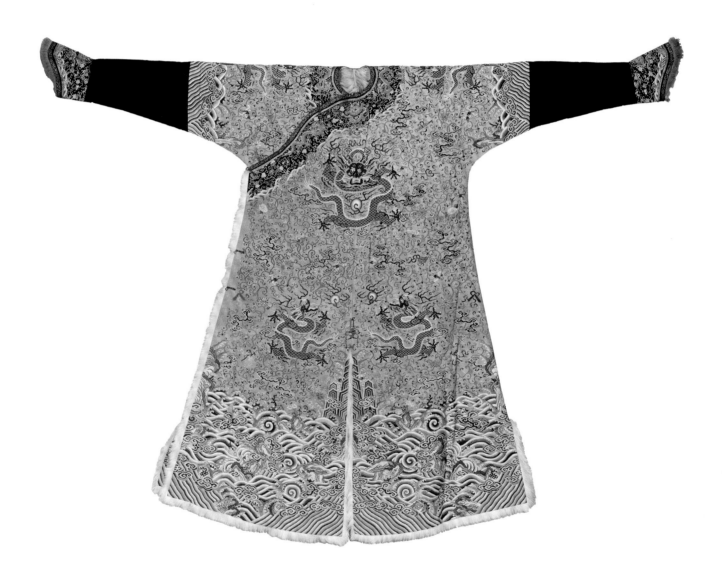

39

藍色江綢平金銀纏枝菊金龍夾龍袍
清中期
身長 145 厘米　兩袖通長 190 厘米　下幅寬 130 厘米
清宮舊藏

Lined imperial robe of blue Jiang silk with design of dragons and chrysanthemum scrolls embroidered with gold and silver threads
Middle Qing Dynasty
Length of robe: 145cm　Overall width, cuff to cuff: 190cm
Width of hemline: 130cm
Qing Court collection

藍色江綢面，湖色纏枝菊暗花綾裏，石青江綢平金銀雲龍領袖邊。袍身採取二色金銀綫交互換色的裝飾方法，運用平金法及嵌螺鈿工藝繡製金、銀龍紋和纏枝菊花紋。

此袍捻金勻細，平金釘綫工整，圖紋清麗娟秀。通過金銀綫與螺鈿恰到好處的結合，起到了畫龍點睛的藝術效果。

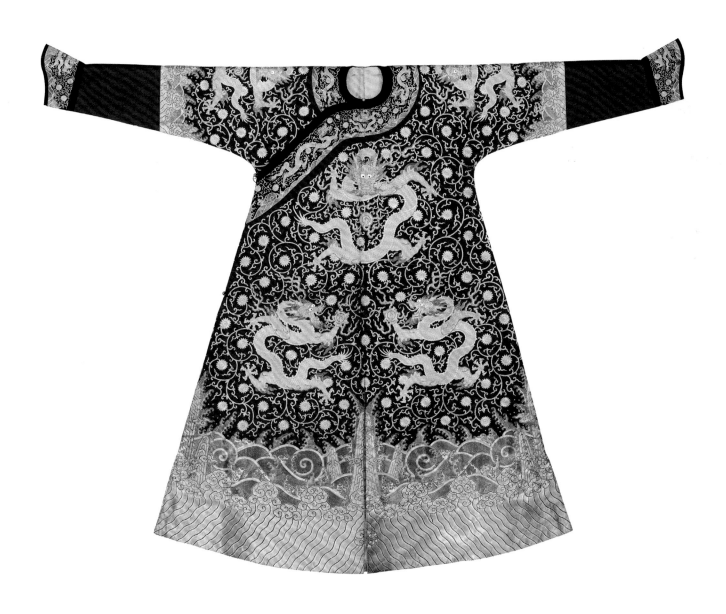

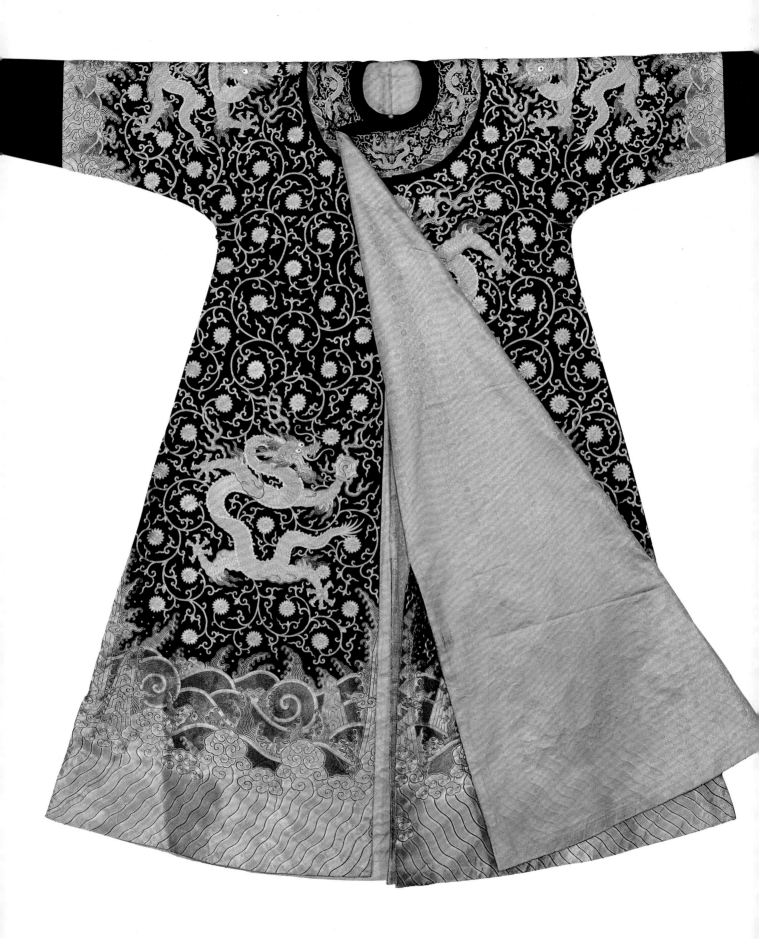

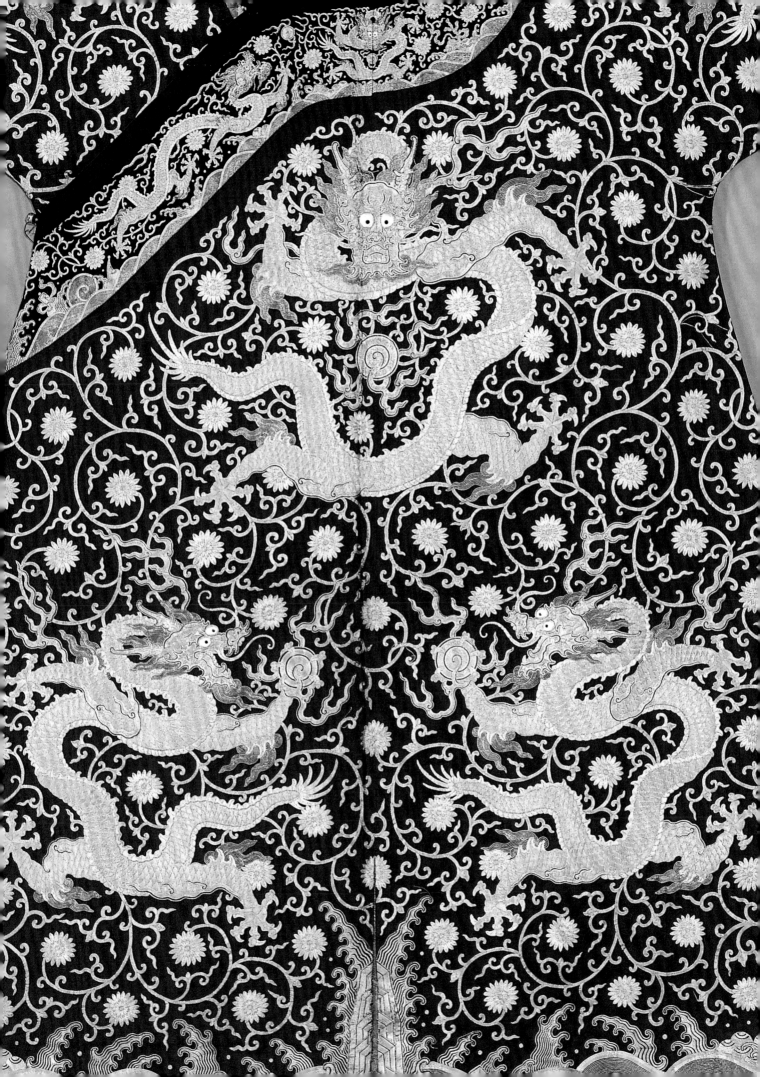

40

醬色緙絲彩雲金蟒夾蟒袍

清中期
身長 138 厘米　兩袖通長 190 厘米
下幅寬 120 厘米
清宮舊藏

Lined robe of dark reddish brown silk tapestry with design of gold four-clawed dragons and colored clouds
Middle Qing Dynasty
Length of robe: 138cm　Overall width, cuff to cuff: 190cm
Width of hemline: 120cm
Qing Court collection

圓領，裾前後開。醬色緙絲面，湖色暗纏枝勾蓮實地紗裏。石青素緞接袖，石青色緙五彩雲蝠金蟒紋領袖邊，飾石青片金緣。袍身緙織四爪金蟒九條，間飾祥雲、雜寶、海水江崖等圖紋。

此袍是皇孫、皇曾孫、皇元孫穿用的吉服，其紋為四爪，按"五爪為龍，四爪為蟒"的制度，被稱為蟒紋。工藝以平緙、搭緙為主，緙工平薄精細，捻金綫勻細，蟒紋生動具浮雕感，設色以三暈為主，沉穩富麗。黃條墨書："醬色緙絲夾紗蟒袍一件"。

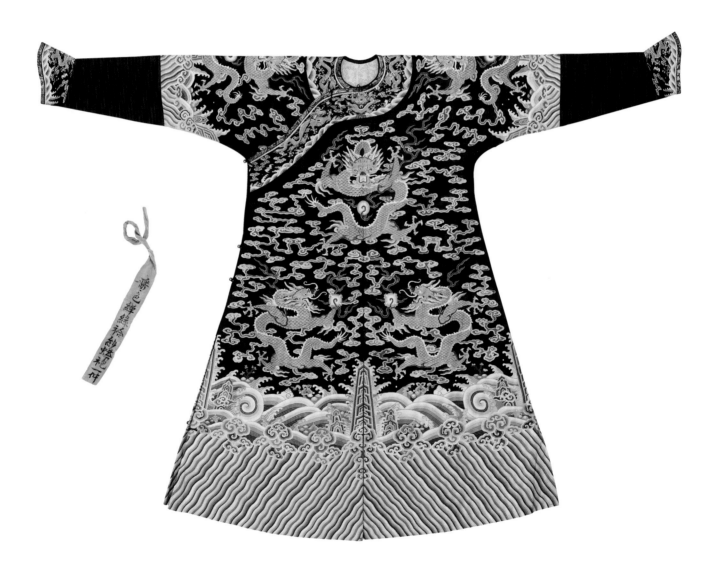

41

石青緞織彩雲金團龍褂面
清早期
身長 85 厘米　兩袖通長 94 厘米
下幅寬 78 厘米
清宮舊藏

Jacket of azurite blue satin woven with design of colored clouds
and gold medallions of dragons
Early Qing Dynasty
Length of jacket: 85cm　Overall width, cuff to cuff: 94cm
Width of hemline: 78cm
Qing Court collection

圓領，對襟，平袖，左右及後開裾。石青色緞面，裏子已被
拆，僅左袖內殘留少許銀鼠皮。通身織金妝花飾團金龍和五
彩雲紋。

此褂是皇帝冬季穿用的常服褂。

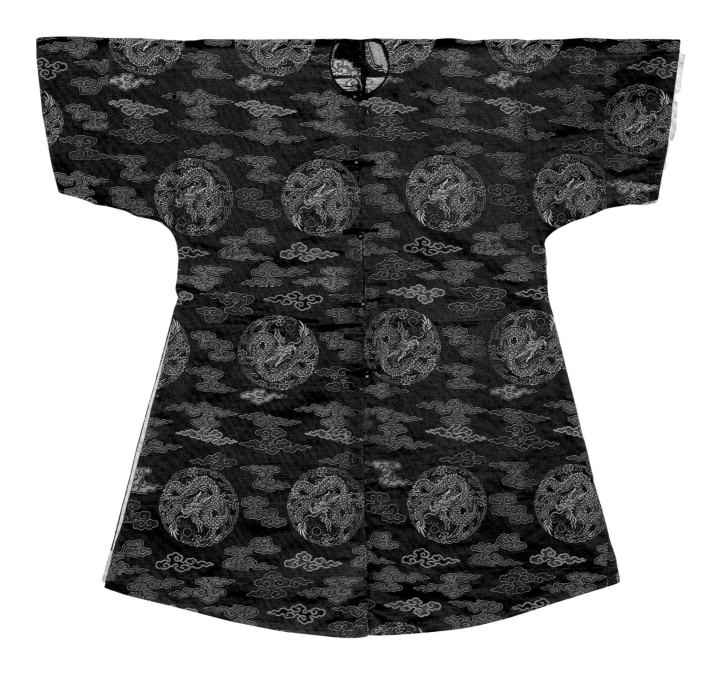

42

石青色團鶴暗花綢夾褂
清中期
身長 113 厘米　兩袖通長 149 厘米
下幅寬 103 厘米
清宮舊藏

Lined jacket of azurite blue silk with veiled design of crane medallions
Middle Qing Dynasty
Length of jacket: 113cm
Overall width, cuff to cuff: 149cm
Width of hemline: 103cm
Qing Court collection

圓領，對襟，平袖，左右及後開裾，長至膝下。石青色綢面，月白色平紋綢襯裏。褂面緯綾顯花織二則暗團鶴紋，一個花紋單位達 39 厘米。團鶴四周裝飾壽桃、靈芝、竹子、壽山石、水仙花，組成 "芝仙祝壽" 吉祥圖案。

此褂質地細密，紋樣寫實，其形式與清代典制相符，是穿在常服袍外面的褂服。

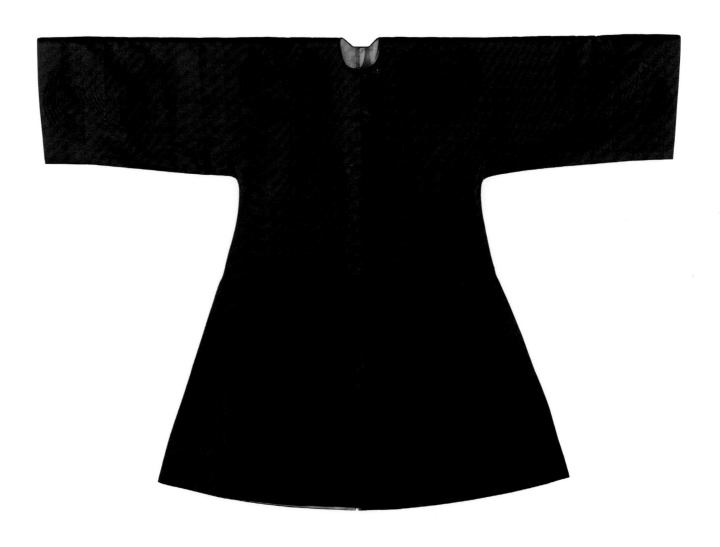

43

明黃色江山萬代暗花綢皮褂

清

身長 87 厘米　兩袖通長 124 厘米

下幅寬 100 厘米

清宮舊藏

Fur-lined jacket of bright yellow silk with veiled patterns of sea waves, cliffs, swastika and ribbons

Qing Dynasty

Length of jacket: 87cm　Overall width, cuff to cuff: 124cm

Width of hemline: 100cm

Qing Court collection

圓領，平袖對襟式短褂。明黃色江綢面，內飾拼花貂皮裏。褂面暗織海水江崖、卐字、磬、飄帶等紋樣，以諧音寓"江山萬代"之意。

此褂圖紋織造細密均勻，構圖自然流暢，提花清晰疏朗。從其鈕釦和皮毛拼花可以看出，此常服可正反兩面穿用。

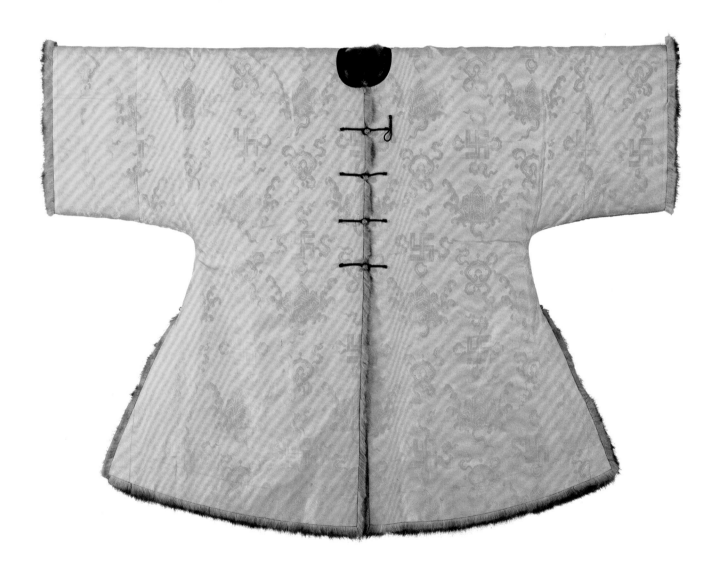

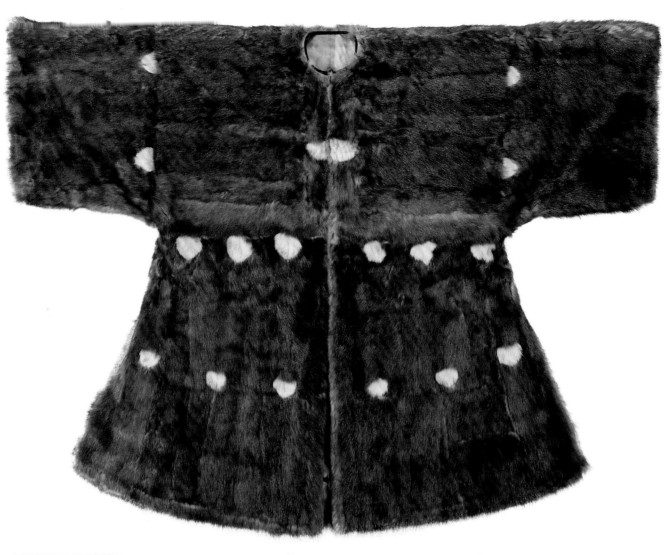

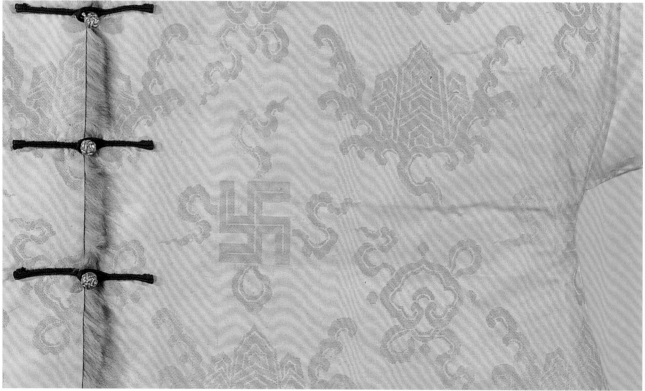

44

藍色簟錦紋暗團花夾袍
清中期
身長 148 厘米　兩袖通長 204 厘米
下幅寬 120 厘米
清宮舊藏

Lined blue robe with bamboo mat-woven pattern and veiled design of flower medallions
Middle Qing Dynasty
Length of robe: 148cm　Overall width, cuff to cuff: 204cm
Width of hemline: 120cm
Qing Court collection

圓領，大襟右衽，馬蹄袖，四開裾，月白色暗花綾襯裏。袍面以變化的斜紋組織織成簟錦紋，以平紋組織顯花織鯰魚、磬、盤長等組成的吉祥圖案，有"年餘綿長"等寓意。

此袍織造細密規矩，一個花紋單位達 37 厘米。面料厚實，手感硬挺，非常適合做外衣，是一件織造工藝考究的皇帝常服袍。

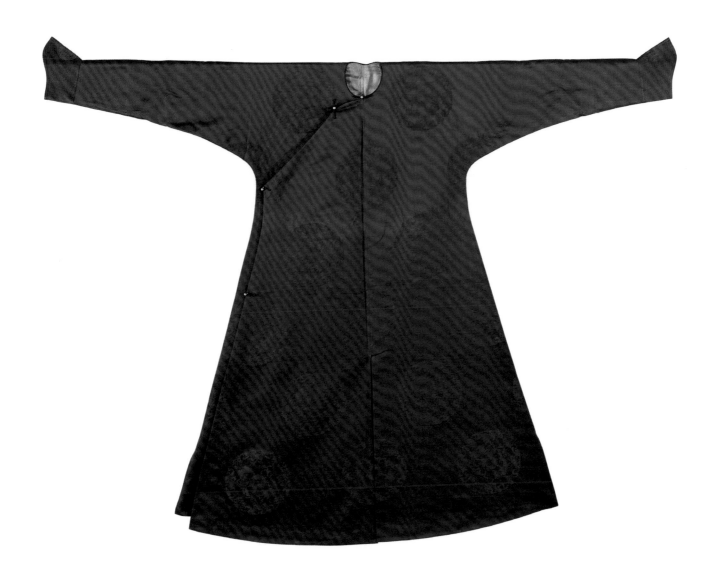

45

淺駝色團太獅少獅暗花綢單袍
清中期
身長 105 厘米　兩袖通長 160 厘米
下幅寬 98 厘米
清宮舊藏

Unlined robe of light tan silk with veiled design of lion medallions
Middle Qing Dynasty
Length of robe: 105cm　Overall width, cuff to cuff: 160cm
Width of hemline: 98cm
Qing Court collection

圓領，右衽，馬蹄袖，四開裾。淺駝色三枚斜紋綢面，上為大獅、小獅抱繡球花暗花紋，以諧音為"太師"、"少師"，寓官祿世代相傳之意。

此袍提花清晰細緻，織造工麗。胸前挽進摺縫約半寸左右，則是因為穿着時身長略過，作此權宜之計。

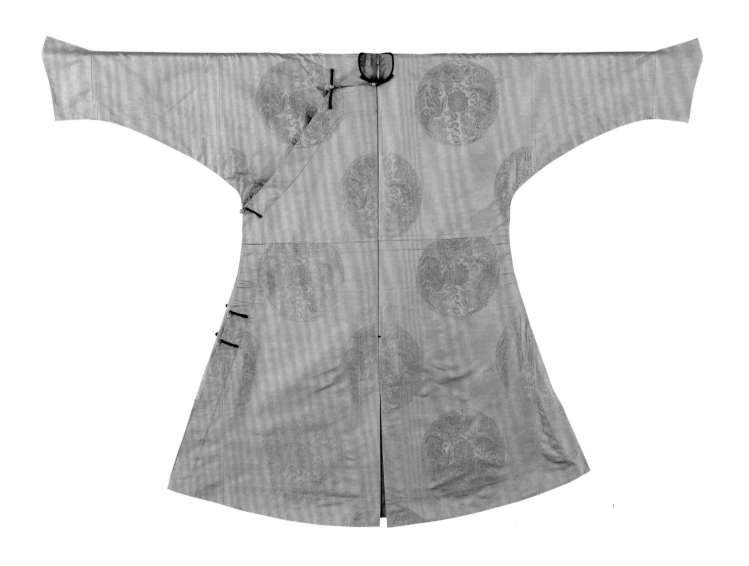

46

石青色暗花緞皮褂

清康熙
身長 75 厘米　兩袖通長 100 厘米
下幅寬 78 厘米
清宮舊藏

Fur-lined jacket of azurite blue satin with veiled design
Kangxi period, Qing Dynasty
Length of jacket: 75cm　Overall width, cuff to cuff: 100cm
Width of hemline: 78cm
Qing Court collection

圓領，平袖對襟式短褂，左右開裾。石青色暗花緞面，貂皮裏。褂面暗花以團龍紋為主，間飾方勝、犀角、古錢等雜寶紋。

此褂是康熙皇帝冬季出行時所穿用的短褂。黃條墨書："聖祖　石青緞面巡幸貂皮褂一件"。

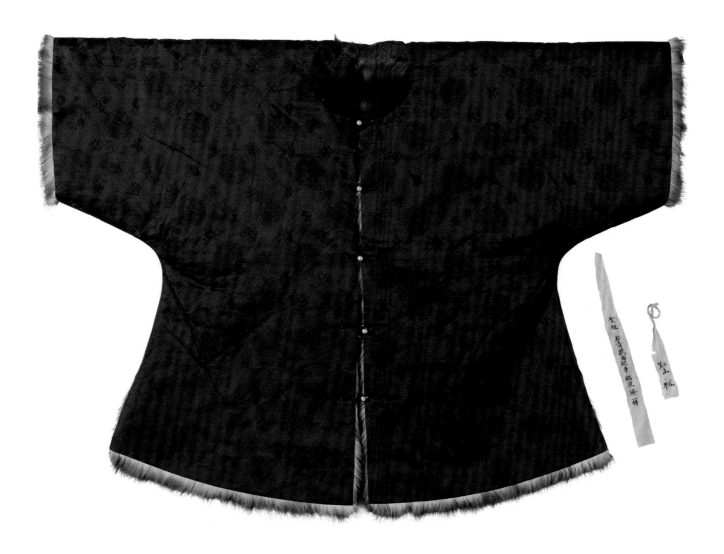

47

藍色素緞皮褂
清康熙
身長 76 厘米　兩袖通長 104 厘米
下幅寬 88 厘米
清宮舊藏

Fur-lined jacket of blue plain satin
Kangxi period, Qing Dynasty
Length of jacket: 76cm　Overall width, cuff to cuff: 104cm
Width of hemline: 88cm
Qing Court collection

圓領，平袖對襟式短褂，左右及後開裾。藍色素緞面，內飾銀鼠皮裏。設色沉穩莊重，形式簡潔質樸，製作工藝精湛。

此褂為康熙皇帝出行時服用，黃條墨書："聖祖"。

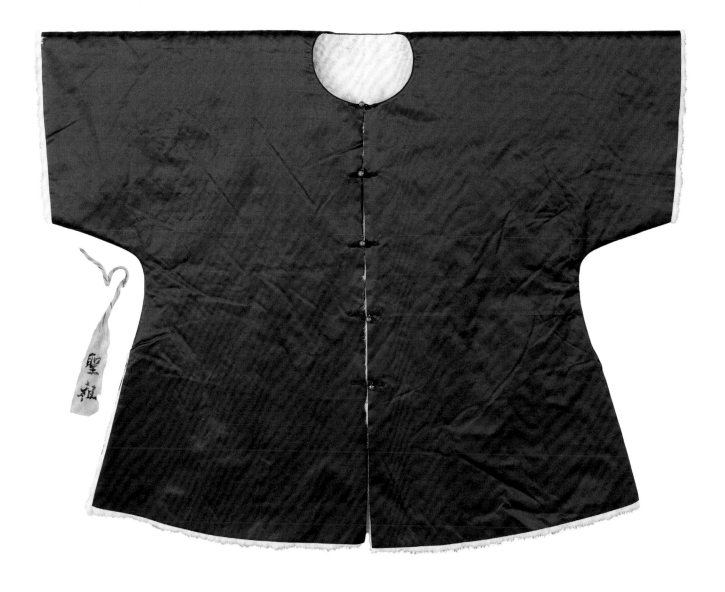

48

金黃色團龍暗花緞皮褂
清
身長 71 厘米　兩袖通長 127 厘米
下幅寬 82 厘米
清宮舊藏

Fur-lined jacket of golden satin with veiled design of dragon medallions

Qing Dynasty
Length of jacket: 71cm　Overall width, cuff to cuff: 127cm
Width of hemline: 82cm
Qing Court collection

圓領，平袖對襟式短褂。長與坐齊，袖長及肘。掃雪貂皮面，金黃色暗團龍紋緞裏。

此褂以皮為面，緞為裏，有違清代禮制，是清代皇室貴冑誇富攀比的表現。

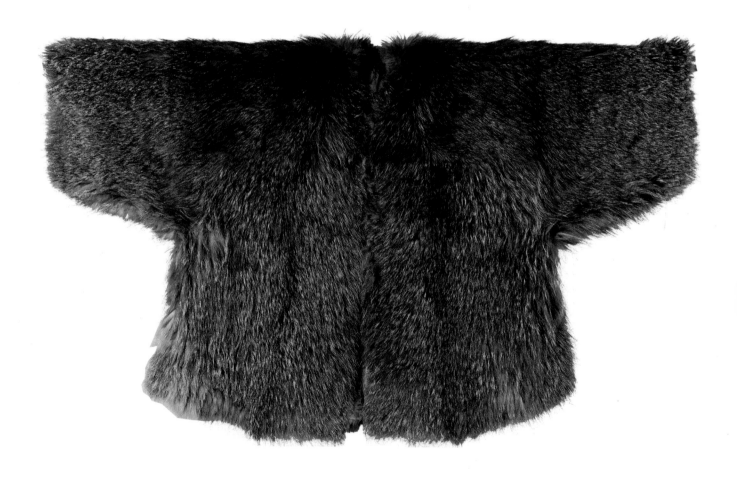

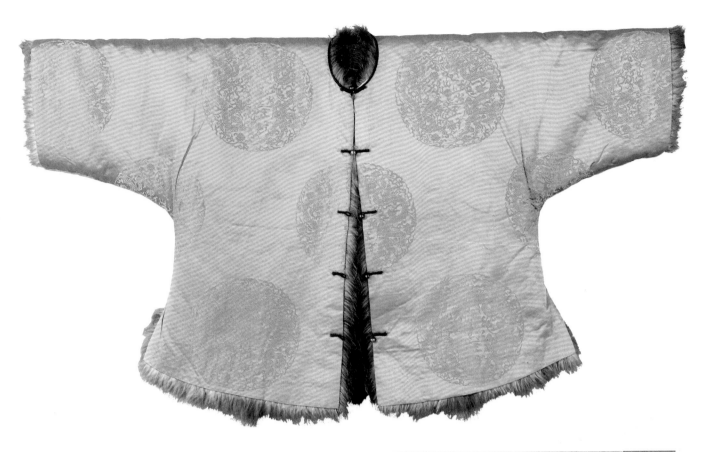

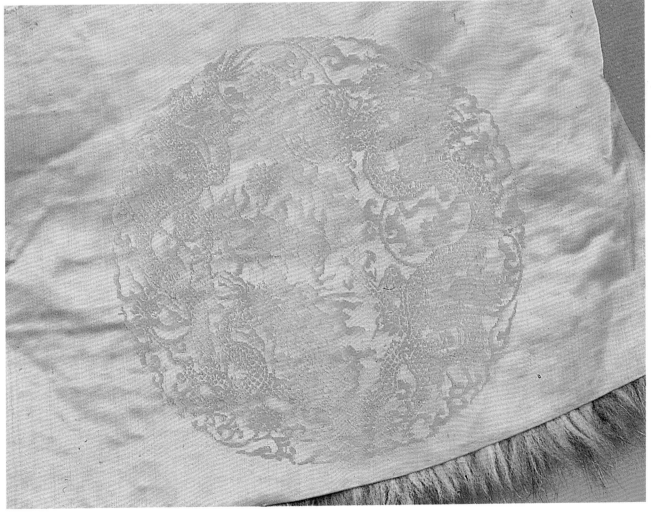

49

油綠色雲龍暗花緞綿袍
清康熙
身長 139 厘米　兩袖通長 196 厘米
下幅寬 136 厘米
清宮舊藏

Silk floss-padded robe of dark green satin with veiled design of clouds and dragons
Kangxi period, Qing Dynasty
Length of robe: 139cm　Overall width, cuff to cuff: 196cm
Width of hemline: 136cm
Qing Court collection

小翻領，大襟右衽，馬蹄袖，前後開裾，正面右襟下短一尺。油綠色緞面，月白色暗花綢襯裏。紫貂皮領，銀鼠皮出鋒袖口。通身織四合如意雲紋和龍紋，為二則式，一個花紋單位達 73 厘米。

此袍是康熙皇帝所穿，具有清代早期袍服的特點。其右襟下短一尺，俗稱"缺襟袍"、"巡幸袍"。皇帝出行騎馬時可將衣襟扣在腰處，不騎馬時，可把缺襟與掩襟相扣。黃條墨書："聖祖　油綠緞綿巡幸袍一件"。

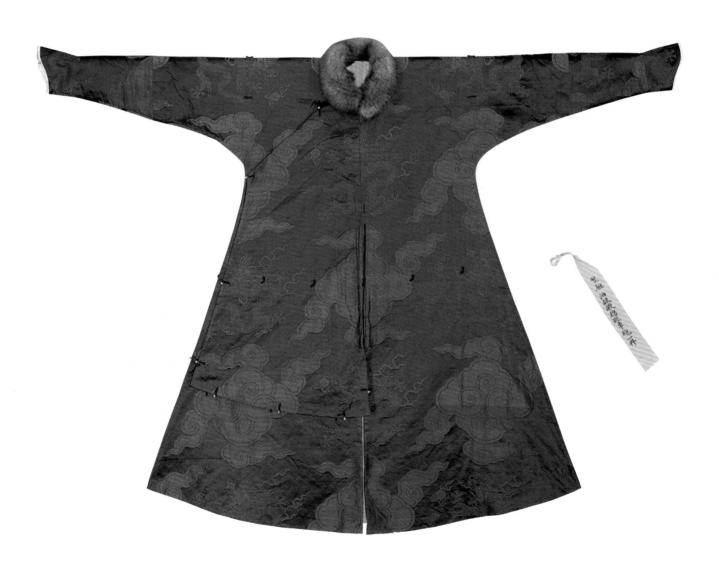

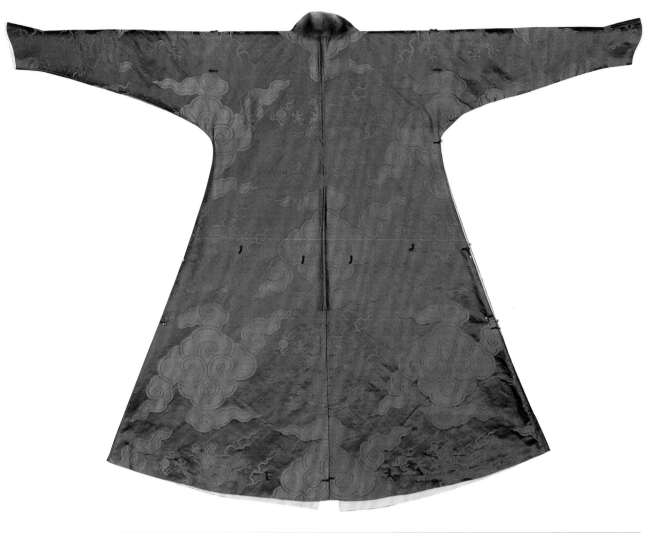

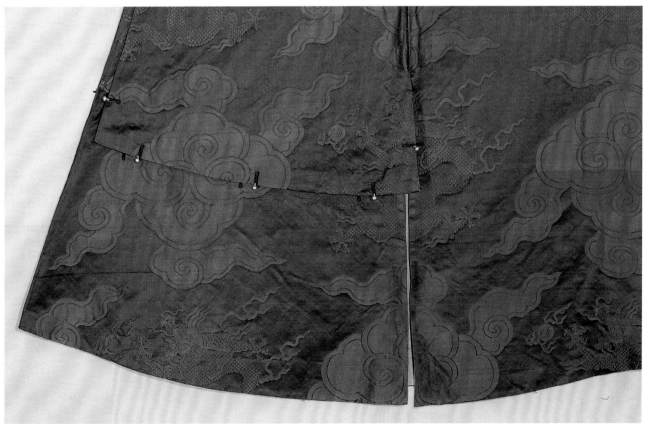

50

大紅緞織金錢蟒綿袍
清早期
身長 124 厘米　兩袖通長 168 厘米
下幅寬 120 厘米
清宮舊藏

Silk floss-padded robe of bright red satin woven with python design
Early Qing Dynasty
Length of robe: 124cm　Overall width, cuff to cuff: 168cm
Width of hemline: 120cm
Qing Court collection

圓領，大襟右衽，馬蹄袖，前後開裾，正面右襟下短一尺。大紅色緞面，米黃色素綢裏。袍面以織金妝花工藝織寸蟒、彩雲、菊花、牡丹等圖紋。

此袍配色和諧，織造工藝精湛，是皇帝穿用的行服袍。

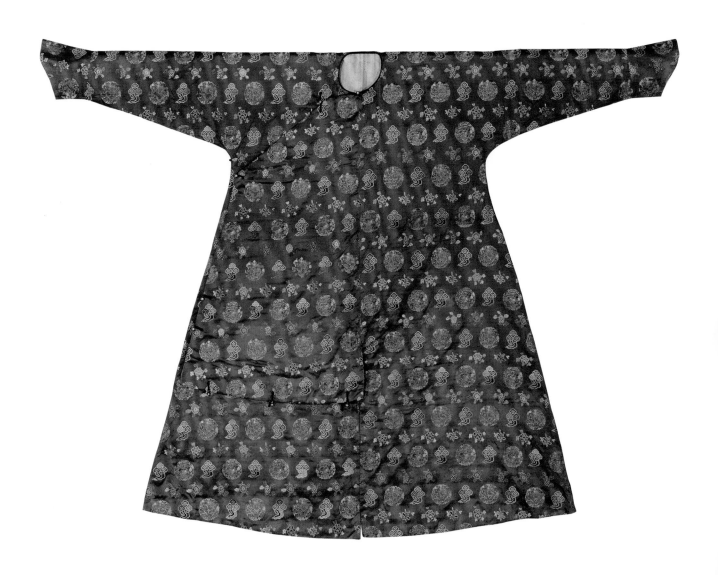

51

藍色梅蘭松竹暗花紗綿袍
清中期
身長 129 厘米　兩袖通長 180 厘米
下幅寬 109 厘米
清宮舊藏

Silk floss-padded robe of blue gauze with veiled design of plum blossom, orchid, pine and bamboo
Middle Qing Dynasty
Length of robe: 129cm　Overall width, cuff to cuff: 180cm
Width of hemline: 109cm
Qing Court collection

圓領，上衣下裳式缺襟袍。暗花紗面，月白色素紡綢裏，絮薄綿，袖端裏襯銀鼠皮。袍面織梅花、蘭花、松樹、竹子等，組成"四君子"圖紋。有君子高潔、品行高雅的寓意。

此袍短襟上設鈕 3 枚，必要時扣在掩襟上。後身下幅左右各設鈕 2 枚，便於騎馬時將後下幅自後開裾處左右分開扣上。左右上臂各設鈕鼻 3 枚，便於外面穿行褂或雨服時扣住，避免脫落。設計實用方便，穿着舒適。

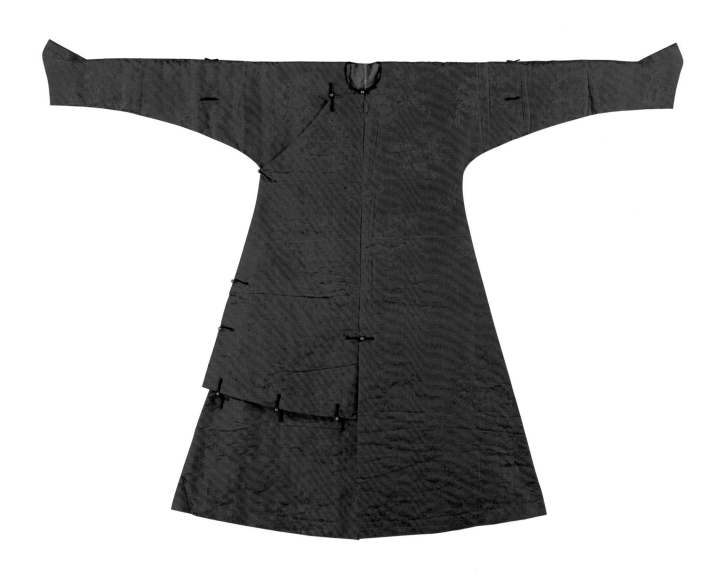

52

掃雪貂皮行裳
清雍正
身長 99 厘米　腰圍 80 厘米
下幅寬 110 厘米
清宮舊藏

Marten traveling skirt
Yongzheng period, Qing Dynasty
Length of skirt: 99cm　Waistline: 80cm
Width of hemline: 110cm
Qing Court collection

行裳由左右兩幅組成，式如圍裙，裾前開，左右暗兜各一。掃雪貂皮面，月白色素紡絲綢裏，內釘藍色絲織人字縧帶。

此行裳以掃雪貂皮為之，毛鋒茂密，皮質柔軟，拼接均勻。是清代皇帝冬季行圍打獵理想而實用的服裝。黃條墨書："世宗　掃雪貂都什希二件"，"都什希"是行裳的滿語音譯。

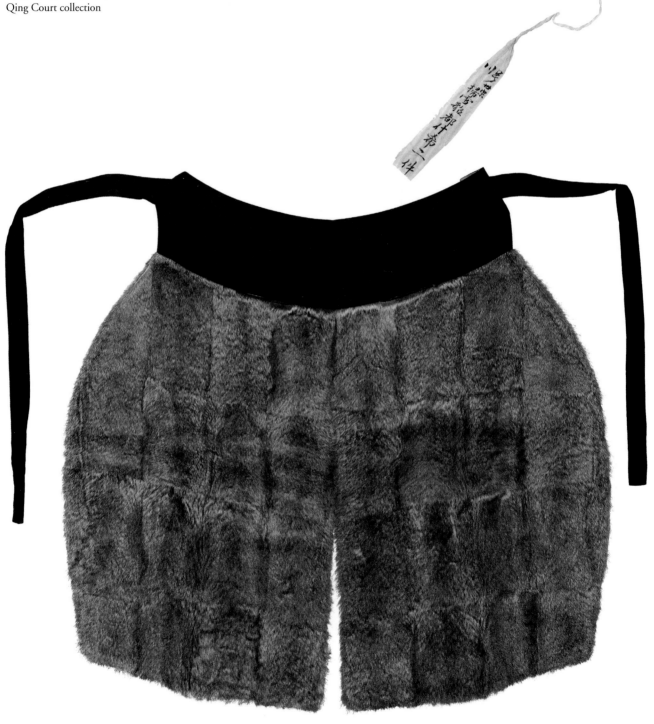

53

黃薰皮行裳
清
身長 96 厘米　腰圍 90 厘米
下幅寬 102 厘米
清宮舊藏

Traveling skirt of yellow leather
Qing Dynasty
Length of skirt: 96cm　Waistline: 90cm
Width of hemline: 102 cm
Qing Court collection

行裳由左右兩幅組成，黃色獸皮面，月白色素紡絲綢裏。腰圍用橫幅石青色布縫連，腰圍兩端有長帶可圍繫於腰際。兩幅裏子的中部各置一條橫向的藍色絲帶，每條絲帶的近開氣一端各有 1 枚銅鎏金素面鈕，尾端縫 4 個鈕袢，這種設計可調節行裳圍於腿部時的鬆緊，十分巧妙。

在清代，皇帝、王公和百官的行裳形狀相同，根據季節不同而相應以夾、氈、皮等為表。黃條墨書："黃薰皮都什希一件"。

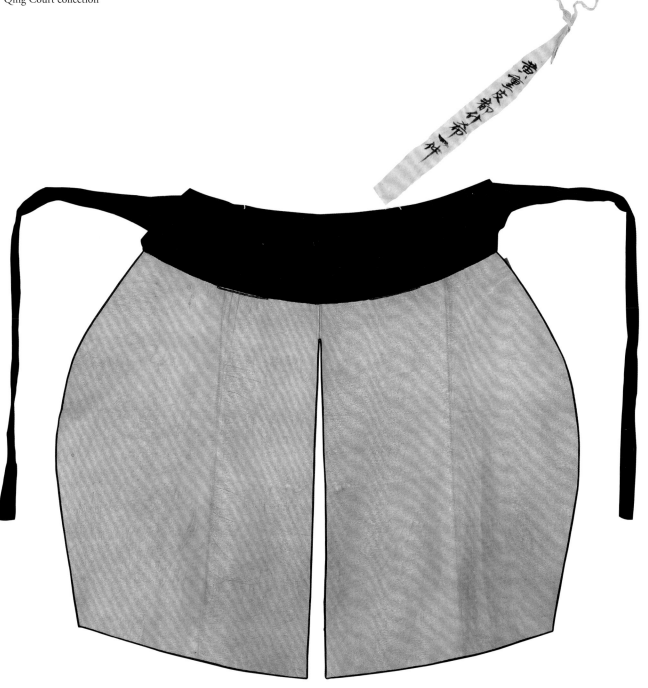

54

大紅水波紋羽紗單雨服
清康熙
身長 127 厘米　兩袖通長 194 厘米
下幅寬 136 厘米
清宮舊藏

Unlined raincoat of bright red camlet with ripple design
Kangxi period, Qing Dynasty
Length of raincoat: 127cm
Overall width, cuff to cuff: 194cm
Width of hemline: 136cm
Qing Court collection

立領，對襟，平袖端，裾四開，有小掩襟。立領襯月白色裏，領邊用石青色素緞滾窄邊。光素平紋羽毛紗面，織造後經碾軋處理，表面呈顯水波暗紋。羽毛紗是毛和羽毛捻綫織成，手感粗糙，利用羽毛不易濡濕的特點，織作防雨衣具。織成後經碾軋，更使織紋的孔隙減小，達到更好的防雨效果。

此雨衣為康熙皇帝御用，是現存清代皇帝服飾中唯一一件紅色雨服。紅色雨服為皇帝御用也是清初所特有的現象。黃條墨書："聖祖　紅羽紗單大褂一件"。

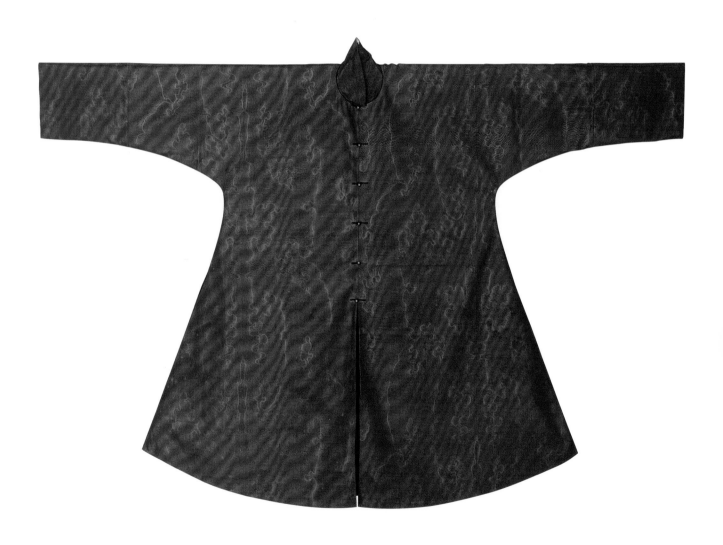

55

石青緞繡彩雲藍龍綿甲
清早期
上身長 78 厘米　肩寬 43 厘米
腰圍 100 厘米　下裳長 92 厘米
清宮舊藏

Silk floss-padded armor of azurite blue
satin embroidered with colored clouds and
blue dragons
Early Qing Dynasty
Length of upper clothes: 78cm
Width of shoulder: 43cm
Waistline: 100cm
Length of lower skirt: 92cm
Qing Court collection

由甲衣和圍裳上下兩部分組成。甲衣
雙肩各裝有綴鎏金龍紋銅版的護肩一
個，兩腋各繫一片雲頭狀護腋，腹部佩
一片梯形護腹即“前擋”，腰間左側也
佩同樣的裝置，名謂“左擋”。右側因
有箭囊遮擋，則不設這種裝置。圍裳
分為左右二幅，穿時用帶子繫於腰間。

這套綿甲用石青色緞作面料，內絮絲
綿，通身釘綴鎏金銅泡釘，以增強綿
甲的耐磨和防護性能。在全身各部位
還用五彩絲綫繡龍紋，間飾祥雲、海
水江崖和如意、壽石、方勝、古錢、
靈芝、珊瑚、銅鐘、方戟等雜寶紋樣，
使整套服裝既彰顯穿着者的至尊與威
穆，又具有極強的裝飾性。

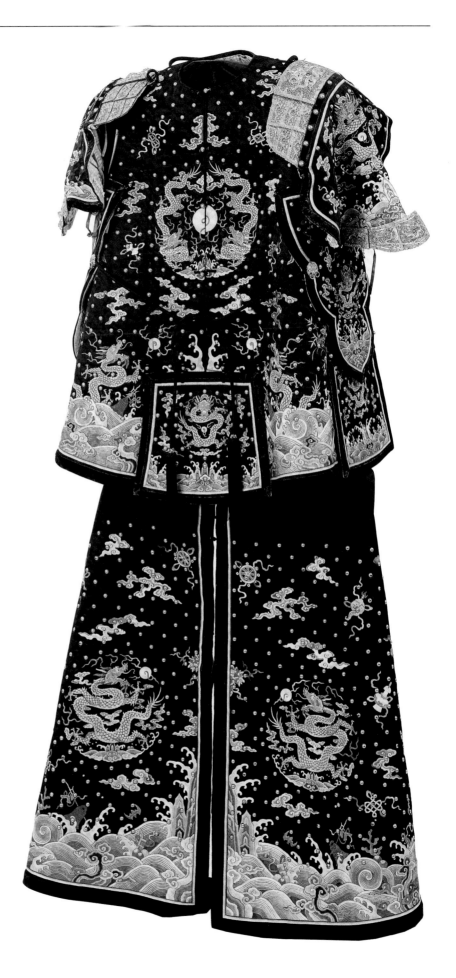

藍色寧綢夾緊身
清康熙
身長107厘米　肩寬40厘米
下幅寬96厘米
清宮舊藏

Close-fitting undergarment of blue Ning silk
Kangxi period, Qing Dynasty
Length of garment: 107cm　Width of shoulder: 40cm
Width of hemline: 96cm
Qing Court collection

立領，對襟，無袖，四開裾。立領用被稱為"銀針"的上等貂皮做成。三枚左斜紋寧綢面，上織呈橫向排列的暗如意雲紋，具有清代早期服飾紋樣的特點。襯裏為淺藍色平紋綢，緯綫顯暗花，以杏花、書組成"尚書紅杏"吉祥圖案。

此緊身為康熙皇帝御用。黃條墨書："聖祖　藍寧綢夾緊身一件　隨貂皮領一條"。

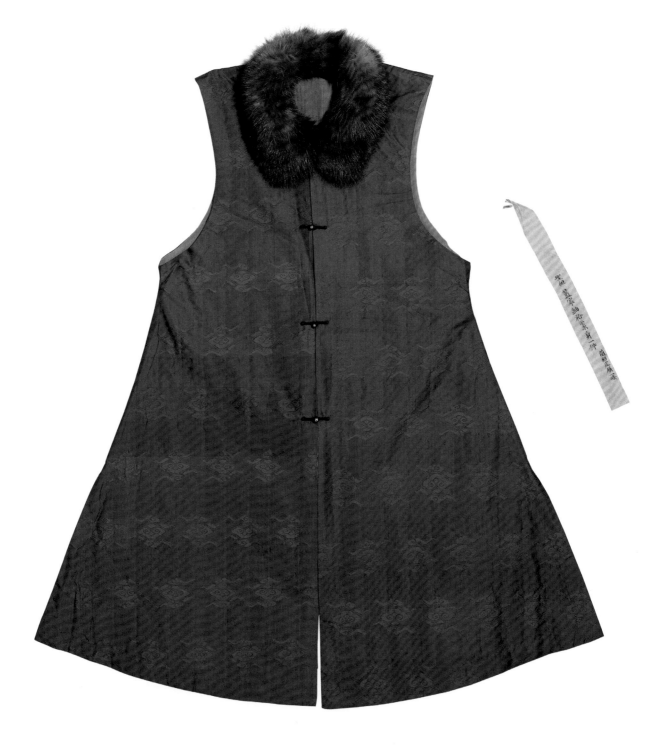

紫色漳絨福壽三多紋夾緊身

清晚期

身長 76 厘米　肩寬 39 厘米

下幅寬 78 厘米

清宮舊藏

Lined close-fitting undergarment of purple Zhangzhou velvet with auspicious design of pomegranate, fingered citrus, peony, ribbons, bat, swastika and character "Shou" (longevity) medallion

Late Qing Dynasty

Length of garment: 76cm　Width of shoulder: 39cm

Width of hemline: 78cm

Qing Court collection

圓立領，琵琶襟右衽，左右開裾。漳絨面，月白色素紡絲綢裏。面料以絨圈為地，割絨顯花，以石榴、佛手、壽桃組成"三多紋"，寓意"多子、多福、多壽"，以牡丹、飄帶、蝙蝠和卍字、團壽等紋樣，寓意"福壽萬代"。

此緊身成功地利用漳絨所獨有的工藝特點，以絨圈和絨毛明暗交互顯花。

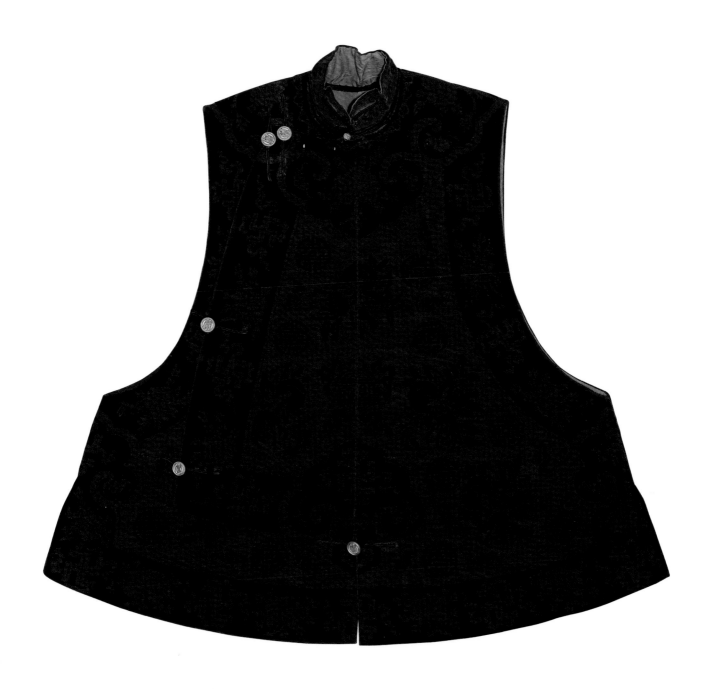

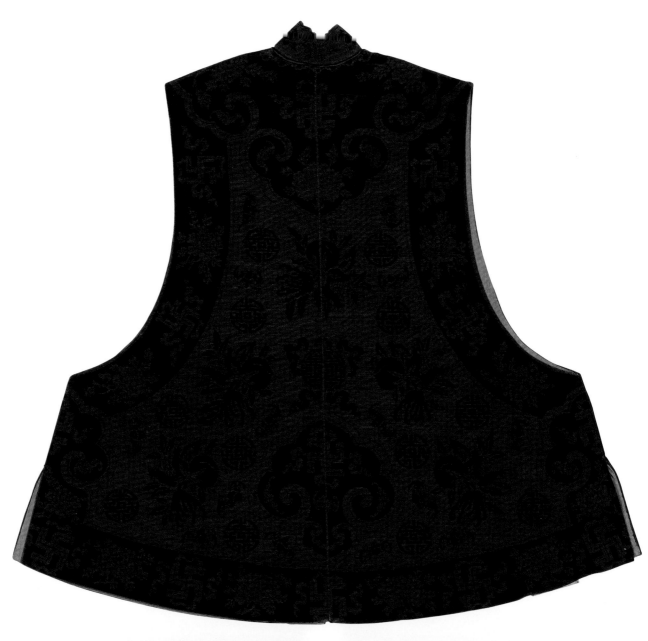

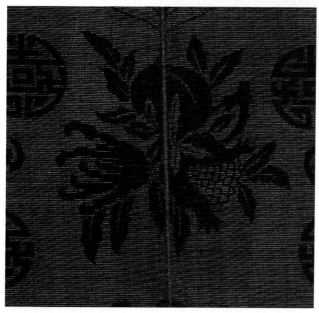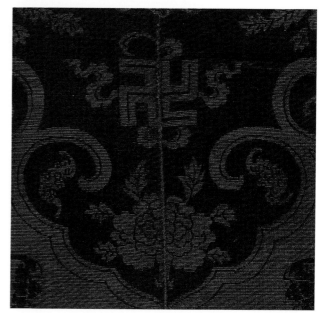

58

湖色冰梅紋緞織金團花事事如意綿馬褂
清晚期
身長 73 厘米　兩袖通長 120 厘米　下幅寬 80 厘米
清宮舊藏

Silk floss-padded mandarin coat of light green satin woven with golden medallions of persimmons and Ruyi-sceptres with veiled plum pattern
Late Qing Dynasty
Length of coat: 73cm　Overall width, cuff to cuff: 120cm
Width of hemline: 80cm
Qing Court collection

立領，對襟，平袖，左右及後開裾。湖色冰梅紋暗花緞面，外鑲卍字織金緞邊，內飾雪青色素紡絲綢裏。暗花緞面上織金柿蒂形開光，內飾柿子和如意紋，寓"事事如意"之意。

此褂成功地運用了衣服顏色與暗花紋樣的搭配效果，使織金紋樣彷彿置身於冰雪中一樣閃閃發光，充分顯示出清代服飾設色構圖的高超水平。

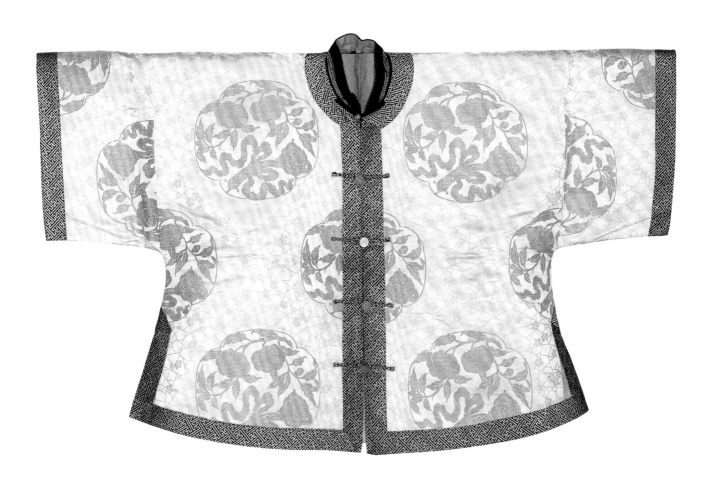

59

黃色織金雲龍紋妝花緞夾褲
清早期
褲長 125 厘米　褲口 29 厘米
清宮舊藏

**Lined trousers of yellow satin woven with
golden dragons and clouds**
Early Qing Dynasty
Length of trousers: 125cm
Width of trouser leg: 29cm
Qing Court collection

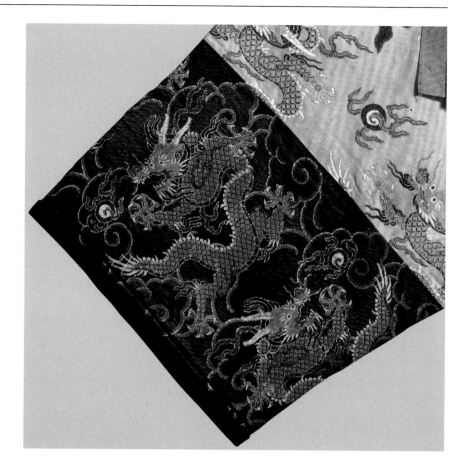

斜襠，平褲口，褲腰為前後兩片，並縫
有四根腰帶。褲口、褲腰均接有藍色
雲龍妝花紗一段。

面料上的雲龍花紋呈橫向排列，用圓
金綫織側面行龍，兩排龍以頭向左和
向右形成花紋單位，其間飾火珠、如
意雲。用色純正、明亮。

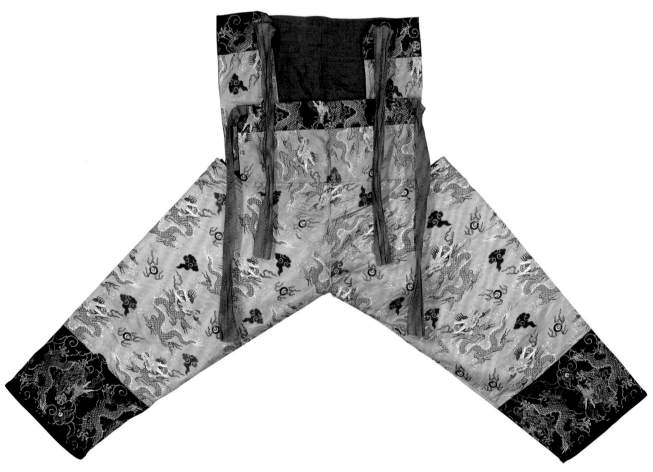

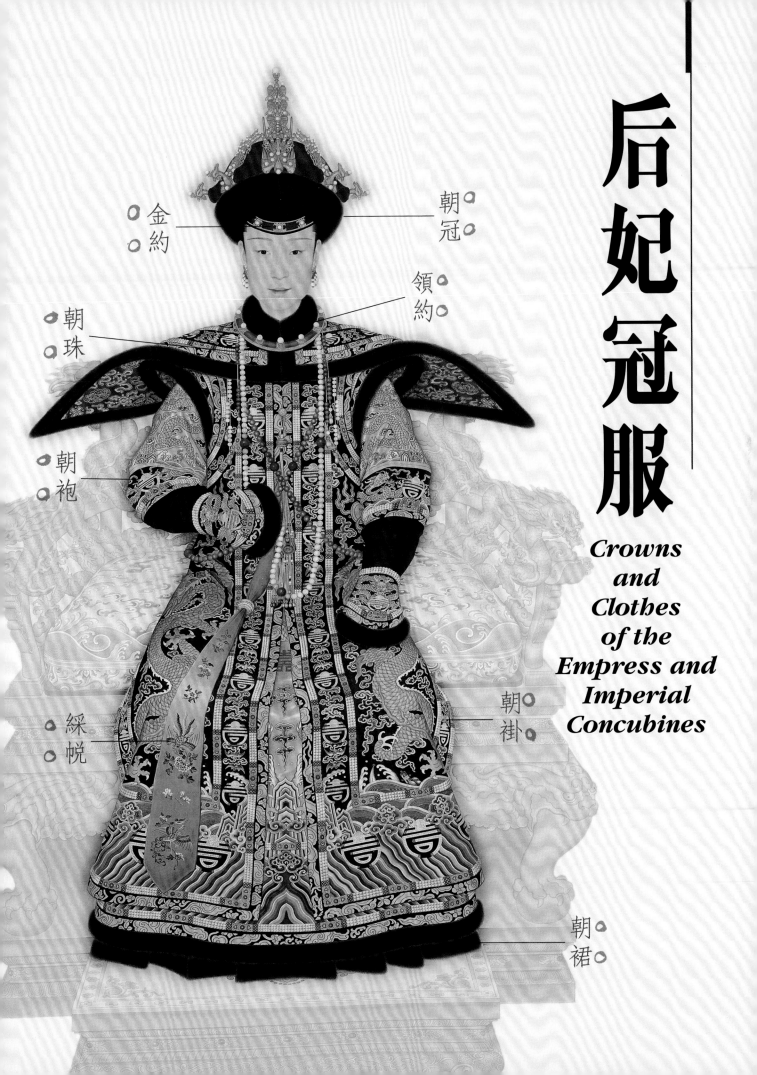

金約

朝冠

領約

朝珠

朝袍

綵帨

朝褂

朝裙

后妃冠服

***Crowns
and
Clothes
of the
Empress and
Imperial
Concubines***

60

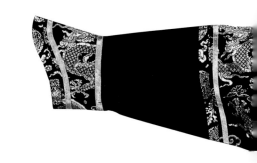

金黃緞織彩雲金龍夾朝袍
清早期
身長 137 厘米　兩袖通長 178 厘米
下幅寬 126 厘米　披領 94×34 厘米
清宮舊藏

Lined court robe of golden yellow satin woven with colored clouds and gold dragons
Early Qing Dynasty
Length of robe: 137cm　Overall width, cuff to cuff: 178cm
Width of hemline: 126cm　Shoulder cape: 94×34cm
Qing Court collection

圓領，大襟右衽，馬蹄袖，袖身相接處有接袖，附披領，披領後垂金黃色鈒背雲。左右開裾。金黃色妝花緞面，月白色纏枝暗花綾裏。通身織金龍紋九條，前胸、後背、兩肩行龍各一，襟行龍四，裏襟行龍一。另在中接袖飾行龍各二，袖端正龍各一，披領正龍二。下幅飾八寶平水。

此袍是清代貴妃和妃在夏季舉行慶賀大典時穿用的朝袍，樣式與皇后朝服相仿。

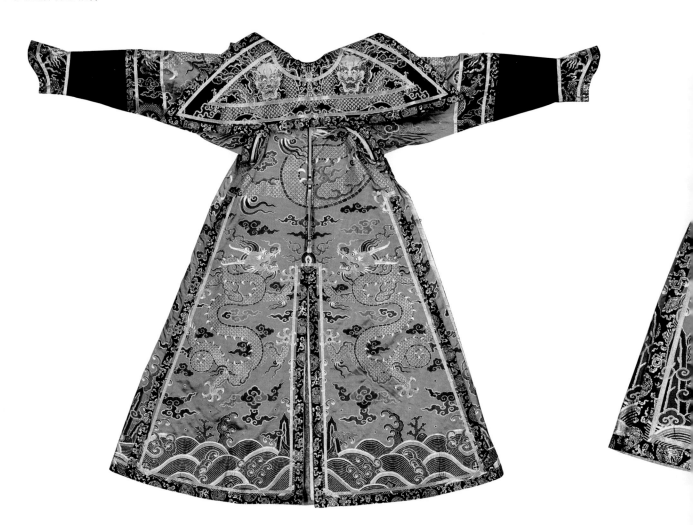

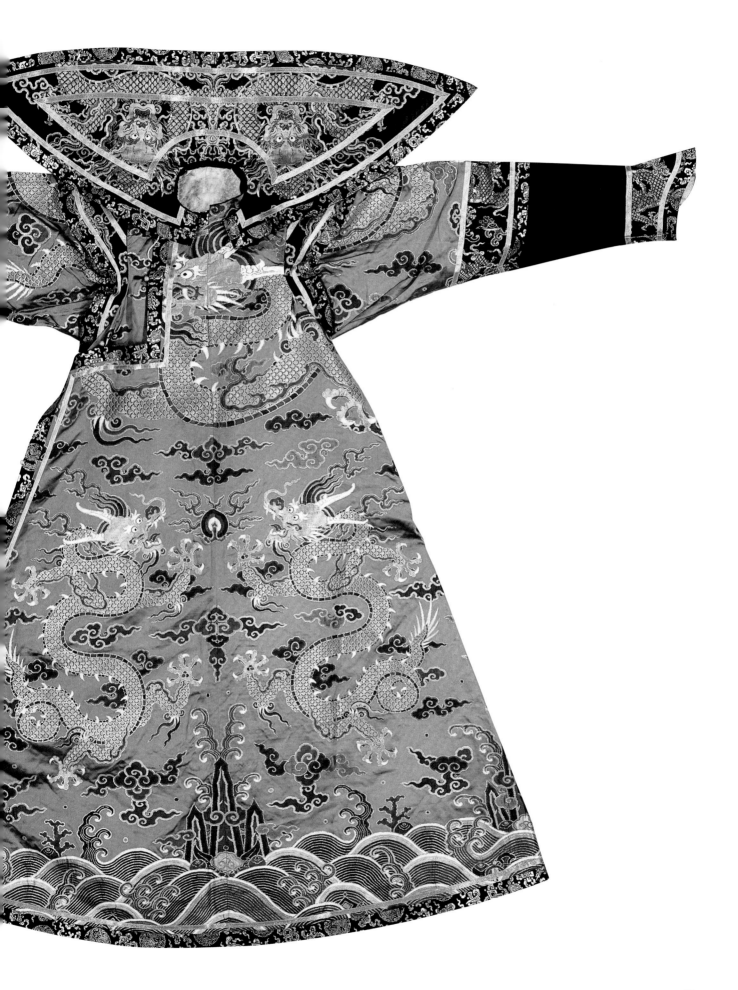

61

香色綢織彩雲金龍夾朝袍
清早期
身長 135 厘米　兩袖通長 170 厘米
下幅寬 125 厘米　披領 90×33 厘米
清宮舊藏

Lined court robe of greenish yellow silk woven with colored clouds and gold dragons
Early Qing Dynasty
Length of robe: 135cm　Overall width, cuff to cuff: 170cm
Width of hemline: 125cm　Shoulder cape: 90×33cm
Qing Court collection

香色緞面，月白色團龍雜寶實地紗裏。肩左右飾緣、領袖邊飾石青花卉雲紋織金緞，披領飾紅色團龍雜寶織金緞裏，無背雲。裾後開。袍面採取二至四色間暈與退暈相結合的裝飾方法，織彩雲、金龍和海水江崖等紋樣。

此袍是嬪、貴人、常在、皇子福晉、親王福晉等在夏季大典時穿用的朝服，織工細膩，暈色自然和諧，紋樣質樸大氣，體現了清早期妝花織物的高超工藝。

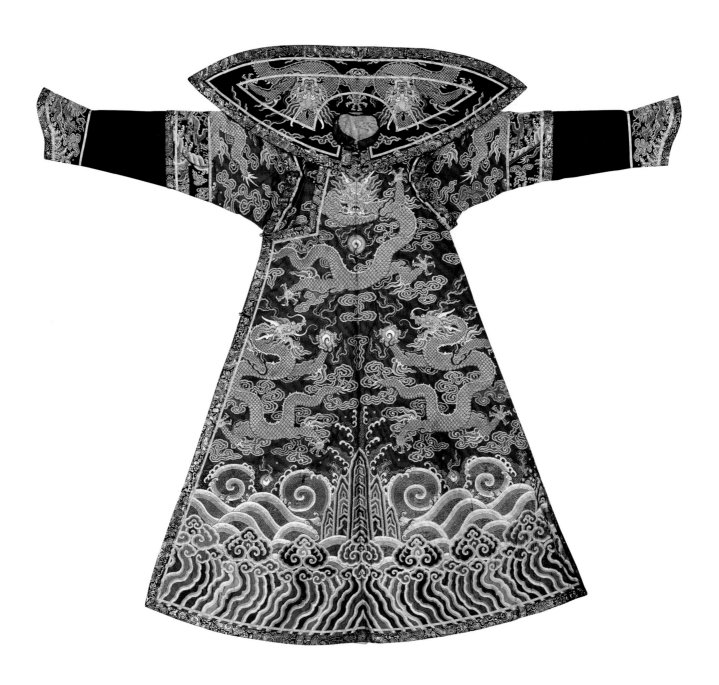

62

醬色緞織彩雲金蟒海龍邊夾朝袍
清嘉慶
身長 138 厘米　兩袖通長 184 厘米
下幅寬 120 厘米　披領 88×34 厘米
清宮舊藏

Lined court robe of dark reddish brown satin edged with sea otter
Jiaqing period, Qing Dynasty
Length of robe: 138cm　Overall width, cuff to cuff: 184cm
Width of hemline: 120cm　Shoulder cape: 88×34cm
Qing Court collection

妝花緞面，月白色折枝暗花綾裏。領、袖、護肩、襟、裾及披領均為石青色妝花緞並鑲三色金邊、團龍雜寶織金緞邊和海龍皮邊各一道。通身飾蟒紋，前胸、後背及兩肩飾正蟒各一，襟飾行蟒四，裏襟飾行蟒一，兩袖飾正蟒各一，披領行蟒二，間飾五色雲紋。下幅飾八寶平水紋。

此袍是清代皇孫福晉和民公夫人等命婦所穿用的冬朝袍。黃條墨書："嘉慶五年二月二十日收　包衣昂邦呈覽　織醬色緞海龍邊女夾朝袍一件"。

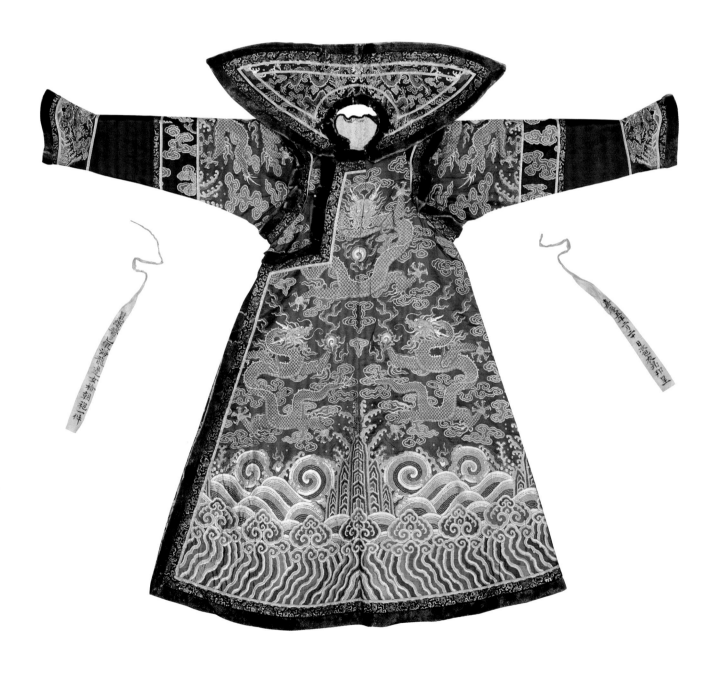

63

明黃緙絲彩雲金龍綿朝袍
清中期
身長 139 厘米　兩袖通長 174 厘米
下幅寬 118 厘米　披領 93×36 厘米
清宮舊藏

Silk floss-padded court robe of bright yellow silk tapestry woven with colored clouds and gold dragons
Middle Qing Dynasty
Length of robe: 139cm　Overall width, cuff to cuff: 174cm
Width of hemline: 118cm　Shoulder cape: 93×36cm
Qing Court collection

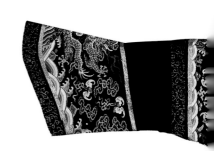

圓領，大襟右衽，馬蹄袖，袖身相接處有接袖，附披領，無背雲。左右開裾。袍面以石青色纏枝蓮織金緞鑲邊，周身緙織金龍九條，間飾蝙蝠、五彩祥雲，下幅以彩色緯綫織海水江崖和雜寶紋。祥雲、平水、立水用三暈色、四暈色、九暈色織成，顏色豐富。

此袍是皇后冬季慶賀大典時所穿朝服。工藝以平緙為主，紋樣雖多處經補繪暈染，但仍不失為一件精品。

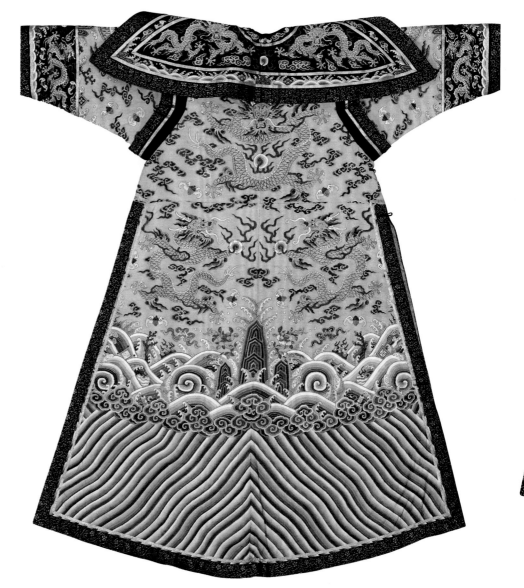

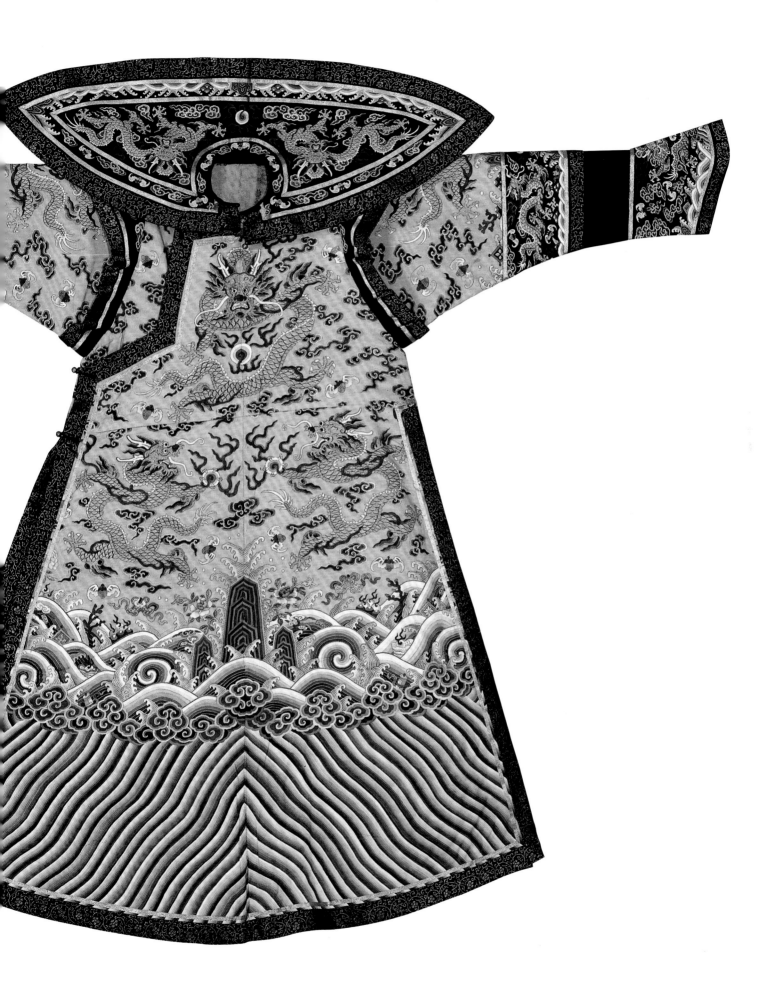

64

金黃紗繡彩雲金龍夾朝袍

清咸豐

身長 148 厘米　兩袖通長 172 厘米
下幅寬 122 厘米　披領 89×33 厘米
清宮舊藏

Lined court robe of golden yellow gauze embroidered with colored clouds and gold dragons
Xianfeng period, Qing Dynasty
Length of robe: 148cm　Overall width, cuff to cuff: 172cm
Width of hemline: 122cm　Shoulder cape: 89×33cm
Qing Court collection

金黃色紗面，月白色團龍暗八仙紋實地紗裏，裾後開。附披領，金黃色縧帶背雲。肩緣、接袖、披領、馬蹄袖飾石青實地紗平金繡行龍紋。通體平金繡正龍、行龍紋共九條，間飾五彩雲紋，下幅為海水江崖紋。

此袍是貴妃和妃子在夏季慶賀大典時穿用的禮服。繡工以平針、套針、平金、釘針、緝綫為主，針法簡潔，針腳平齊規矩。配色以三暈色為主，自然大方。黃條墨書："咸豐十年四月初四日收　金環交　金黃實地紗夾朝袍一件"。

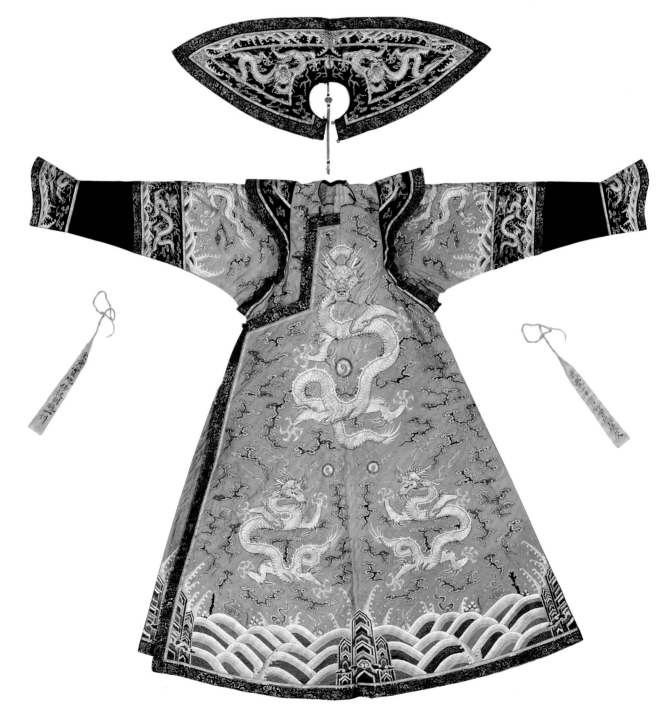

65

石青緞織彩雲金龍夾朝褂
清中期
身長 133 厘米　肩寬 42 厘米
下幅寬 173 厘米
清宮舊藏

Lined court vest of azurite blue satin woven with colored clouds and gold dragons
Middle Qing Dynasty
Length of vest: 133cm　Width of shoulder: 42cm
Width of hemline: 173cm
Qing Court collection

圓領，對襟，無袖，裾後開。後背垂杏黃縧珊瑚背雲。石青色緞面，鑲石青色團龍雜寶織金緞緣飾二色平金邊，紅色團雲龍壽字織金緞裏。褂面採取二至三色暈法，妝花織立龍各二。下通襞積，四層相間，上為正龍紋，下為卍字、蝙蝠、團壽組成的"萬福萬壽"紋。

此褂為貴妃、妃、嬪在慶賀大典時的服用。構圖豐滿，繁而不亂，設色和諧，織造精細。朝褂是后妃禮服之一，穿時套在朝服外。

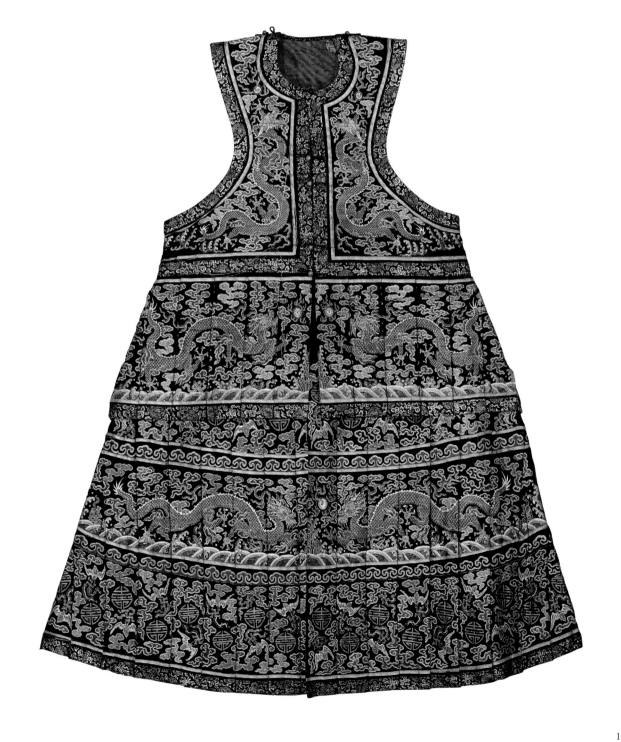

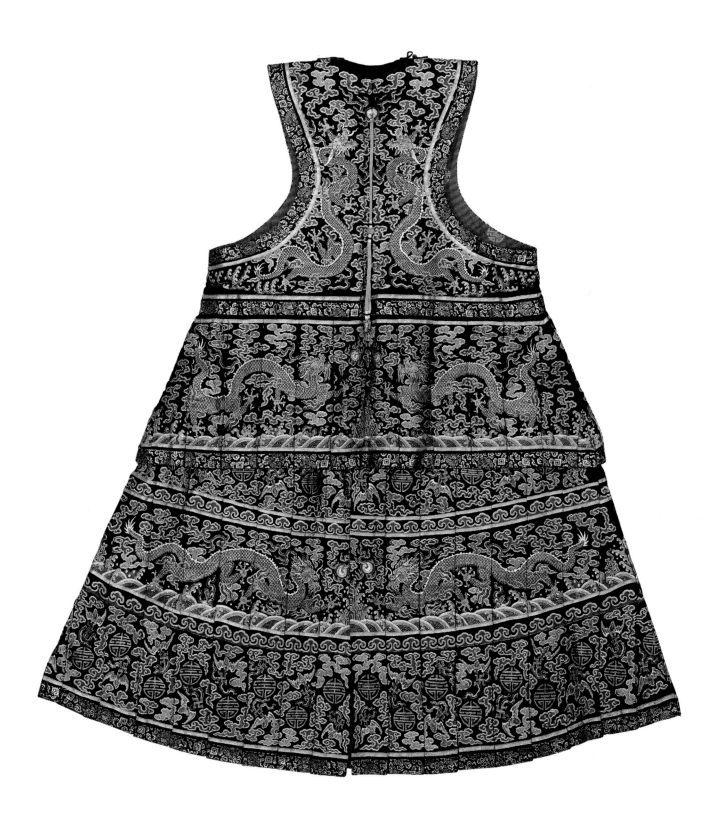

66

石青緞平金彩繡金龍夾朝褂
清咸豐

身長 144 厘米　肩寬 39 厘米
下幅寬 123 厘米
清宮舊藏

Lined court vest of azurite blue satin with dragon and cloud design
embroidered with gold and silk threads
Xianfeng period, Qing Dynasty
Length of vest: 144cm　Width of shoulder: 39cm
Width of hemline: 123cm
Qing Court collection

無袖對襟式褂。石青色素緞面，鑲三色金邊和石青色團龍雜
寶織金緞邊各一道，大紅色暗團龍四合如意雲織金壽字緞
裏。通身以五彩絲綫和金綫繡製紋飾，其中前胸、後背平金
繡立龍各二，周圍點綴五色雲，下幅飾八寶平水。

此褂是清代后妃在慶賀大典時所穿。黃條墨書："咸豐十年
四月初四日收　金環交　石青緞夾朝褂一件"。

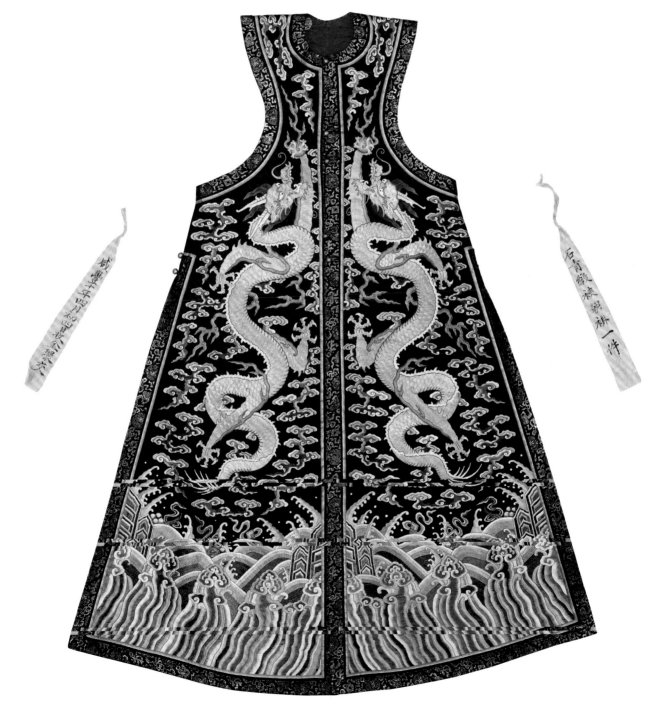

67

石青緞繡彩雲金龍夾朝褂
清咸豐

身長 143 厘米　肩寬 40 厘米
下幅寬 130 厘米
清宮舊藏

Lined court vest of azurite blue satin embroidered with colored clouds and gold dragons
Xianfeng period, Qing Dynasty
Length of vest: 143cm　Width of shoulder: 40cm
Width of hemline: 130cm
Qing Court collection

石青色緞面，大紅色夔龍暗花緞裏。黃色緙背雲。片金緣。通身共繡金龍紋八十一條，前胸、後背平金繡立龍各二，下通襞積三層，襞積的每個摺上繡立龍一，後背正中繡正龍一。

此褂是清代后妃朝褂中繡金龍最多的一式。做工規矩整齊，金綫勻細，針腳平齊均勻，彰顯皇家氣派。黃條墨書："咸豐十年四月初四日收　金環交　石青緞夾朝褂一件"。

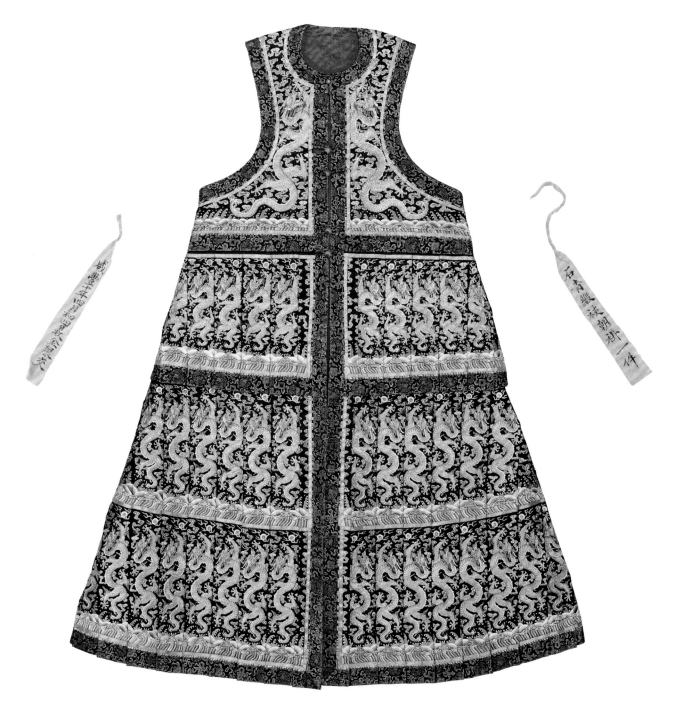

石青色綢繡雲龍雙喜字綿朝褂
清晚期
身長 139 厘米　肩寬 40 厘米
下幅寬 122 厘米
清宮舊藏

Silk floss-padded court vest of azurite blue silk embroidered with clouds, dragons and characters of "Shuang Xi" (double happiness)

Late Qing Dynasty
Length of vest: 139cm　Width of shoulder: 40cm
Width of hemline: 122cm
Qing Court collection

石青色紗面，紅色暗四合如意雲團龍織金壽字綢裏，薄施絲綿。後背垂明黃縧飾珊瑚珍珠喜字背雲。石青色團龍雜寶織金緞緣，內綴金捶鍱折枝花嵌翡翠紅寶石金板，中間以珍珠、珊瑚排珠相連。褂面採取二至四色暈法，緝繡彩雲、寶珠、龍紋、囍字和口銜盤長、古錢的蝙蝠，有"福在眼前"等吉祥寓意。下幅飾海水江崖紋。

此褂是皇后的禮服，它打破了清代傳統用緝綫繡勾邊的裝飾手法，對龍紋輪廓以打籽繡工藝表現，並綜合運用緝珠工藝和套針、平針、平金等針法，增強了紋樣的藝術表現力。

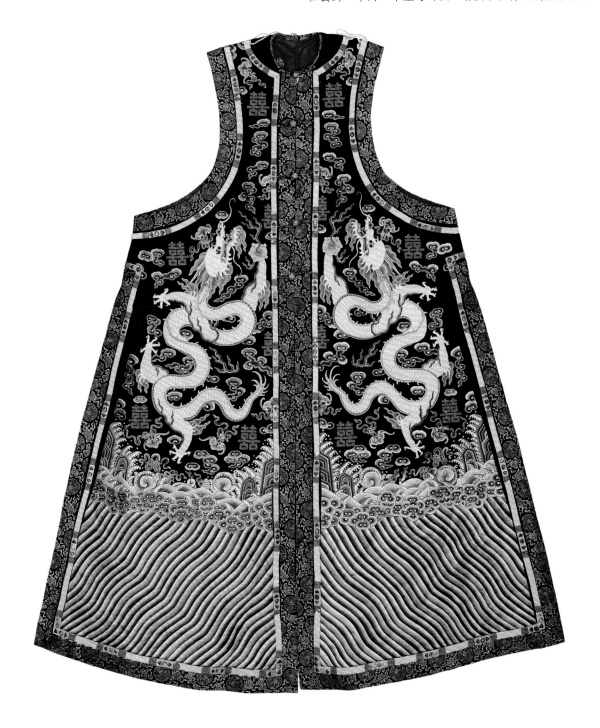

69

石青緞織行龍綿朝裙
清早期
裙長 124 厘米　腰圍 98 厘米
下幅寬 197 厘米
清宮舊藏

Silk floss-padded court skirt of azurite blue satin woven with pattern of flying dragons
Early Qing Dynasty
Length of skirt: 124cm　Waistline: 98cm
Width of hemline: 197cm
Qing Court collection

上部為紅色暗團龍四合雲紋織金壽字緞，下部為石青色行龍五彩雲紋妝花緞，月白色絲勾邊，有襞積。石青片金緣、三色金邊、海龍緣。紅色素緞裏，絮薄綿。附紅色織金緞腰帶兩條，湖色素紡綢腰帶一條。

此裙織造精細，花紋清晰，構圖飽滿規整，配色華麗莊重，是清宮舊藏中為數極少的與典制相符的朝裙。

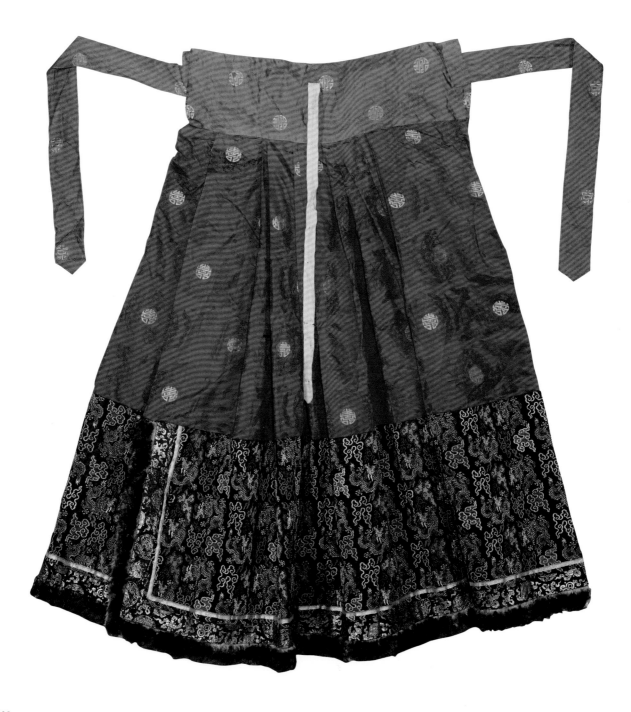

石青緞織行龍夾朝裙
清咸豐

身長 135 厘米　肩寬 36 厘米
下幅寬 208 厘米
清宮舊藏

Lined court skirt of azurite blue satin woven with pattern of flying dragons
Xianfeng period, Qing Dynasty
Length of skirt: 135cm　Width of shoulder: 36cm
Width of hemline: 208cm
Qing Court collection

圓領，大襟右衽，無袖，下通襞積，上衣下裳相連，後背垂帶二，裙左開。裙上部用紅色暗團龍四合如意雲織金壽字緞，下部為石青行龍紋妝花緞。裙上部內飾湖色素紡絲綢裏，中單，下夾。下緣飾海龍皮和團龍雜寶織金緞及三色平金邊。採取二色暈法，織金團壽及彩雲金龍紋樣。

此裙設色分明，織工細膩，提花清晰，構圖新穎別致，其面料應是雍正時期織造的，成衣於咸豐年間。黃條墨書："咸豐十年四月初四日收　金環交　海龍邊夾朝裙一件"。

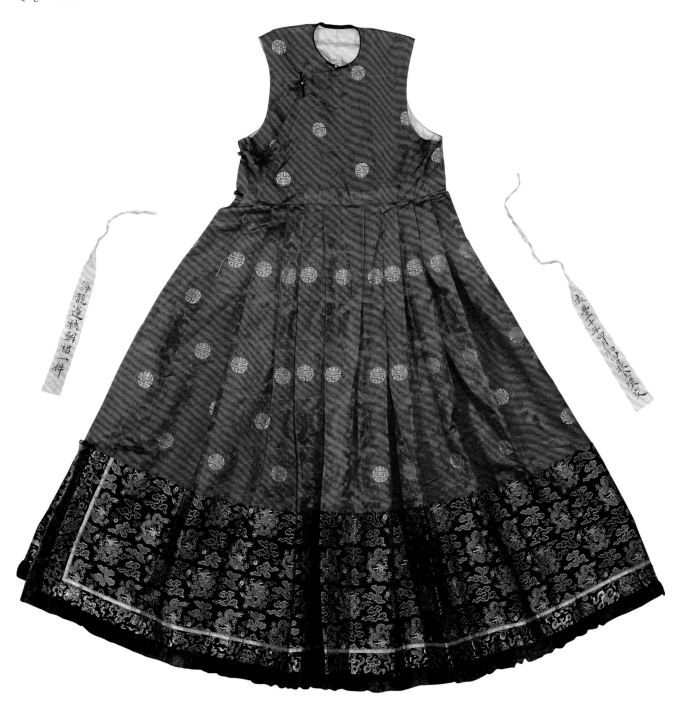

石青緞織金錢蟒夾朝裙
清咸豐

身長 143 厘米　肩寬 30 厘米
下幅寬 180 厘米
清宮舊藏

Lined court skirt of azurite blue satin woven with pattern of python medallions
Xianfeng period, Qing Dynasty
Length of skirt: 143cm　Width of shoulder: 30cm
Width of hemline: 180cm
Qing Court collection

朝裙面料由三部分組成，上用柳黃色暗團龍織金壽字緞；中用紅色暗雲龍織金壽字緞；下用石青色金錢蟒妝花緞，鑲銀赤黃三色金邊和石青片金勾蓮紋緞邊各一道。內襯粉紅色暗雲蝠紋實地紗和折枝暗花綢裏。

黃條墨書："咸豐十年四月初四日收　金環交　片金邊夾朝裙一件"。

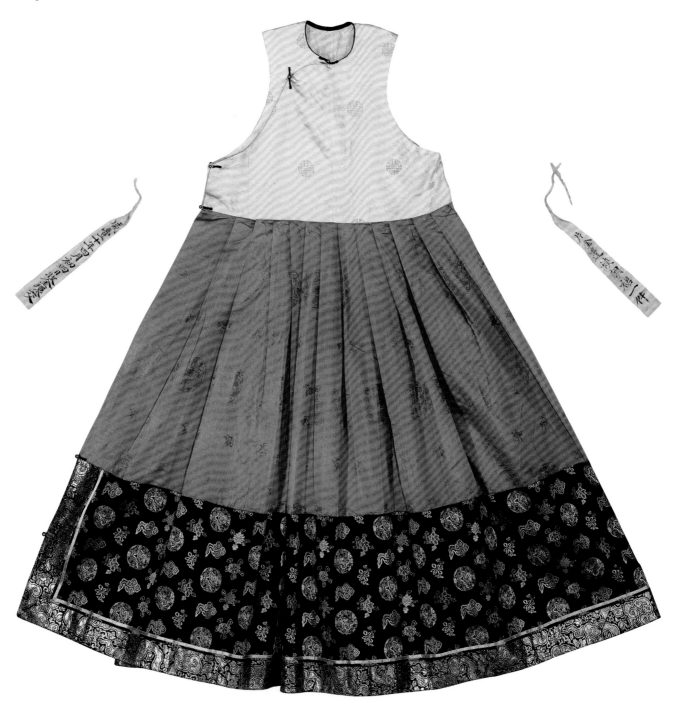

72

紅紗滿納迴紋錦地繡彩雲金龍夾褂
清早期
身長 107 厘米　兩袖通長 117 厘米
下幅寬 96 厘米
清宮舊藏

Lined outer gown of red gauze embroidered with colored clouds and gold dragons over a brocade ground with meander pattern
Early Qing Dynasty
Length of outer gown: 107cm
Overall width, cuff to cuff: 117cm
Width of hemline: 96cm
Qing Court collection

圓領，對襟，平袖，左右及後開裾。紅色紗面，月白色暗雲紋實地紗裏。褂面採取二至四色暈法，用明黃色衣綫滿納迴紋錦地，其上再用平針、纏針、釘綫、套針、平金等針法加繡彩雲、金龍、"萬"、"壽"字及海水江崖紋。

此褂是后妃們穿用的吉服，其紋樣規整稚拙，設色濃豔莊重，繡工精細。通過多重繡綫和水路的細膩勾勒，在厚重的質地上顯現出淺浮雕的效果。

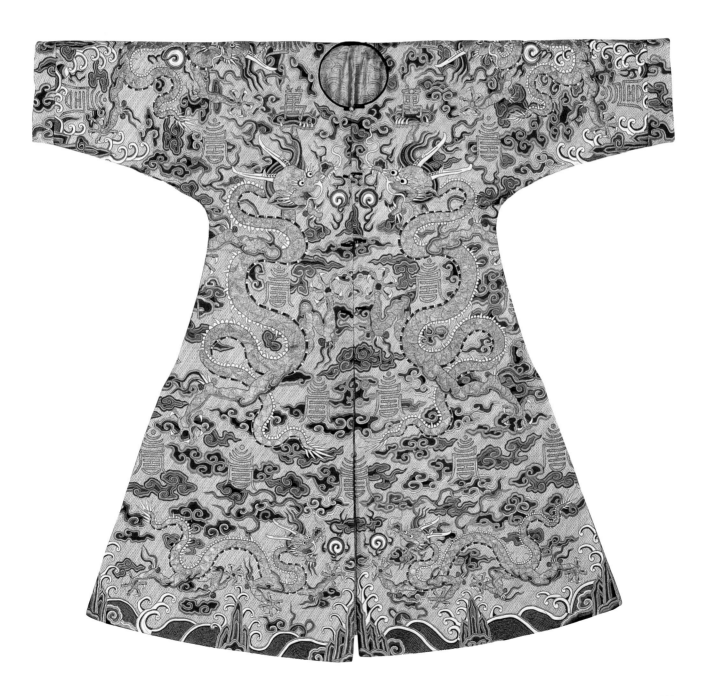

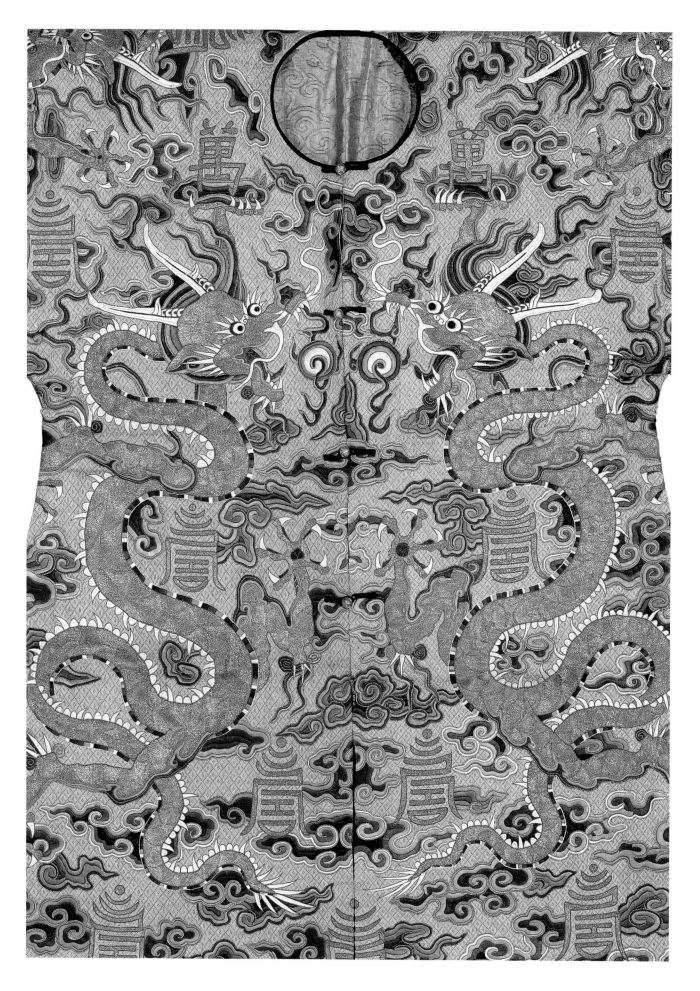

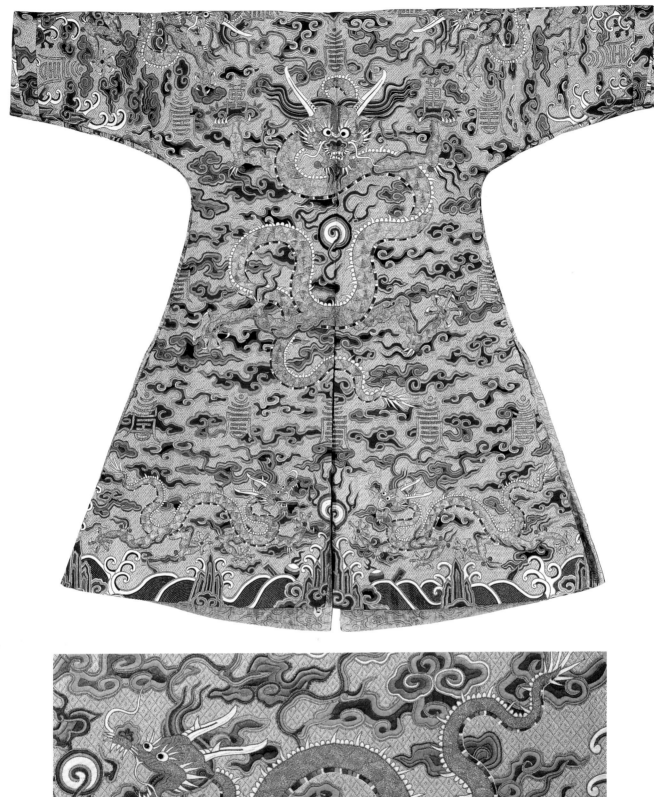

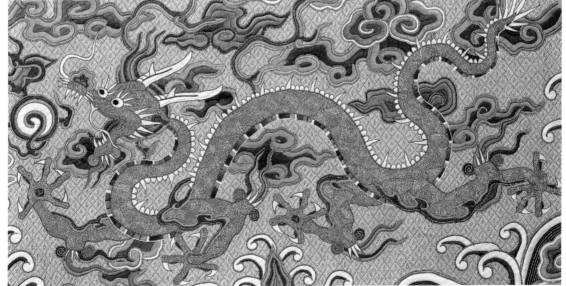

73

黃緞織彩雲金龍綿褂
清早期
身長 110 厘米　兩袖通長 125 厘米
下幅寬 110 厘米
清宮舊藏

Silk floss-padded outer gown of yellow satin woven with colored clouds and gold dragons
Early Qing Dynasty
Length of outer gown: 110cm
Overall width, cuff to cuff: 125cm
Width of hemline: 110cm
Qing Court collection

黃色緞面，品月色福壽三多紋暗花綾裏，絮薄綿。通身以圓金綫妝花織金龍九條，片金勾邊，間飾五彩行雲，下幅織海水江崖和雜寶紋。織造工藝精緻，龍紋具立體感。用色以兩暈為主，鮮麗華美，金彩奪目。

按清會典規定，龍褂應為石青色，黃色龍褂僅見於清初其制度尚未完備之時。

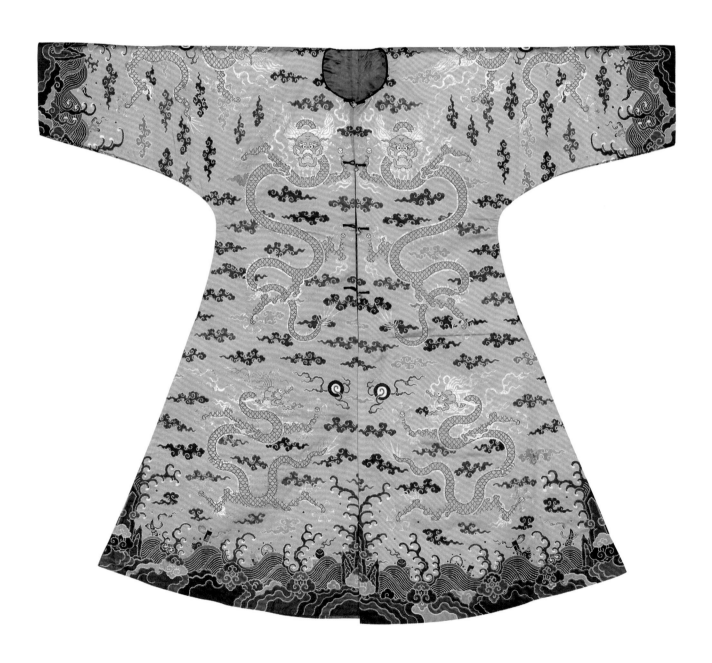

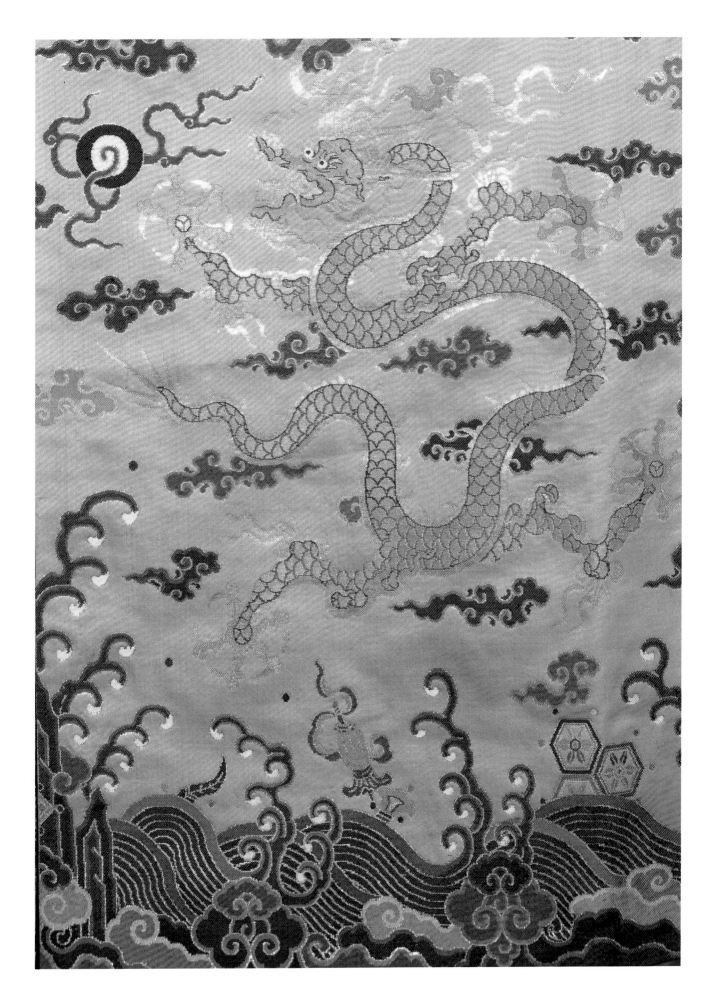

74

藍紗織彩雲金龍夾褂
清早期
身長 146 厘米　兩袖通長 170 厘米
下幅寬 140 厘米
清宮舊藏

Lined outer gown of blue gauze woven with colored clouds and
gold dragons clouds
Early Qing Dynasty
Length of outer gown: 146cm
Overall width, cuff to cuff: 170cm
Width of hemline: 140cm
Qing Court collection

藍色紗面，月白色暗纏枝蓮紋直經紗裏。周身用圓金綫和片
金綫妝花織金龍九條，兩肩、前後胸為正龍五，下裳為行龍
四，通身滿佈雲紋，下幅飾海水江崖紋。紋飾以綠、藍、紅
為主色調，濃豔而莊重，工藝精湛。

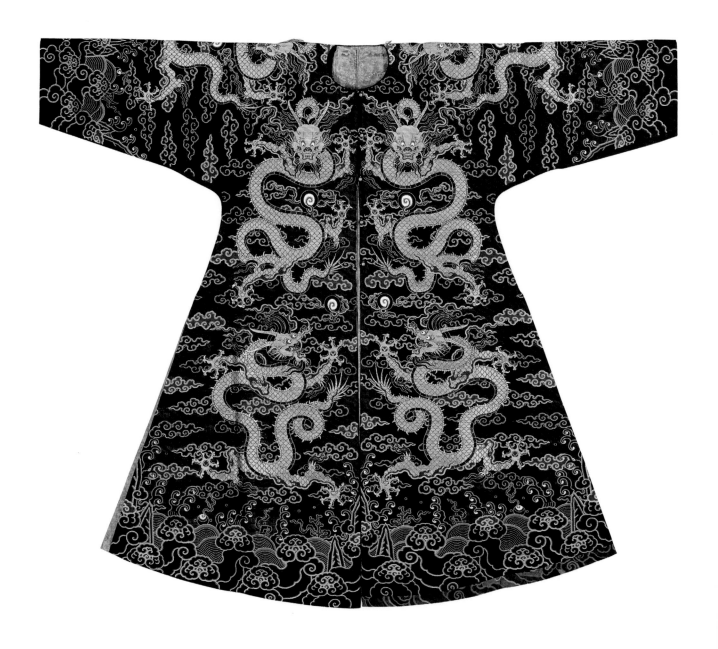

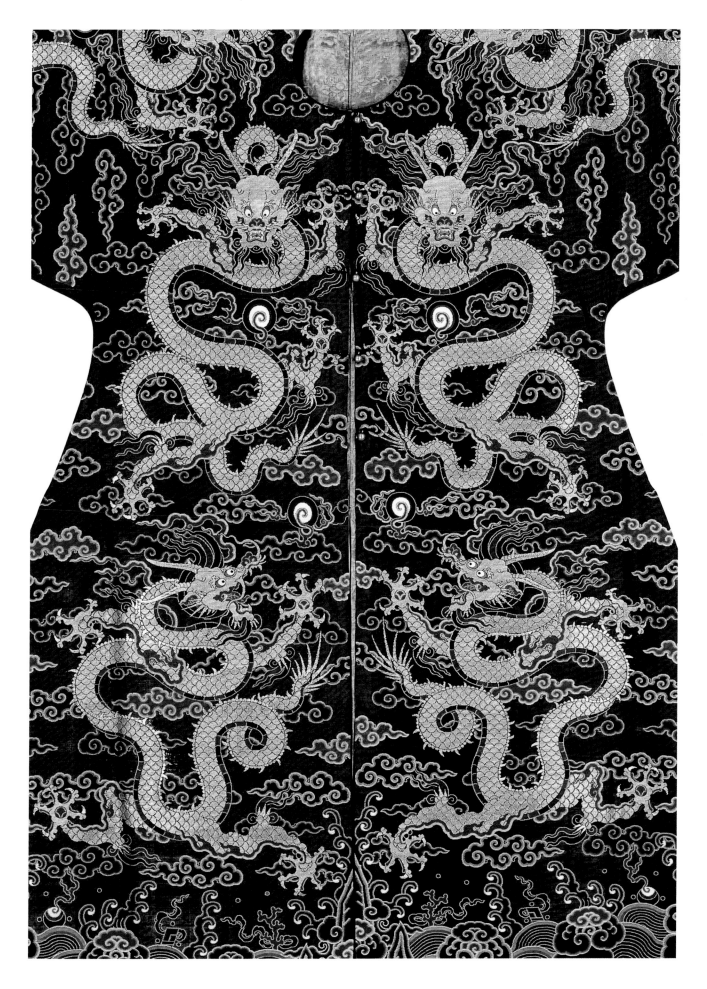

75

石青緞織八團龍鳳夾褂
清乾隆
身長 152 厘米　兩袖通長 180 厘米
下幅寬 140 厘米
清宮舊藏

**Lined outer gown of azurite blue satin woven with eight
medallions of dragons and phoenixes**
Qianlong period, Qing Dynasty
Length of outer gown: 152cm
Overall width, cuff to cuff: 180cm
Width of hemline: 140cm
Qing Court collection

立領，對襟，平袖，後開裾。石青色緞面，月白色暗勾蓮紋
綾襯裏。褂面妝花織金龍鳳紋八團，以深淺二色圓金綫交替
織出龍、鳳紋，利用金綫的深淺變化，突出龍紋的立體感，
並與舞動的鳳紋相呼應，達到陰陽對比的視覺效果。下幅用
五彩絲綫織平水八寶如意雲。

此褂暈色巧妙，龍鳳相配的紋飾組合方式十分特殊，在清代
龍褂中僅此一件。黃條墨書："乾隆十四年正月二十二日
覽　石青緞織五彩八團花卉女夾褂"。

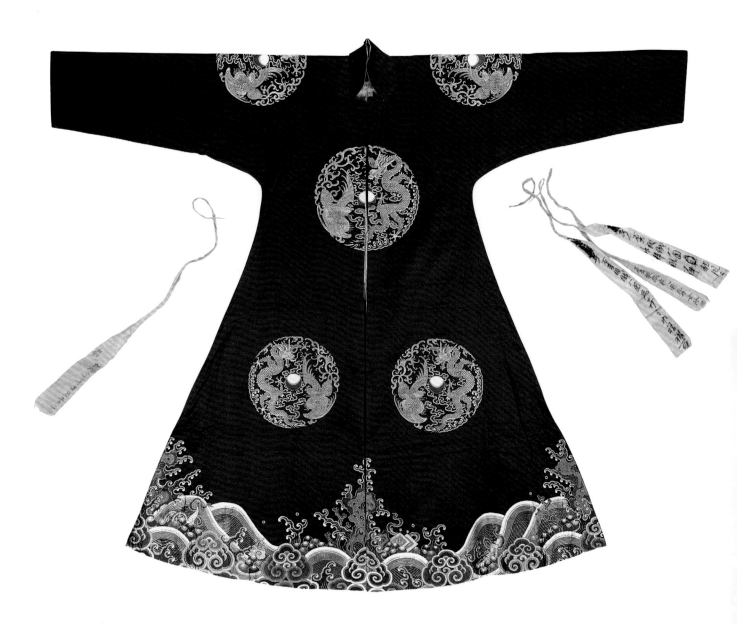

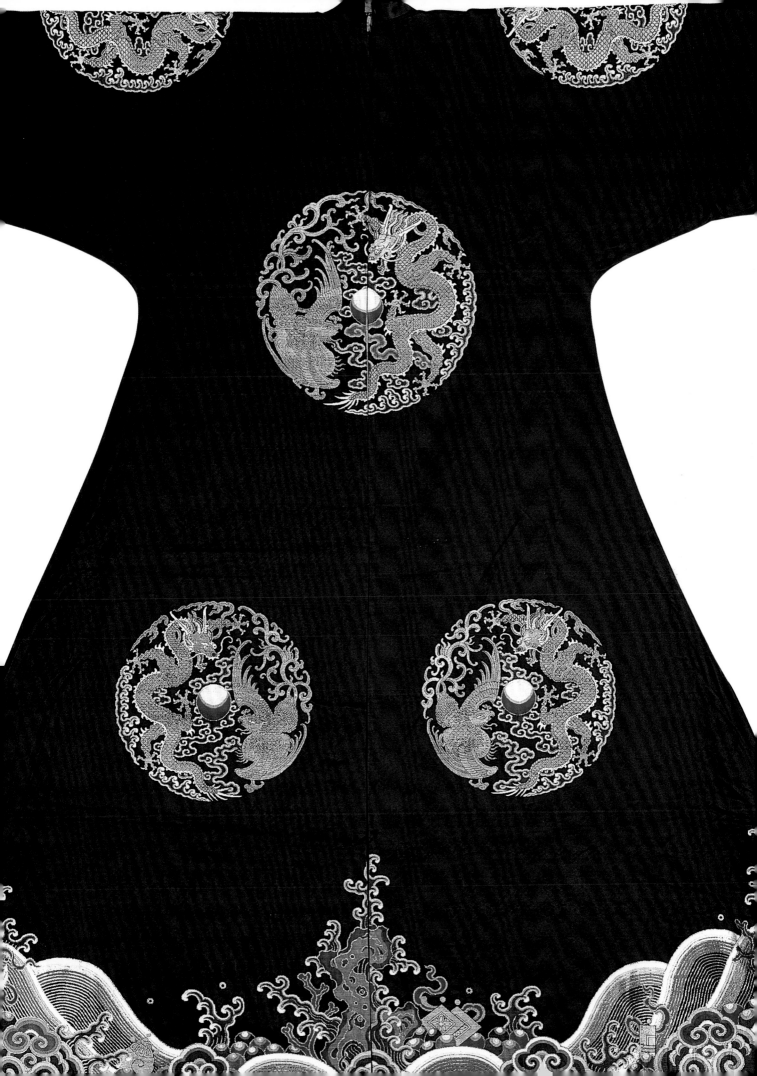

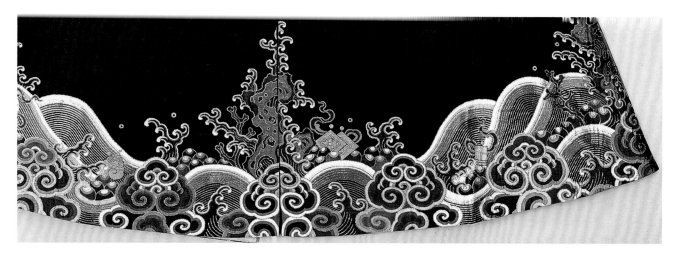

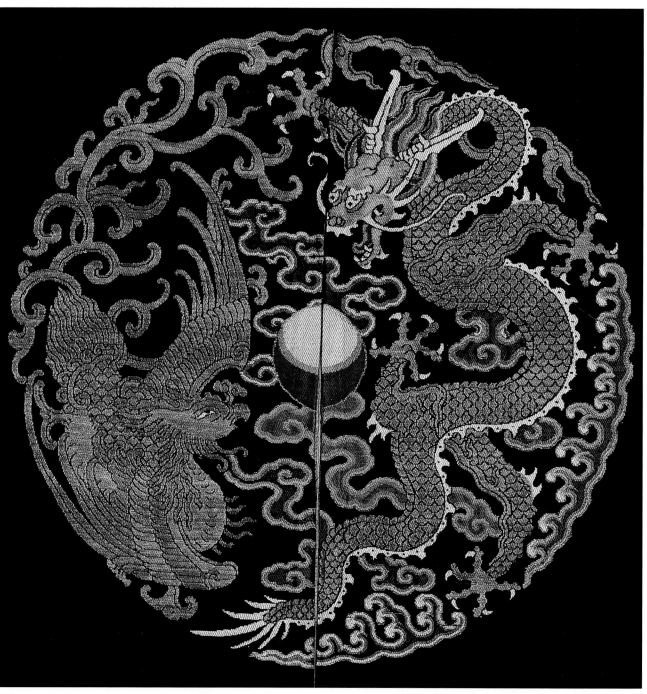

76

石青緞繡八團金龍夾褂
清乾隆
身長 144 厘米　兩袖通長 176 厘米
下幅寬 132 厘米
清宮舊藏

**Lined outer gown of azurite blue satin embroidered with eight
medallions of gold dragons**
Qianlong period, Qing Dynasty
Length of outer gown: 144cm
Overall width, cuff to cuff: 176cm
Width of hemline: 132cm
Qing Court collection

圓領，平袖對襟式長褂，左右及後開裾。石青色緞面，月白
色暗纏枝花綾裏。通體飾金龍紋八團，前胸、後背及兩肩繡
正龍各一，襟繡行龍四。另在袖端和領口飾行龍紋，下幅飾
八寶立水紋。

此褂是皇太后、皇后、皇貴妃和妃所穿用吉服。黃條墨書：
"乾隆三十三年五月初五日收　敬事房呈覽　石青緞繡八團
金龍有水夾褂一件"。

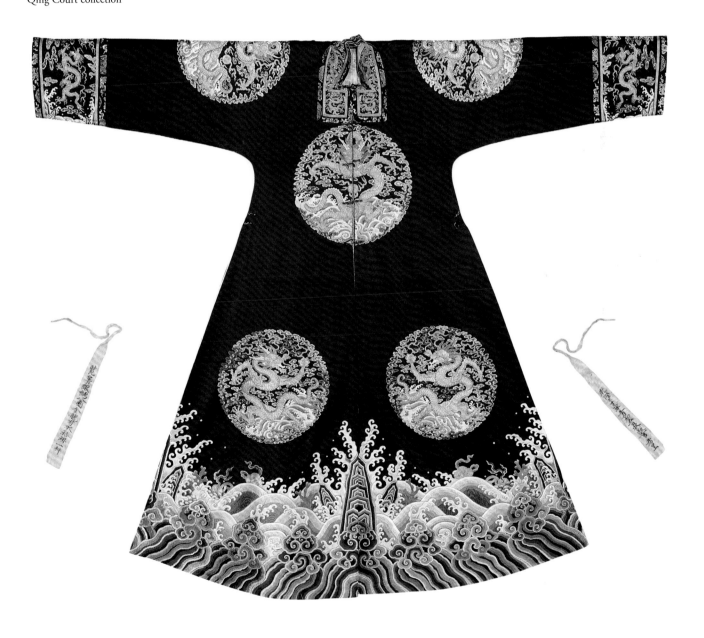

77

石青緞繡緝米珠八團龍夾褂
清乾隆
身長 142 厘米　兩袖通長 175 厘米
下幅寬 124 厘米
清宮舊藏

Lined outer gown of azurite blue satin embroidered with eight dragon medallions of seed beads
Qianlong period, Qing Dynasty
Length of outer gown: 142cm
Overall width, cuff to cuff: 175cm
Width of hemline: 124cm
Qing Court collection

石青色緞面，湖色暗花綾裏。褂面採取二至三暈色裝飾法，運用平金、釘綫、平針、套針等針法和緝米珠工藝綴繡八團雲龍紋。

此褂為皇后穿用的吉服，設色素潔淡雅，精緻細膩，仍帶有清代初期那種沉穩莊重的裝飾風格。黃條墨書："乾隆五十年四月初四日收　敬事房呈覽　石青緞綴緝米珠八團龍夾褂一件"。

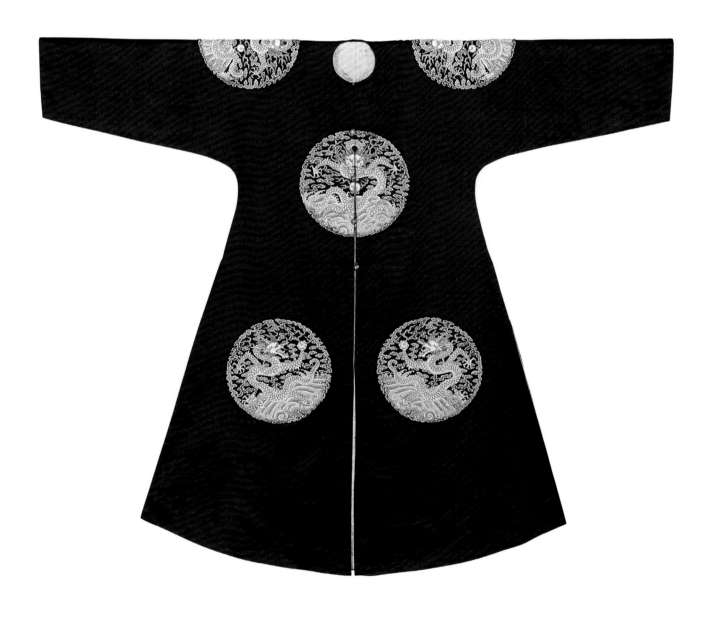

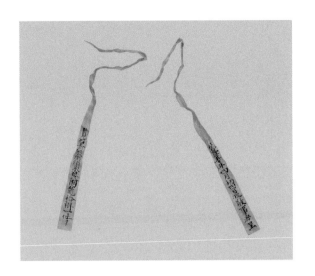

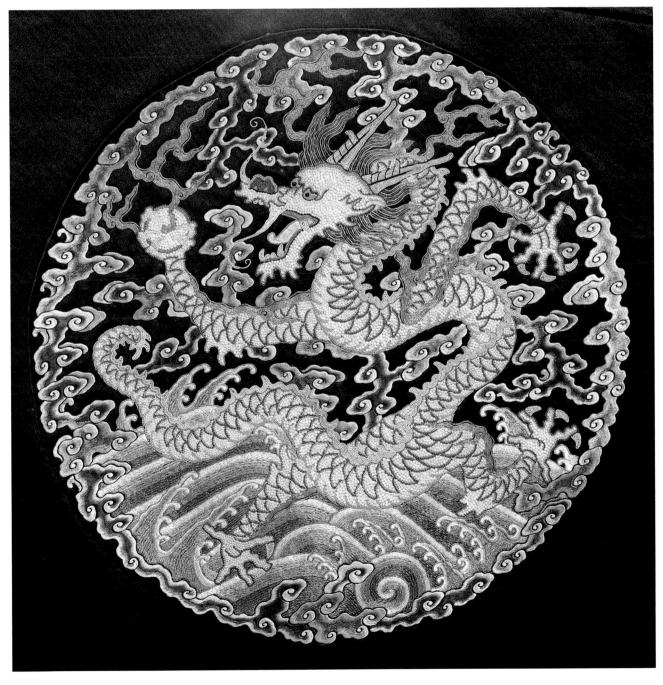

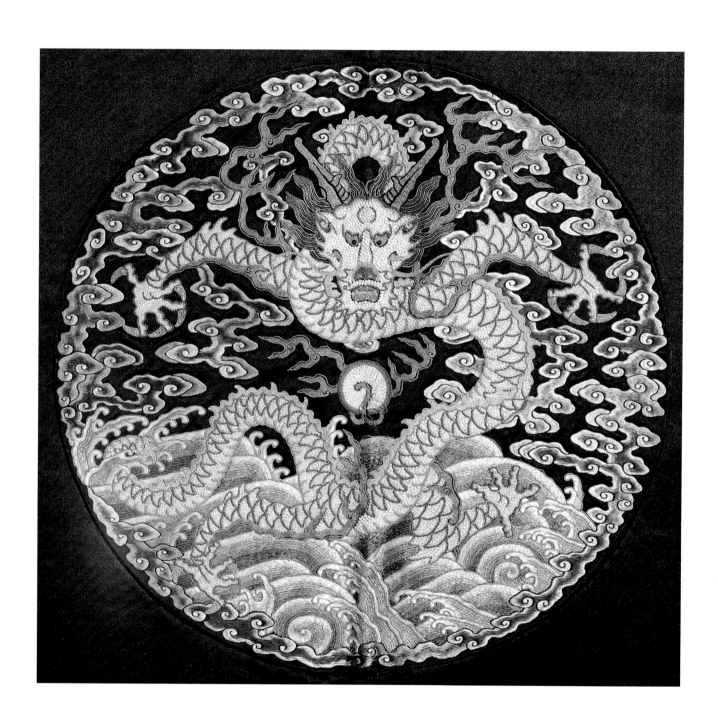

78

石青緞織八團壽字雙蟒夾褂

清乾隆
身長 136 厘米　兩袖通長 173 厘米
下幅寬 124 厘米
清宮舊藏

Lined outer gown of azurite blue satin woven with eight medallions of character "Shou" (longevity) and two pythons

Qianlong period, Qing Dynasty
Length of outer gown: 136cm
Overall width, cuff to cuff: 173cm
Width of hemline: 124cm
Qing Court collection

石青色緞面，湖色暗八仙花卉紋綾裏。褂面採取二至三色暈裝飾法，彩織八團紋飾，分別為夔龍、纏枝菊花、牡丹、蝙蝠、金壽字等內容。間飾以牡丹、佛手、蘭花、萱草、繡球等折枝花和石榴、仙鶴、鹿等圖紋，有"富貴多子"、"鹿鶴同春"之吉祥意。

黃條墨書："乾隆十四年正月二十一日呈覽　石青緞織五彩八團花卉女夾褂一件"。

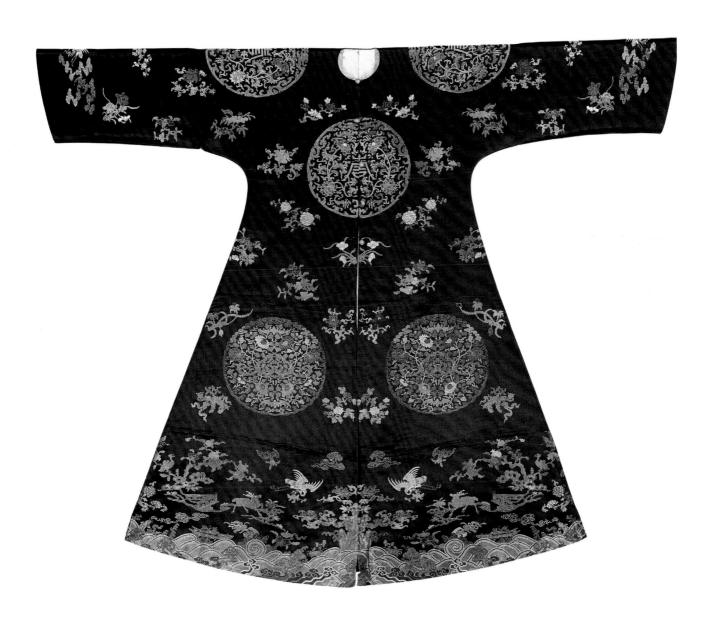

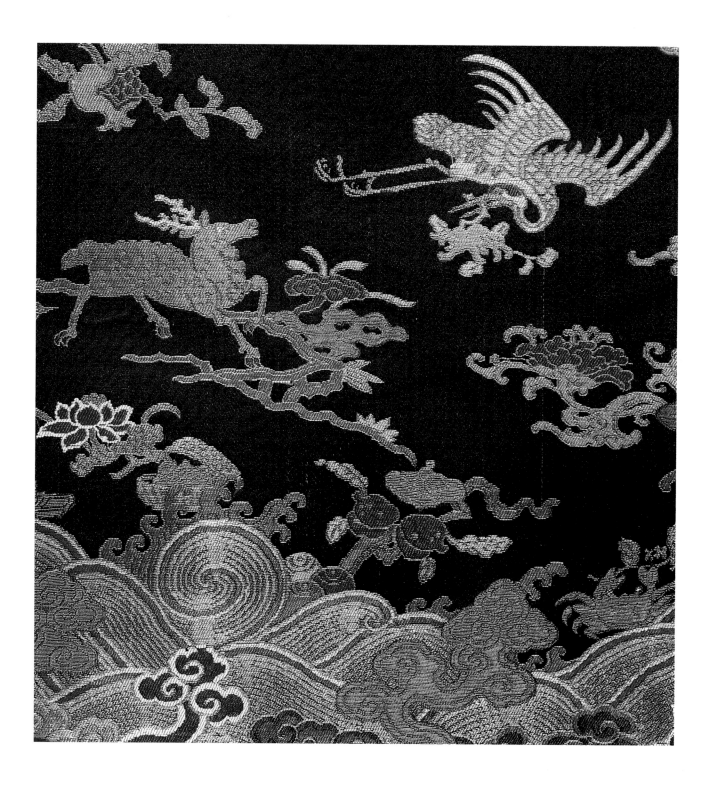

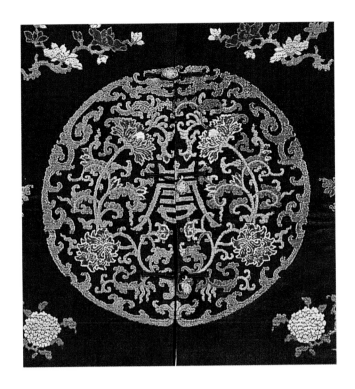
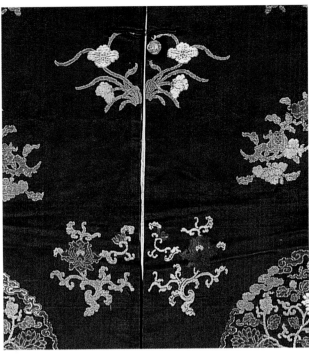
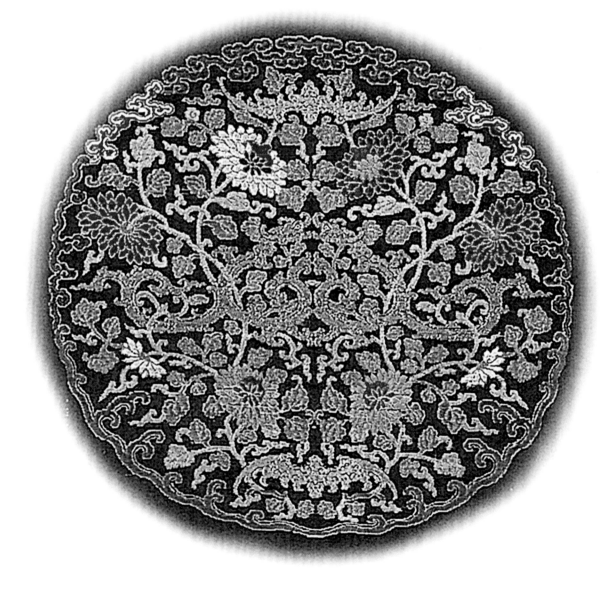

79

醬色緞織八團喜相逢夾褂

清乾隆
身長 144 厘米　兩袖通長 166 厘米
下幅寬 128 厘米
清宮舊藏

Lined outer gown of dark reddish brown satin woven with eight medallions of butterflies

Qianlong period, Qing Dynasty
Length of outer gown: 144cm
Overall width, cuff to cuff: 166cm
Width of hemline: 128cm
Qing Court collection

醬色緞面，湖色卍字曲水暗花綾裏。褂面妝花織八團喜相逢彩蝶圖紋，蝶翅上飾蝠、桃等吉祥圖案，有"福壽"的寓意。間飾鳳、蝠、蝶、蜂及四季花卉 10 餘種。下幅飾壽石、鹿馱寶瓶、鶴、鴛鴦、如意、地景、壽山福海等，寓"一路平安"等吉祥意。

此褂織造精緻工麗，花紋繁複絢麗，圖案疏密有致，色彩鮮豔富麗，極富裝飾性。黃條墨書："乾隆十三年十月二十七日收　三合呈覽　織五彩石青緞八團蝴蝶女夾褂一件"。黃條所述顏色與實物略有出入。

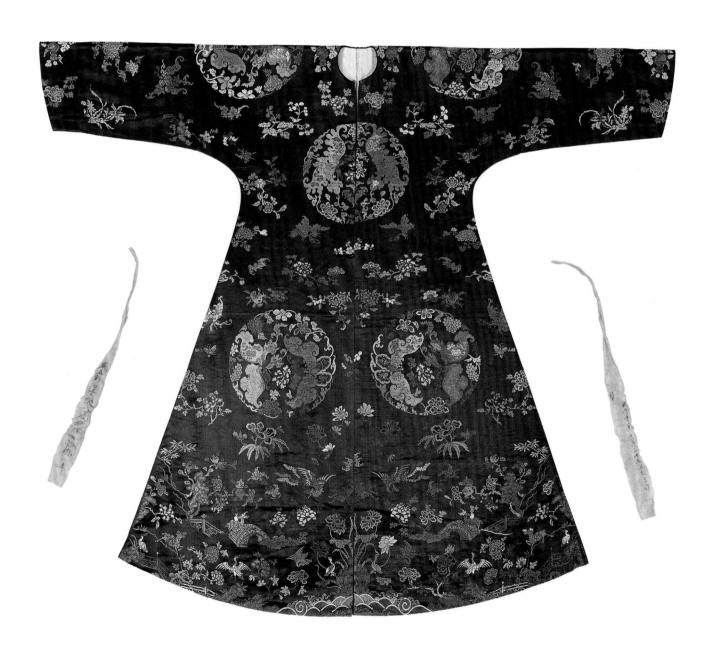

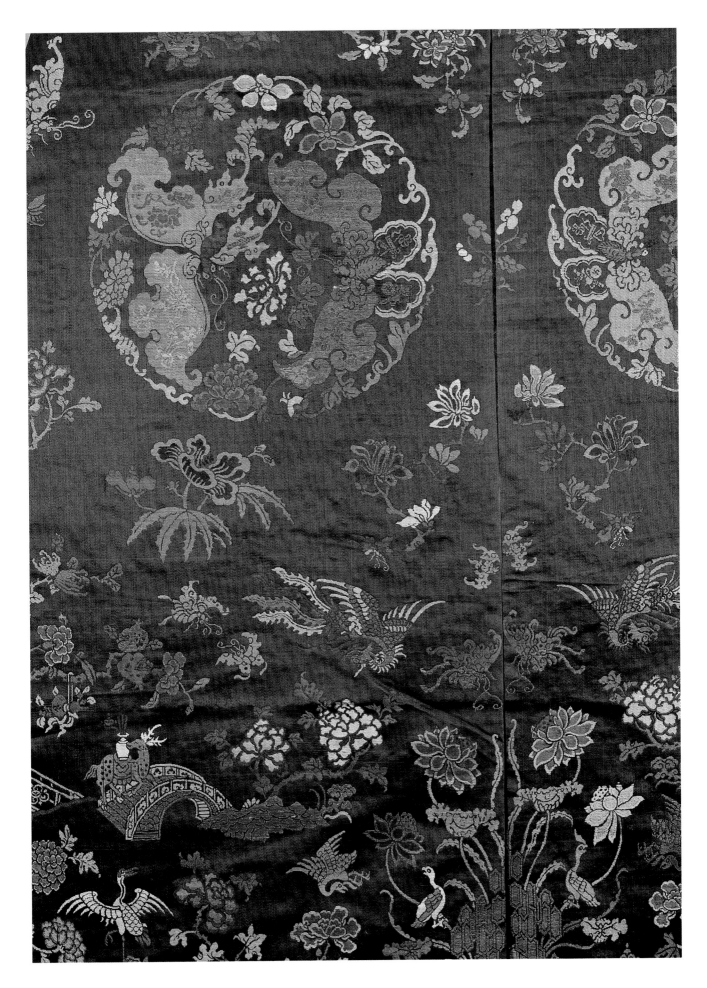

129

石青紗緝綫繡八團龍單褂

清嘉慶
身長 146 厘米　兩袖通長 178 厘米
下幅寬 124 厘米
清宮舊藏

Unlined outer gown of azurite blue gauze embroidered with eight medallions of dragons in close and straight stitches
Jiaqing period, Qing Dynasty
Length of outer gown: 146cm
Overall width, cuff to cuff: 178cm
Width of hemline: 124cm
Qing Court collection

石青色直經紗面，花紋背後有石青色素紗襯。褂面以緝綫繡團龍雲蝠雜寶紋八團，下幅繡八寶立水，紋飾以單根絲綫繡出，手法類似中國畫的白描。再用金綫勾邊，在石青色紗地的襯托下，彰顯了金綫的光澤和彩絲的華麗。

此褂為皇太后、皇后、皇貴妃和妃所穿用。所有花紋部分均襯有石青色素紗，既蓋住了針腳綫尾，又不會增加褂的厚度，夏日穿着舒適涼爽。黃條墨書："嘉慶十二年二月初六日收緝石青紗八團龍有水單褂一件"。

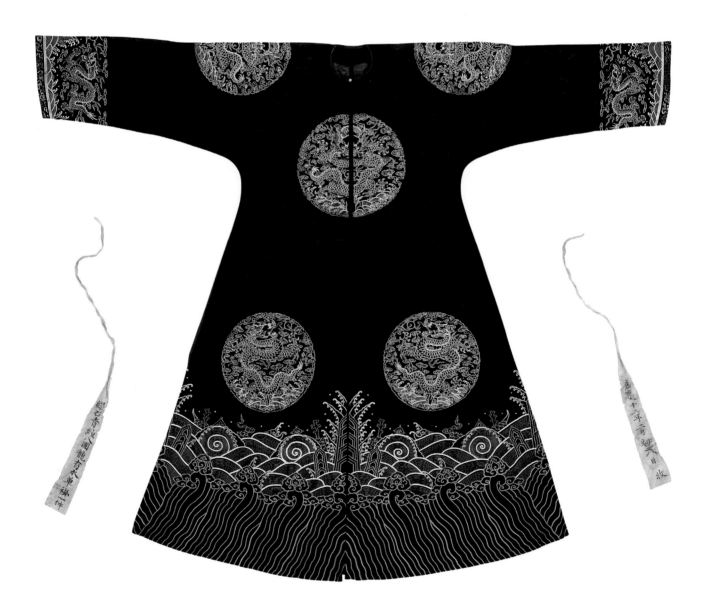

石青緞織八團藍龍金壽字綿褂

清嘉慶
身長 152 厘米　兩袖通長 176 厘米
下幅寬 140 厘米
清宮舊藏

Silk floss-padded outer gown of azurite blue satin woven with
eight medallions of blue dragons and gold characters "Shou"
(longevity)
Jiaqing period, Qing Dynasty
Length of outer gown: 152cm
Overall width, cuff to cuff: 176cm
Width of hemline: 140cm
Qing Court collection

立領，對襟，平袖，後開裾。石青色緞面，月白色暗花綾襯
裏。褂面用 10 餘色緯綾挖梭織八團藍龍金壽字紋和海水江
崖。龍紋猶如纏繞在金色團壽字上，造型十分獨特。

此褂與明黃緞織八團藍龍金壽字夾蟒袍（圖 106）為一對。
黃條墨書：「嘉慶十二年十二月初四日收　敬事房交　石青
緞織八團龍有水棉褂一件」。

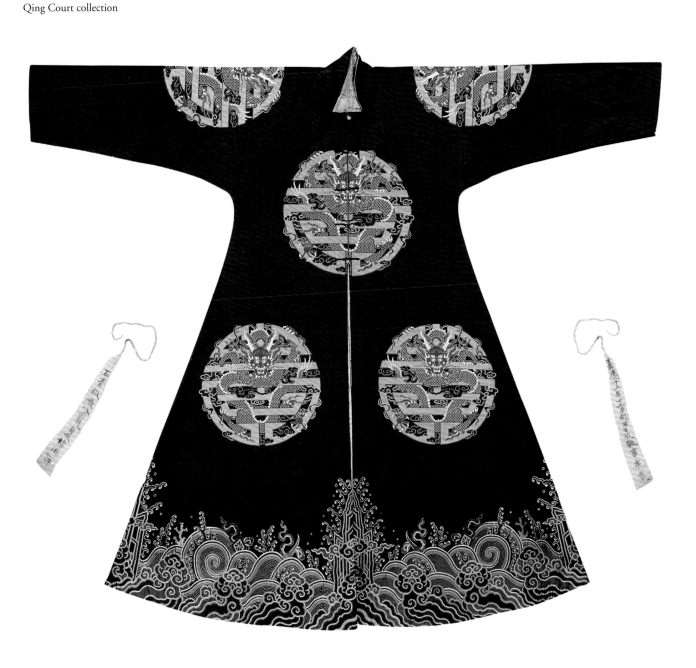

石青緙絲八團金龍夾褂

清嘉慶
身長 147 厘米　兩袖通長 167 厘米
下幅寬 124 厘米
清宮舊藏

Lined outer gown of azurite blue silk tapestry with eight medallions of gold dragons
Jiaqing period, Qing Dynasty
Length of outer gown: 147cm
Overall width, cuff to cuff: 167cm
Width of hemline: 124cm
Qing Court collection

圓領，對襟，平袖，後開裾。石青色緙絲面，月白色團蓮花暗花綢裏。褂面採取二至五色暈法，運用平緙、搭緙、長短戧等技法，在前胸、後背和兩肩緙織四團金龍、在下幅緙織四團夔龍捧壽及海水江崖等圖紋。

此褂是嬪所穿吉服，緙工細密，團花構圖嚴謹流暢，設色豐富豔麗，是嘉慶年間的緙絲佳品。黃條墨書："嘉慶十九年十月十八日收　敬事房呈覽　石青綢上四團金龍下四團夔龍有水夾褂一件"。

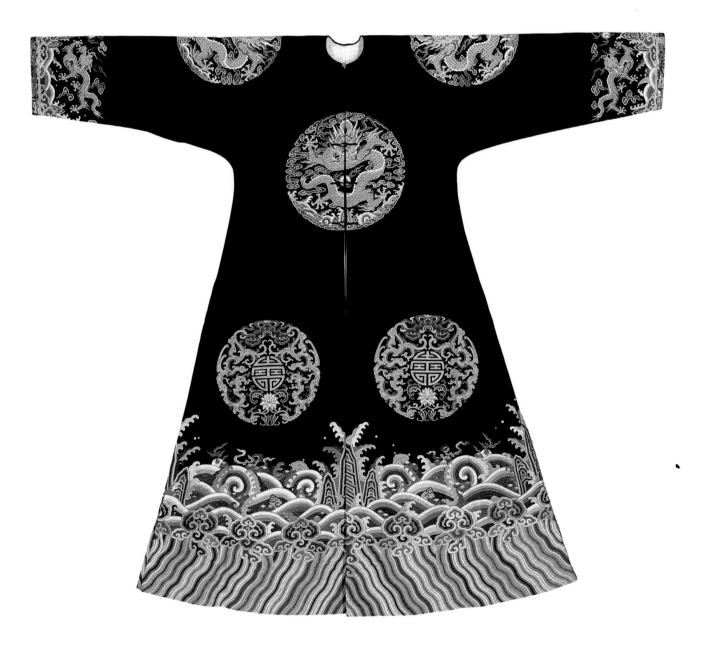

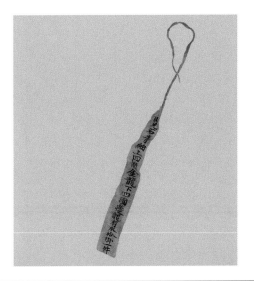
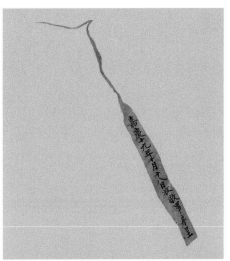

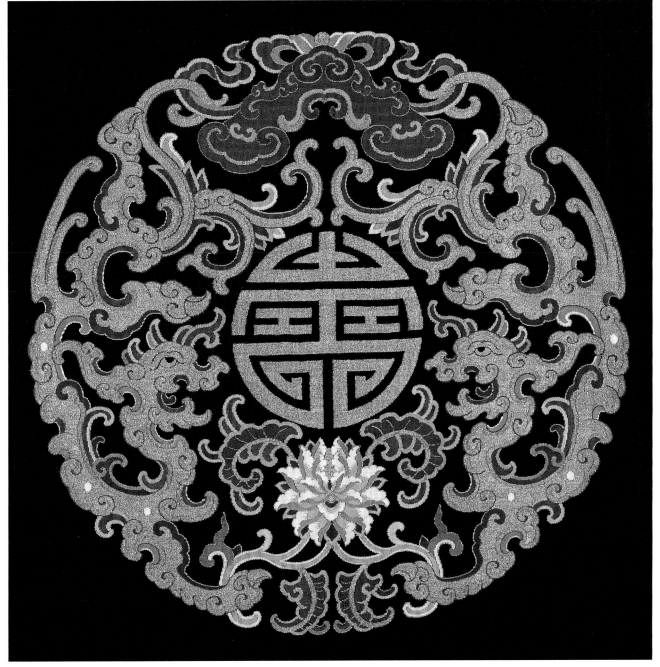

83

石青緙絲八團燈籠紋綿褂
清嘉慶
身長 142 厘米　兩袖通長 176 厘米
下幅寬 115 厘米
清宮舊藏

**Silk floss-padded outer gown of azurite blue silk tapestry woven
with eight lantern medallions**
Jiaqing period, Qing Dynasty
Length of outer gown: 142cm
Overall width, cuff to cuff: 176cm
Width of hemline: 115cm
Qing Court collection

石青色緙絲面，月白色小折枝暗花綾裏。周身以雙色撚金綫緙織八團燈籠紋，燈籠內飾海屋添籌、紅蓼壽石等內容，寓"添壽"、"長壽"之意。下幅織蝙蝠、靈芝、水仙、牡丹、壽石及八寶立水，寓"靈仙祝壽"、"福壽富貴"等吉祥意。

此褂是嘉慶年間緙絲工藝的代表作，其燈籠紋樣在制度中不見記載，據此分析，應為后妃在元宵燈節時所用吉服。黃條墨書："嘉慶十三年十二月十七日收　造辦處呈覽　石青緙絲八團花有水棉褂一件"。

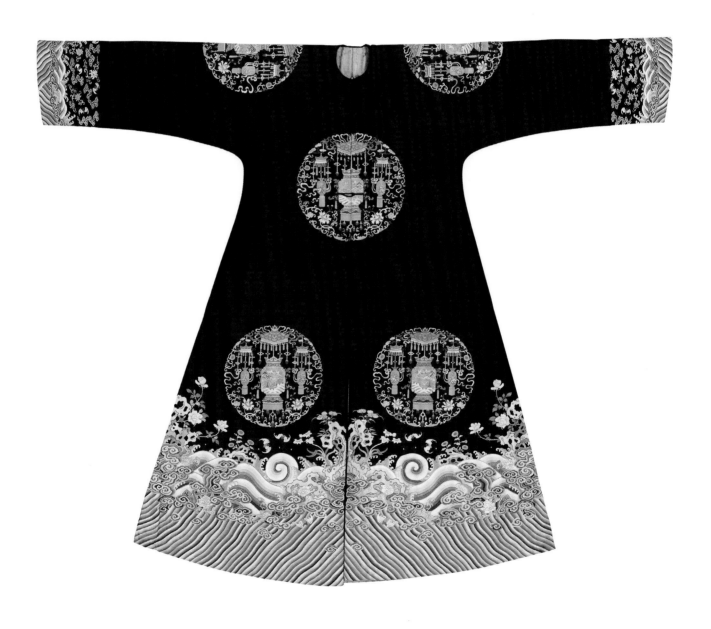

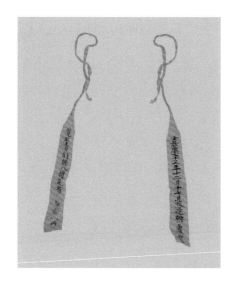

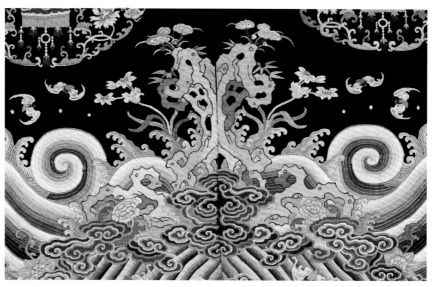

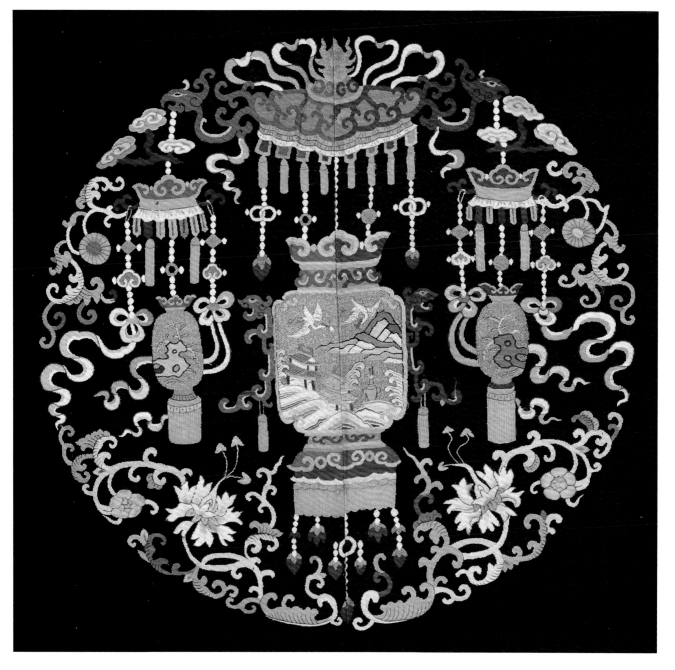

84

石青緞繡團鳳戲牡丹夾褂
清嘉慶
身長 140 厘米　兩袖通長 182 厘米
下幅寬 122 厘米
清宮舊藏

Lined outer gown of azurite blue satin embroidered with medallions of phoenixes playing amid peonies
Jiaqing period, Qing Dynasty
Length of outer gown: 140cm
Overall width, cuff to cuff: 182cm
Width of hemline: 122cm
Qing Court collection

石青緞面，月白小勾蓮暗花綾裏。通身繡鳳戲牡丹紋十六團，其間點綴折枝牡丹、菊花等花卉和卍字、蝙蝠紋。寓"萬福"、"富貴長壽"等意。

據《大清會典》定制，這種石青色花卉褂是皇元孫福晉、鎮國公夫人、輔國公夫人等的吉服褂。黃條墨書："嘉慶十三年十二月十六日收　造辦處呈覽　石青緞繡八團花夾褂一件"。

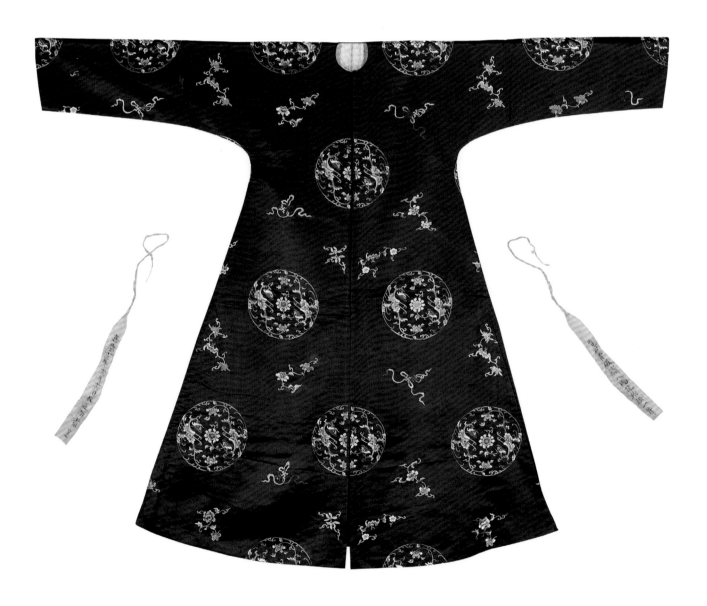

85

石青紗綴繡八團夔鳳單褂
清中期
身長 146 厘米　兩袖通長 134 厘米
下幅寬 124 厘米
清宮舊藏

Unlined outer gown of azurite blue gauze embroidered with eight
medallions of Kui-phoenixes
Middle Qing Dynasty
Length of outer gown: 146cm
Overall width, cuff to cuff: 134cm
Width of hemline: 124cm
Qing Court collection

平袖對襟式長褂，左右及後開裾。石青色暗團龍實地紗面，
上飾八團花補，內以緝綫繡夔鳳和纏枝花卉。藍色雙鳳，色
用二暈，沉穩雅致，金綫勾邊，華麗高貴。

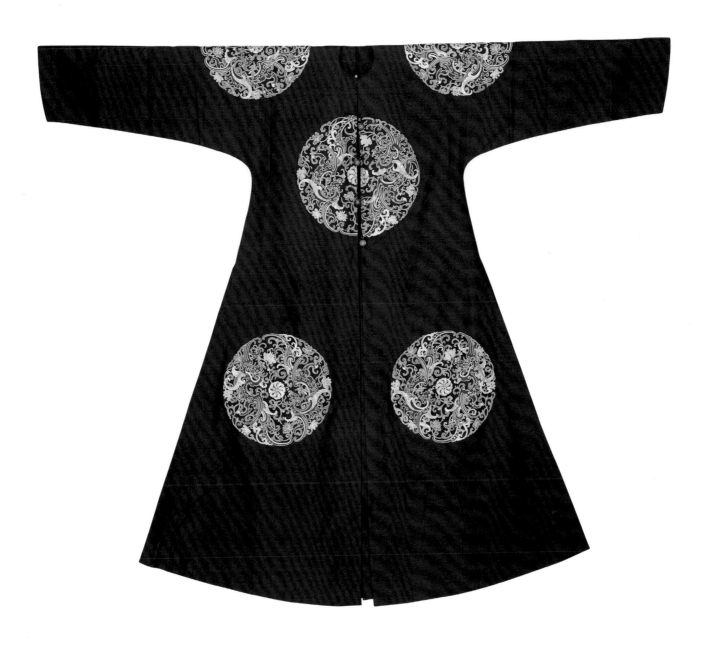

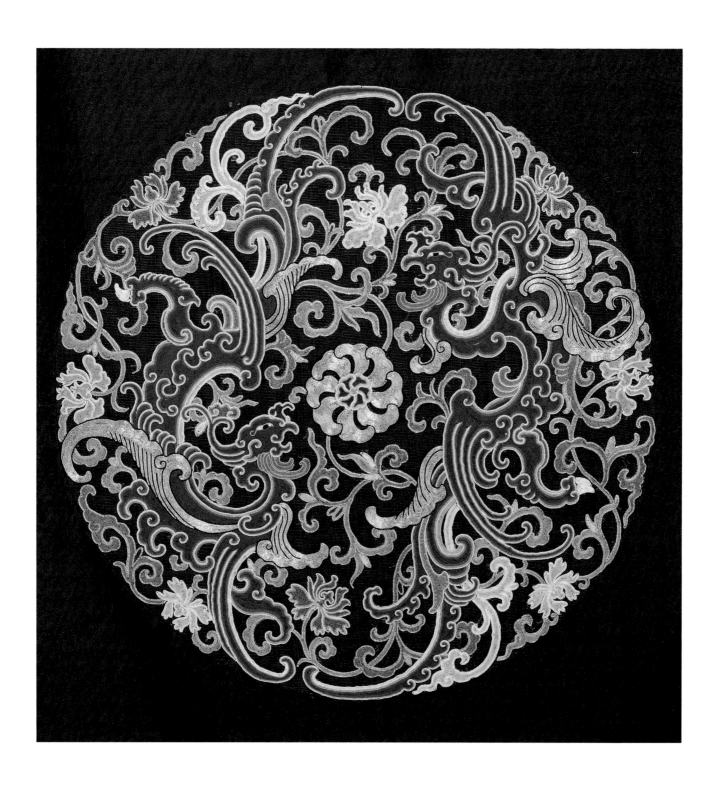

86

石青緞繡八團花夾褂
清中期
身長 146 厘米　兩袖通長 186 厘米　下幅寬 140 厘米
清宮舊藏

Lined outer gown of azurite blue satin embroidered with eight medallions of flowers
Middle Qing Dynasty
Length of outer gown: 146cm
Overall width, cuff to cuff: 186cm
Width of hemline: 140cm
Qing Court collection

石青色素緞面，月白色夔龍流雲暗花綾襯裏。褂面綴補八團緞片，內繡牡丹、海棠、茶花、菊花、梅花、月季、水仙等花卉。其兩肩上的團花從正反兩面看各為半團梅花和月季、水仙。

此褂是皇元孫福晉、鎮國公夫人、輔國公夫人等所穿吉服褂。質地細密，繡法以套針、斜纏針、打籽針、接針等為主，八團紋飾顏色多達 10 餘種，並講究色彩的暈色搭配。

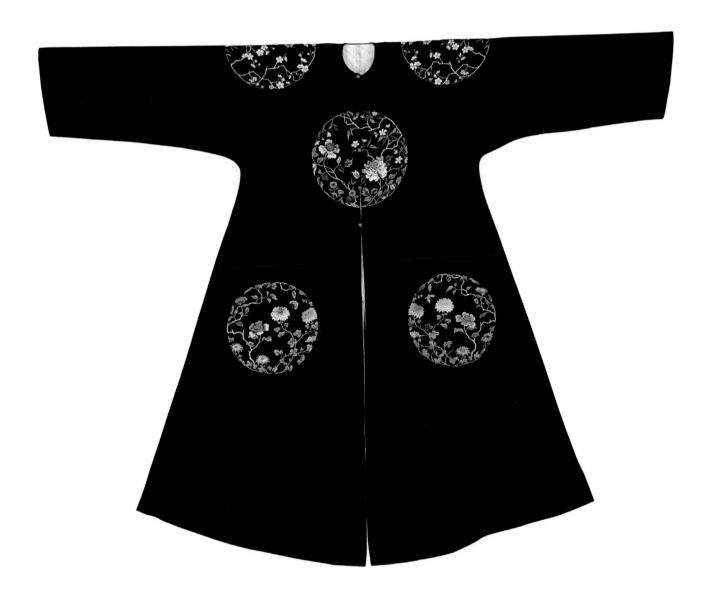

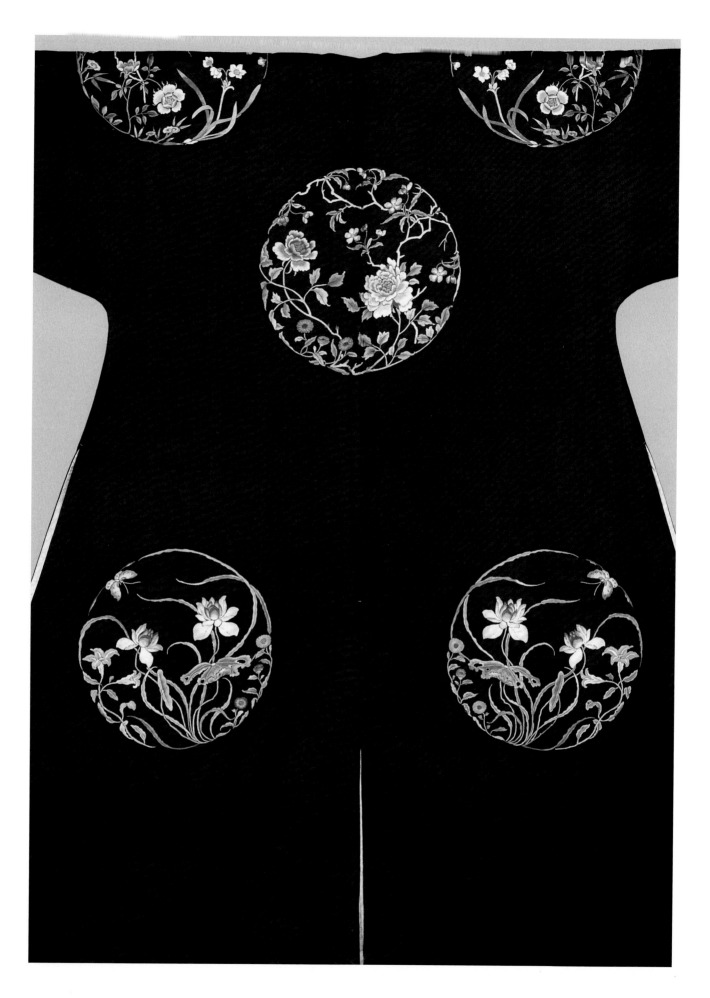

87

石青紗納八團花卉單褂

清咸豐

身長 139 厘米　兩袖通長 182 厘米　下幅寬 116 厘米
清宮舊藏

Unlined outer gown of azurite blue petit-point gauze with eight
medallions of flowers
Xianfeng period, Qing Dynasty
Length of outer gown: 139cm
Overall width, cuff to cuff: 182cm
Width of hemline: 116cm
Qing Court collection

平袖對襟式長褂，後開裾。石青色直經紗面，前胸、後背、兩肩及下襟各繡四季花卉一團，內繡牡丹、蓮花、菊花、海棠、蘭花、梅花等花卉 20 餘種。間飾折枝花卉、蝴蝶等紋飾，袖端及下幅飾海水江崖、雜寶、桃樹、靈芝和水仙等圖紋，有"靈仙祝壽"之寓意。

此褂採用納紗工藝用無捻絲絨繡成，針法以一絲串為主，熟練精細，針腳規矩，紗孔均勻。黃條墨書："咸豐四年四月二十六日收　金環交　石青直地紗納八團花卉有水單褂一件"。

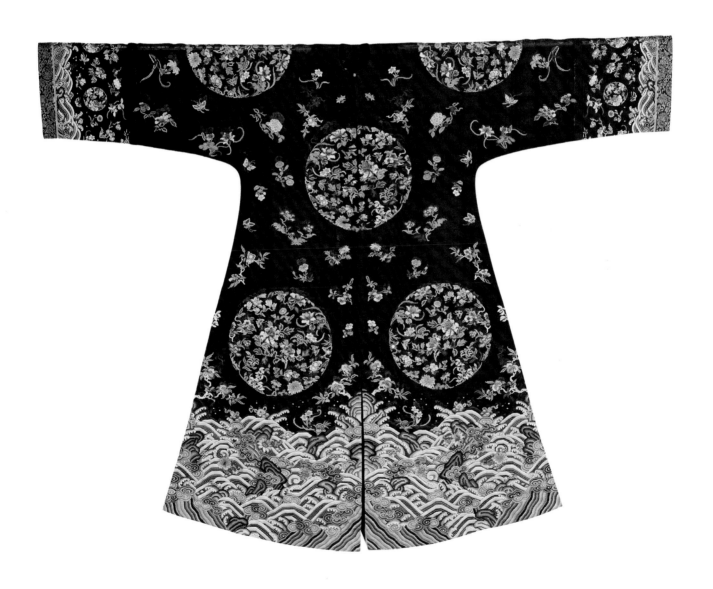

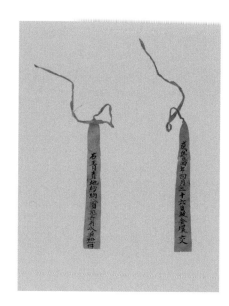

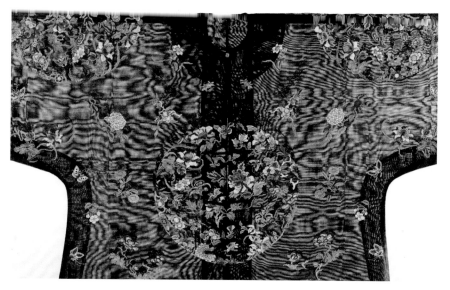

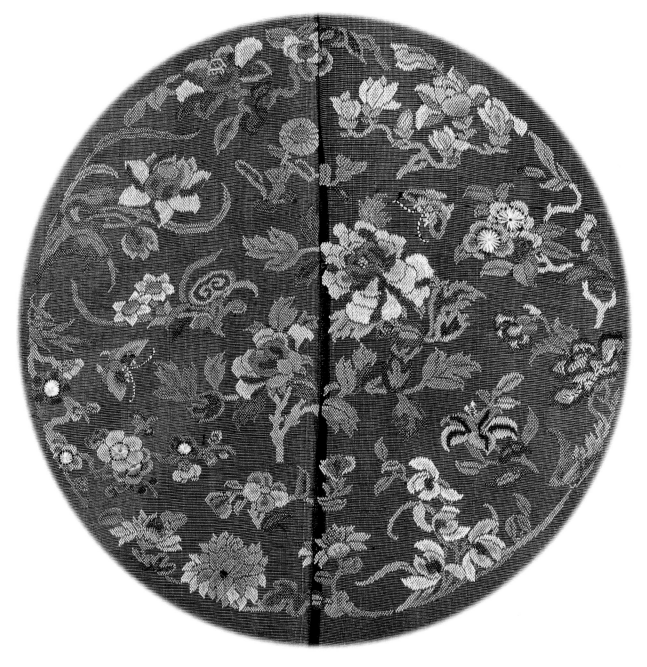

88

石青緞平金彩繡緝珠八團龍夾褂
清晚期
身長 141 厘米　兩袖通長 181 厘米
下幅寬 116 厘米
清宮舊藏

Lined outer gown of azurite blue satin with colored embroidery of
eight dragon medallions of seed beads done with gold and silver
threads
Late Qing Dynasty
Length of outer gown: 141cm
Overall width, cuff to cuff: 181cm
Width of hemline: 116cm
Qing Court collection

石青色緞面，月白色四合如意雲團龍壽字紋織金緞裏，袖口
為石青卍字織金緞邊。褂面採取二至四色間暈與退暈相結合
的裝飾方法，運用平針、套針、平金等針法及緝米珠工藝，
繡八團卍字地彩雲珠龍紋及八寶立水紋。

此褂是皇后穿用的吉服，它打破了清代傳統珠繡工藝，將料
珠與珊瑚、米珠結合使用，體現出清晚期濃豔誇張的裝飾
風格。

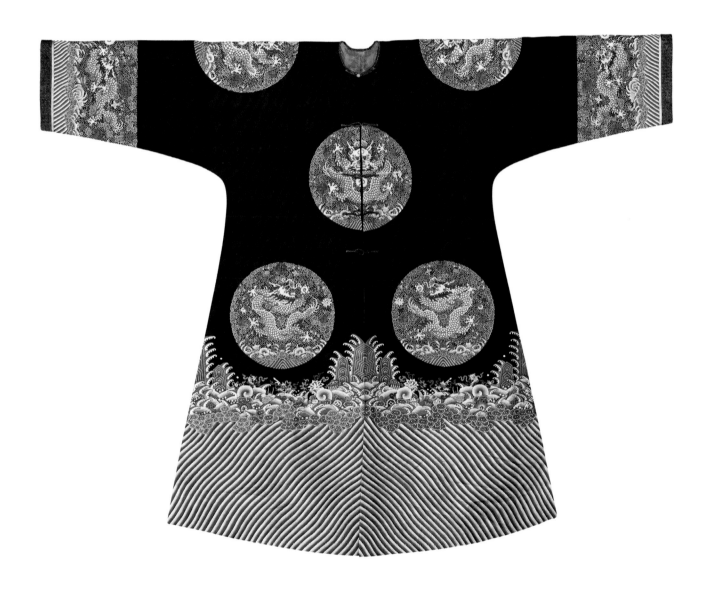

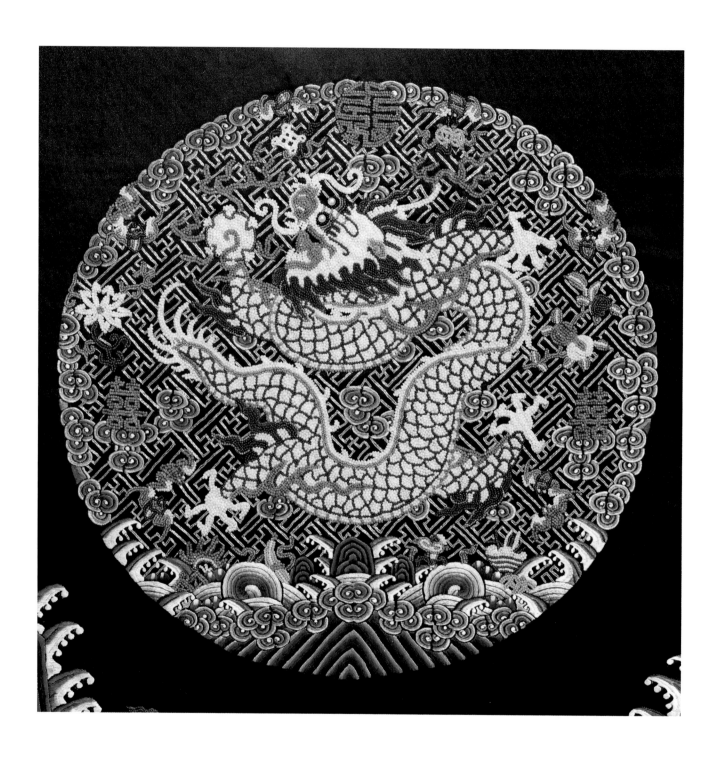

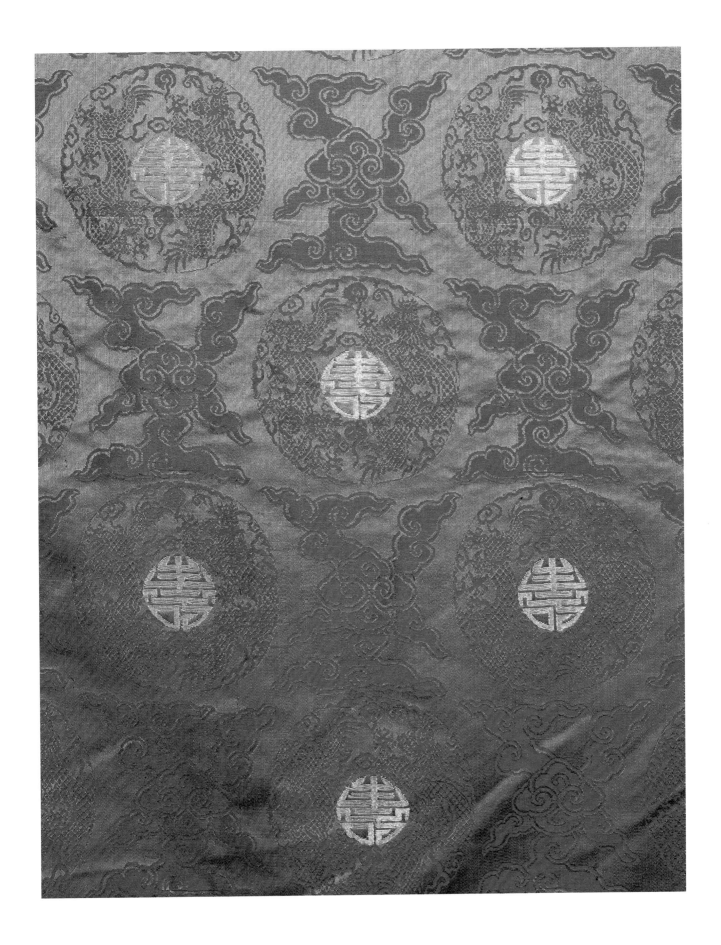

89

石青緞織雲蟒夾褂
清
身長 142 厘米　兩袖通長 181 厘米
下幅寬 137 厘米
清宮舊藏

Lined outer gown of azurite blue satin woven with clouds and pythons
Qing Dynasty
Length of outer gown: 142cm
Overall width, cuff to cuff: 181cm
Width of hemline: 137cm
Qing Court collection

平袖對襟式長褂。褂面地紋為石青色暗勾蓮紋緞，湖色暗雲紋綾裏。通身織四爪金蟒九條，其中前身行蟒四、後身正蟒一、行蟒二，兩肩正蟒各一。間飾五彩雲蝠紋，下幅飾平水雜寶和由亭台樓閣及松竹、壽石、靈芝等組成的地景紋，寓"長壽"等吉祥意。

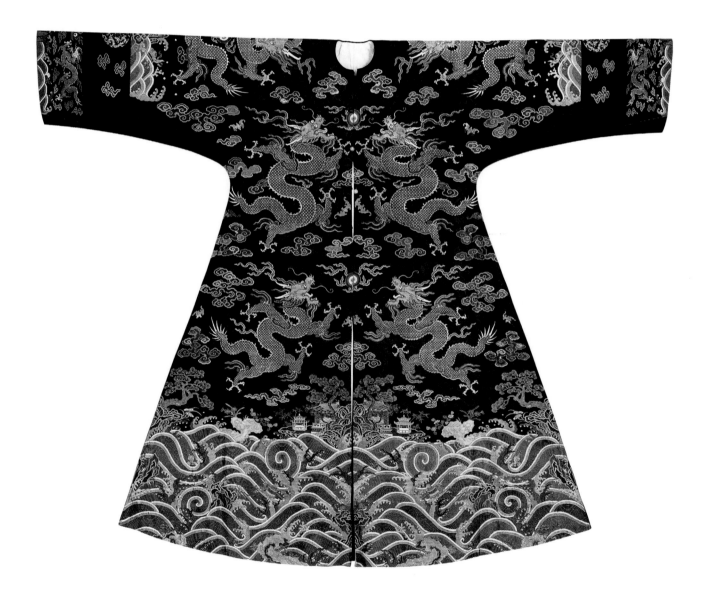

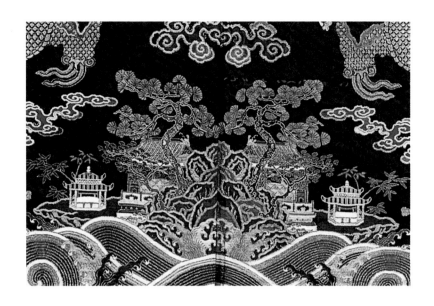

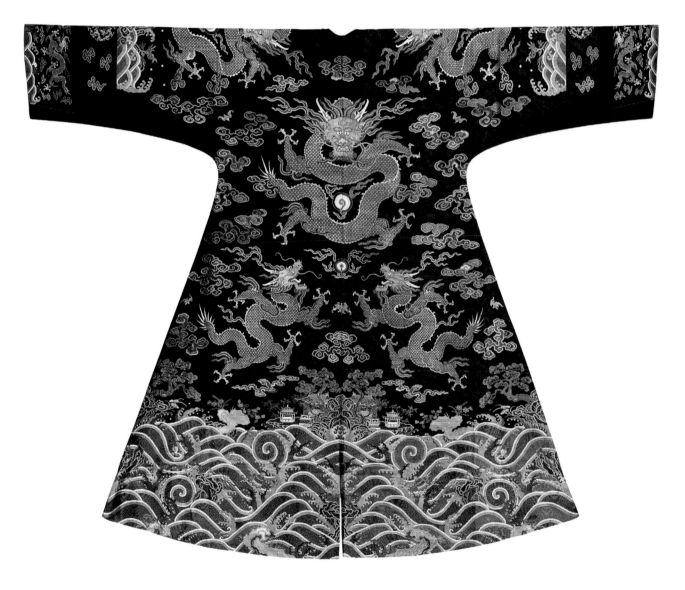

90

黃紗織八團金龍單龍袍
清早期
身長 140 厘米　兩袖通長 180 厘米　下幅寬 136 厘米
清宮舊藏

**Unlined imperial robe of yellow gauze woven with eight
medallions of gold dragons**
Early Qing Dynasty
Length of robe: 140cm　Overall width, cuff to cuff: 180cm
Width of hemline: 136cm
Qing Court collection

黃色暗團雲龍實地紗面，領袖邊飾藍色彩雲金龍妝花緞，外
沿藍色片金及二色平金邊各一，本色實地紗袖襯。袍面採取
二至三色間暈的裝飾方法，織八團彩雲金龍紋，袍裏在八團
紋樣處補綴明黃色纏枝蓮直經紗襯。

此袍構圖簡潔明快，織造精細均勻，設色沉穩莊重。作為清
早期的皇后吉服，其領襟邊所飾金龍，仍帶有明代服飾紋樣
的痕跡。

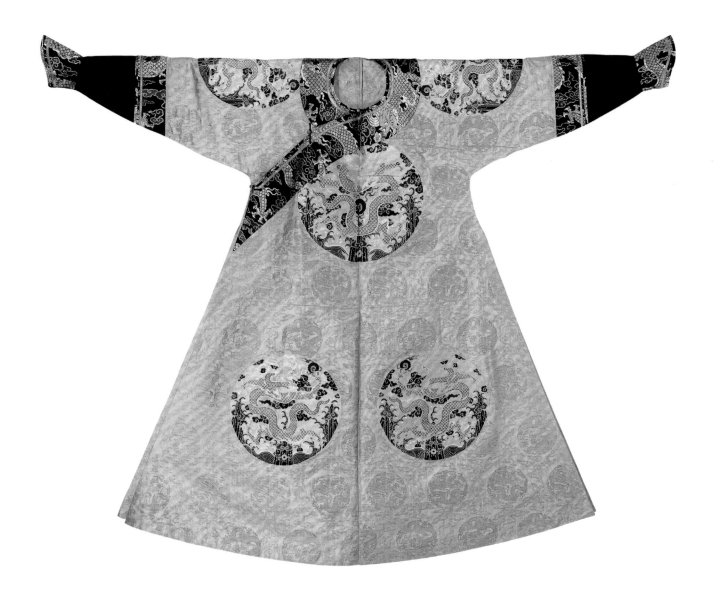

91

明黃紗織彩雲金龍夾龍袍

清乾隆

身長 142 厘米　兩袖通長 184 厘米　下幅寬 122 厘米

清宮舊藏

Lined imperial robe of bright yellow gauze woven with colored clouds and gold dragons

Qianlong period, Qing Dynasty

Length of robe: 142cm　Overall width, cuff to cuff: 184cm

Width of hemline: 122cm

Qing Court collection

明黃色暗雲紋平紋紗面，月白色暗團龍雜寶實地紗裏。領袖邊鑲石青色實地紗繡團夔龍，間以雲蝠、花卉、暗八仙等紋樣，緣飾石青緞織片金邊及迴紋平金邊各一。袍面以二至四色暈的裝飾法，彩織卍字連雲、金龍、海水江崖、鯰魚和如意等紋樣，以諧音寓"江山萬年如意"。

此袍是皇后、皇貴妃穿用的吉服。設色典雅，織工精湛，提花清晰，紋樣規整而富於動感，通過暗花襯托和片金勾邊，使花紋光彩奪目。黃條墨書："乾隆三十三年五月初五日收明黃紗織金龍夾袍一件"。

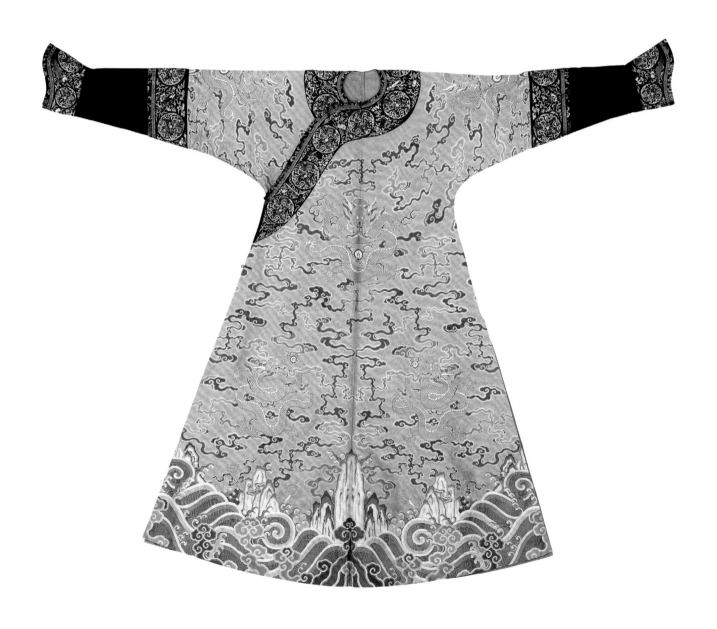

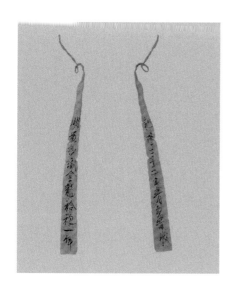

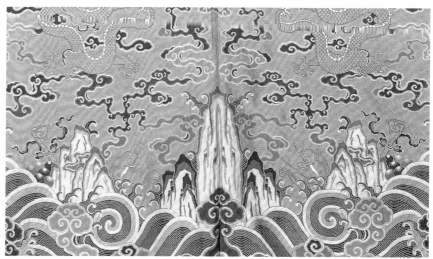

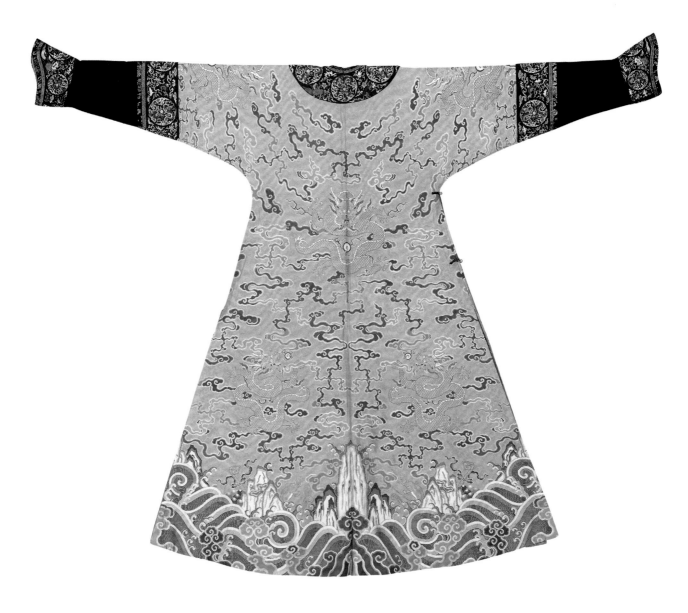

92

明黃緞繡彩雲金龍夾龍袍
清乾隆
身長 146 厘米　兩袖通長 186 厘米　下幅寬 123 厘米
清宮舊藏

Lined imperial robe of bright yellow satin embroidered with colored clouds and gold dragons
Qianlong period, Qing Dynasty
Length of robe: 146cm　Overall width, cuff to cuff: 186cm
Width of hemline: 123cm
Qing Court collection

明黃色緞面，月白色綢襯裏。石青色織片金團龍雜寶紋緞緣。通體繡金正龍紋九條，間飾祥雲、如意、蝙蝠和磬紋，寓"福慶如意"之吉祥意。下幅繡海水江崖和如意雲紋。

此袍是皇后、皇貴妃所穿吉服。用色豐富，繡工細緻。按典制，明黃色九龍袍應是袍身前後及兩肩正龍各一，下裳行龍四，此袍所繡龍紋全部為正龍，紋樣比較特殊。黃條墨書："乾隆三十三年五月初五日收　明黃緞繡金龍夾袍一件"。

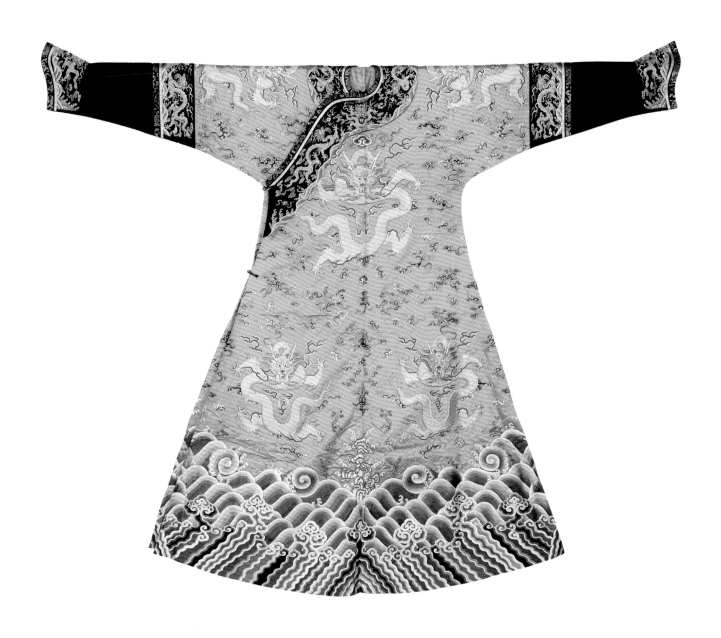

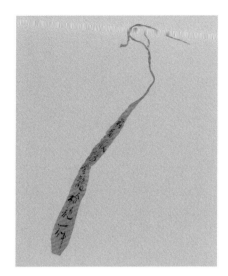
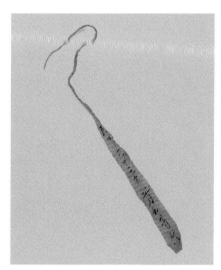

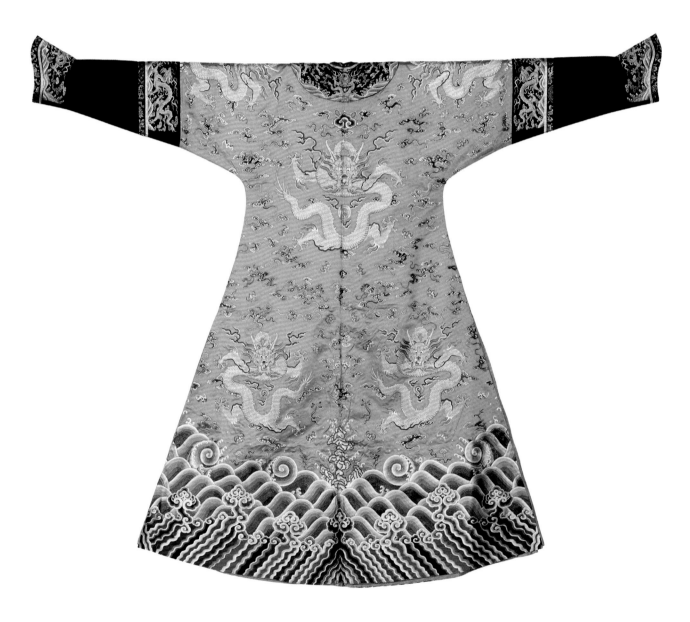

93

杏黃緞織彩雲金龍綿龍袍
清乾隆
身長 144 厘米　兩袖通長 170 厘米　下幅寬 115 厘米
清宮舊藏

Silk floss-padded python-design robe of apricot yellow satin woven
with colored clouds and gold dragons
Qianlong period, Qing Dynasty
Length of robe: 144cm　Overall width, cuff to cuff: 170cm
Width of hemline: 115cm
Qing Court collection

杏黃色緞面，月白色暗卍字福壽紋綾襯裏，中絮綿。袍面妝
花織金龍九條，前胸、後背及兩肩飾正龍各一，襟飾行龍
四，掩襟內飾行龍一，間飾五彩雲，下幅為海水江崖紋。

此袍是皇太子妃吉服，故宮現存僅此一件。紋飾多用金綫勾
邊，色彩豐富，華麗富貴。黃條墨書：“乾隆三十三年五月
初五日收　杏黃緞織金龍棉袍一件”。

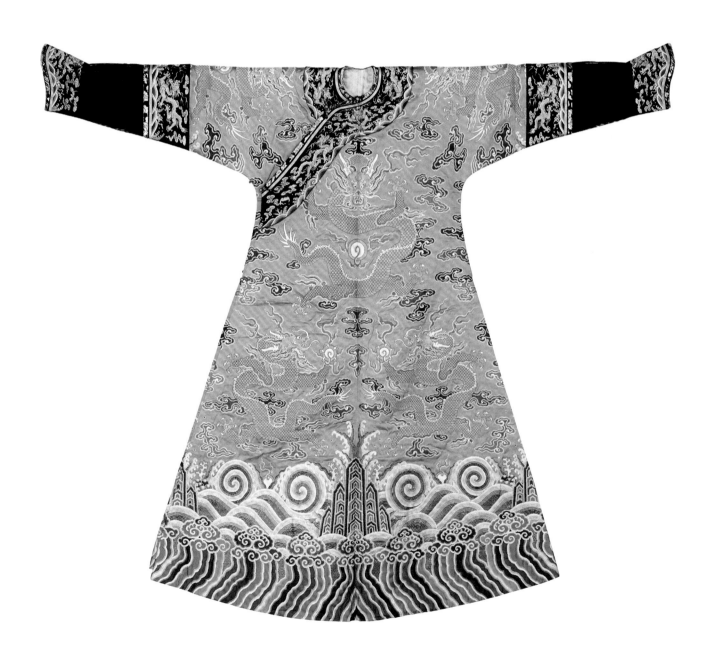

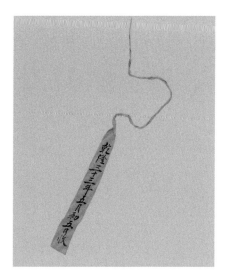
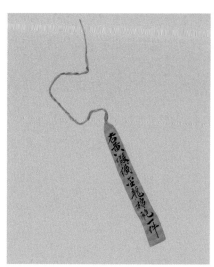
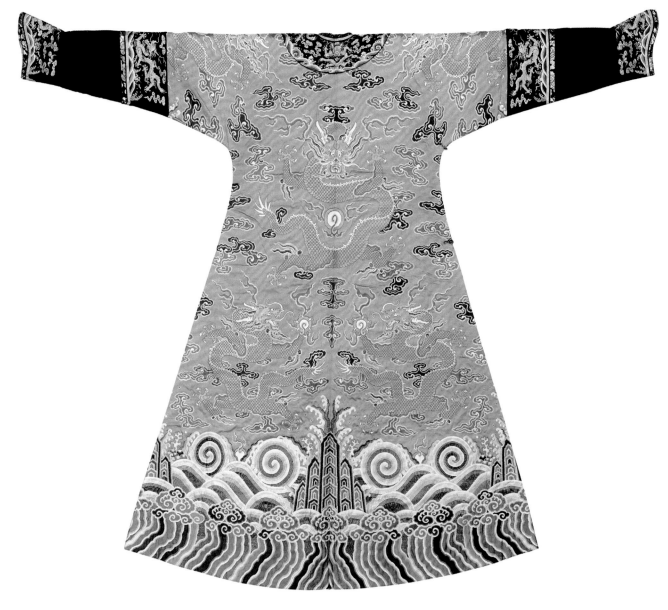

94

香色緙絲彩雲金龍夾龍袍

清乾隆
身長 150 厘米　兩袖通長 179 厘米
下幅寬 128 厘米
清宮舊藏

Lined imperial robe of greenish yellow silk tapestry woven with
colored clouds and gold dragons
Qianlong period, Qing Dynasty
Length of robe: 150cm　Overall width, cuff to cuff: 179cm
Width of hemline: 128cm
Qing Court collection

香色緙絲面，月白色二龍戲珠紋實地紗裏。領袖皆石青色，
片金緣。袍身織金龍紋九條，兩肩前後正龍各一，下襟行龍
各一，袖端正龍各一，袖相接處行龍各二。間以五彩流雲、
金壽字、紅色蝙蝠和十二章紋。下幅為八寶立水。

此袍圖紋用色豐富，色彩純正，略有點墨着筆，緙織工藝精
湛。雖為妃嬪的服用，但這種女袍列十二章的形式卻不見於
典制。黃條墨書：“乾隆四十年閏十月初五日收　香色緙絲
夾袍一件”。

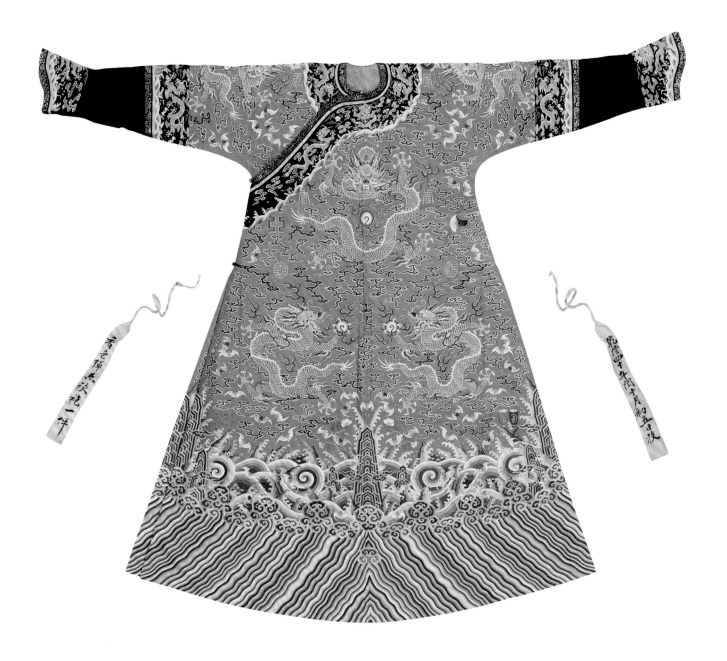

95

香色緙絲彩雲金龍夾龍袍
清乾隆
身長 142 厘米　兩袖通長 176 厘米
下幅寬 121 厘米
清宮舊藏

**Lined python-design robe of greenish yellow silk tapestry with
colored clouds and gold dragons**
Qianlong period, Qing Dynasty
Length of robe: 142cm　Overall width, cuff to cuff: 176cm
Width of hemline: 121cm
Qing Court collection

香色緙絲面，月白色團龍直經紗襯裏。通體以二色金綫緙織
金龍紋九條，間飾五彩祥雲、蝙蝠和以八仙手中法器組成的
暗八仙紋。下幅為海水江崖紋，並織仙桃和樓閣殿宇、仙鶴
銜籌，組成"海屋添籌"圖案。寓"添壽"、"長壽"等吉祥意。

此袍為嬪、貴人、常在、皇子福晉所穿吉服。其紋樣全部緙
織而成，主要運用了平緙法，並以長短戧、鳳尾戧、結、緙
金、緙鱗等緙法做點綴。緙工精細，色彩豐富，充分體現了
緙絲"通經斷緯"以小梭子運梭的長處。

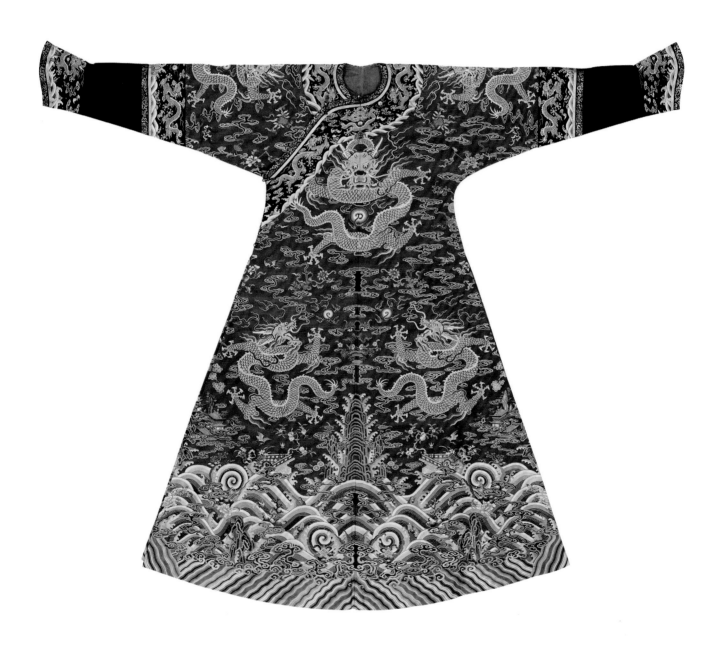

156

96

石青緞繡彩雲金龍夾袍
清乾隆
身長 136 厘米　兩袖通長 182 厘米
下幅寬 116 厘米
清宮舊藏

Lined robe of azurite blue satin embroidered with colored clouds
and gold dragons
Qianlong period, Qing Dynasty
Length of robe: 136cm　Overall width, cuff to cuff: 182cm
Width of hemline: 116cm
Qing Court collection

石青色七枚三飛經緞面，月白色纏枝暗花綾裏。領袖皆石青
色，片金緣。通體織金龍紋九條，間飾三色彩雲，下幅為八
寶立水。圖紋三暈色，石青色緝綫勾邊。

此袍水紋繡綫絲路呈橫向，工藝風格應屬於雍正或乾隆早
期，成衣於乾隆中期。黃條墨書："乾隆三十三年五月初五
日收　敬事房呈覽　石青緞繡金龍夾袍一件"。

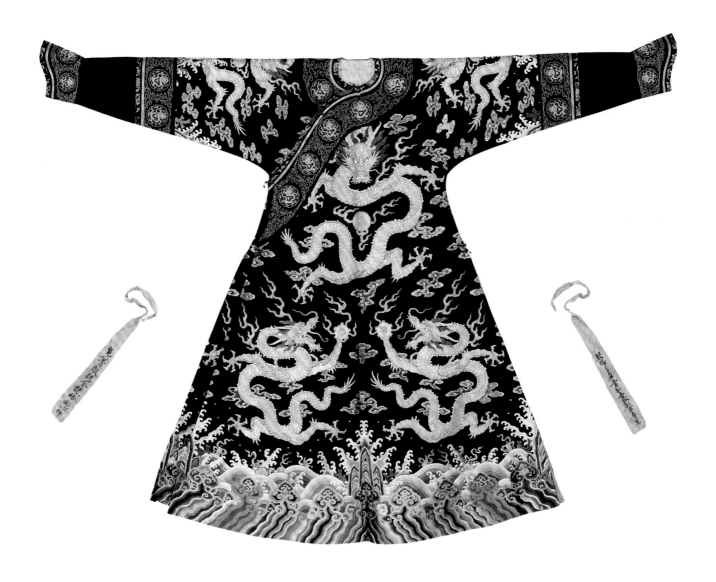

97

香色紗繡八團夔龍單袍
清乾隆
身長 151 厘米　兩袖通長 176 厘米
下幅寬 126 厘米
清宮舊藏

Unlined robe of greenish yellow gauze embroidered with eight medallions of Kui-dragons
Qianlong period, Qing Dynasty
Length of robe: 151cm　Overall width, cuff to cuff: 176cm
Width of hemline: 126cm
Qing Court collection

香色紗面，石青色繡團鶴團壽字領袖邊。通體繡夔龍紋八團，每團紋飾都以雲紋分為內外兩圈，內圈繡雙魚銜磬紋，間飾夔龍，以魚、磬諧音寓"吉慶有餘"之意。外圈繡顏色各異的夔龍九條，間飾蝙蝠。下幅為海水江崖和雜寶紋。

此袍運用套針、正戧針、斜纏針、平金、釘綫、打籽針、施毛針、雞毛針等針法繡成，工藝精湛，暈色豐富，色彩鮮豔，是乾隆年間的女單袍精品。黃條墨書："乾隆三十年九月二十八日收　香色紗繡八團夔龍有水單袍一件"。

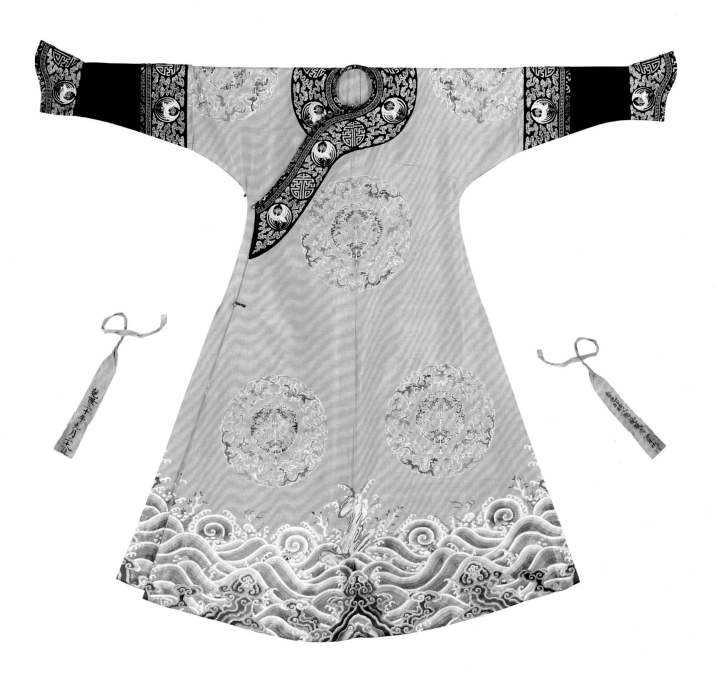

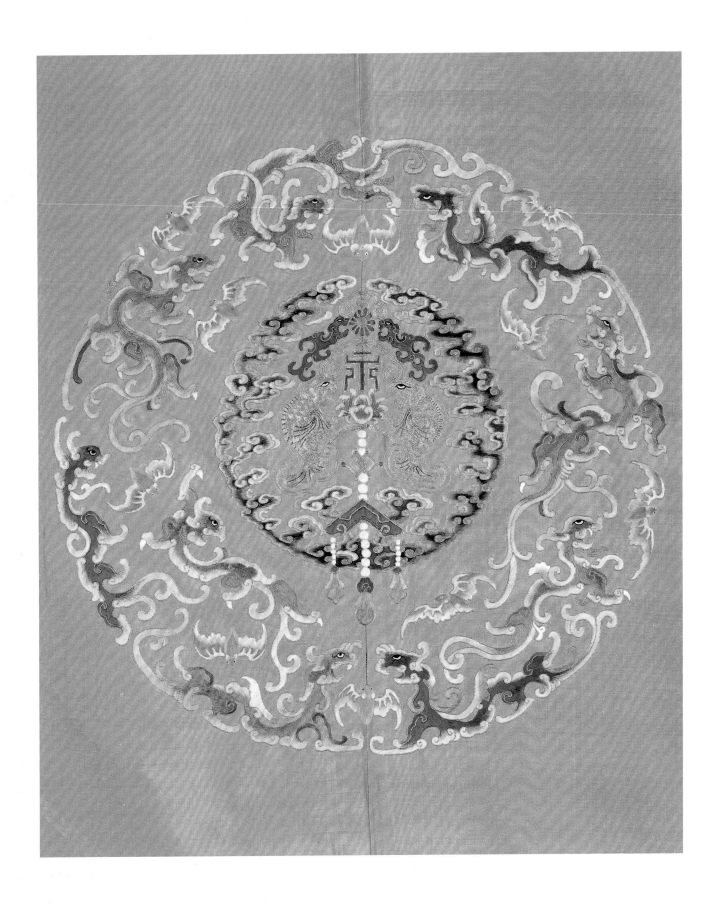

綠緞織八團花夾袍
清乾隆
身長 145 厘米　兩袖通長 182 厘米
下幅寬 124 厘米
清宮舊藏

Lined robe of green satin woven with eight floral medallions
Qianlong period, Qing Dynasty
Length of robe: 145cm　Overall width, cuff to cuff: 182cm
Width of hemline: 124cm
Qing Court collection

　綠色緞面，粉色花綾襯裏。袖身相接處有接袖，領袖邊繡喜相逢紋。袍面以 20 多色絲綾和圓金綫妝花織八團牡丹雲蝠八寶紋，每團以牡丹花為中心，四周環繞五蝠銜銀錠、靈芝、如意、菊花、珊瑚，間飾法輪、白蓋、傘、瓶、螺、魚、盤長、蓮花等八寶和祥雲紋，寓意吉祥。

此袍是皇孫福晉、皇元孫福晉、皇曾孫福晉春秋季所穿吉服袍。黃條墨書："乾隆三十三年十一月二十八日收　英育呈覽　綠緞織八團花女夾袍一件"。

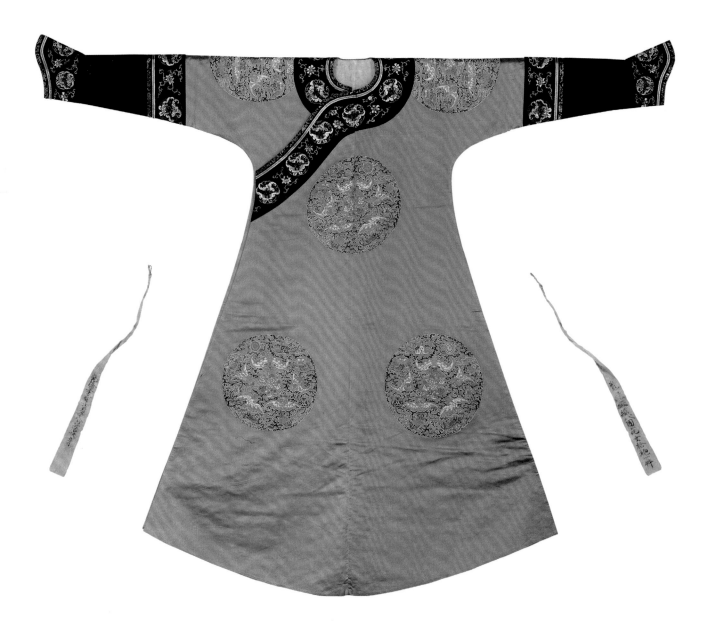

藕荷紗綴繡八團夔龍單袍
清乾隆
身長 147 厘米　兩袖通長 150 厘米
下幅寬 123 厘米
清宮舊藏

Unlined robe of pale pinkish purple gauze embroidered with eight medallions of Kui-dragon
Qianlong period, Qing Dynasty
Length of robe: 147cm　Overall width, cuff to cuff: 150cm
Width of hemline: 123cm
Qing Court collection

藕荷色實地紗面，領邊繡喜相逢紋樣九團，兩接袖和兩馬蹄袖各繡喜相逢紋樣三團。前胸、後背綴繡花卉夔龍紋補子八團。團花正中為"卍"、"壽"字，上方為蝠磬紋，下為牡丹花紋，四周環繞夔龍紋。有"萬壽"、"福慶富貴"等吉祥寓意。

此袍是皇孫福晉、皇元孫福晉、皇曾孫福晉等穿用的吉服袍。黃條墨書："乾隆四十三年十一月二十八日收　藕荷紗綴八團花單袍一件"。

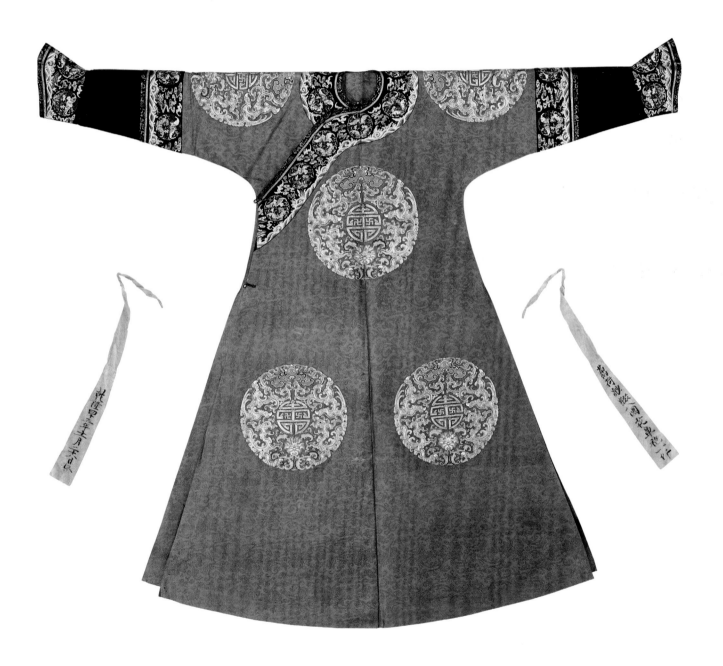

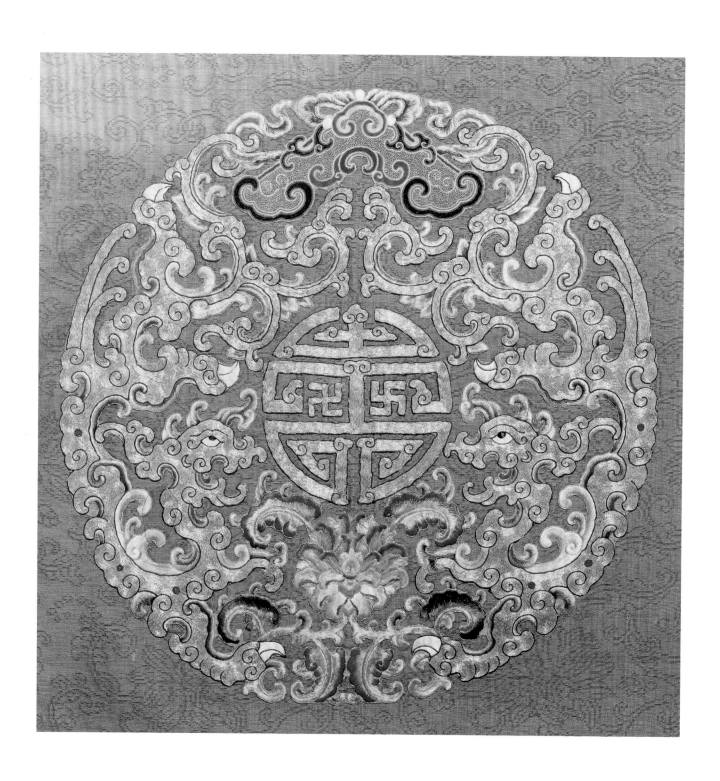

100

古銅緞織金花籃百蝶綿袍

清乾隆
身長 135 厘米　兩袖通長 168 厘米
下幅寬 136 厘米
清宮舊藏

**Silk floss-padded robe of bronze-colored satin woven with gold
flower baskets and butterflies**
Qianlong period, Qing Dynasty
Length of robe: 135cm
Overall width, cuff to cuff: 168cm
Width of hemline: 136cm
Qing Court collection

古銅色緞面，黃綠色素紡綢裏，薄施絲綿。領袖邊飾石青緞
繡蝠、雙魚衡磬、卍字團花和花蝶紋，有"福慶有餘"、"萬
福如意"之吉祥寓意。外鑲石青雲龍織金緞平金邊。通體用
二色圓金綫織八個花籃，四周飾蝴蝶和梅、蘭、竹、菊等折
枝花卉紋。下幅為鴛鴦喜荷、壽石、欄杆等紋樣。

此袍為乾隆時期江寧織造局織製的精品。黃條墨書："乾隆
十三年十月二十七日收　三合呈覽　古銅緞二色金鑲領袖女
綿袍一件"。

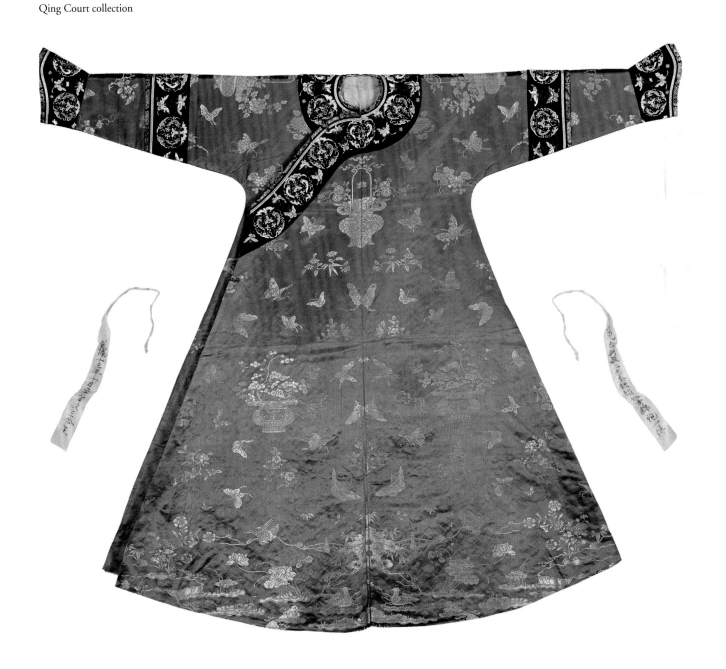

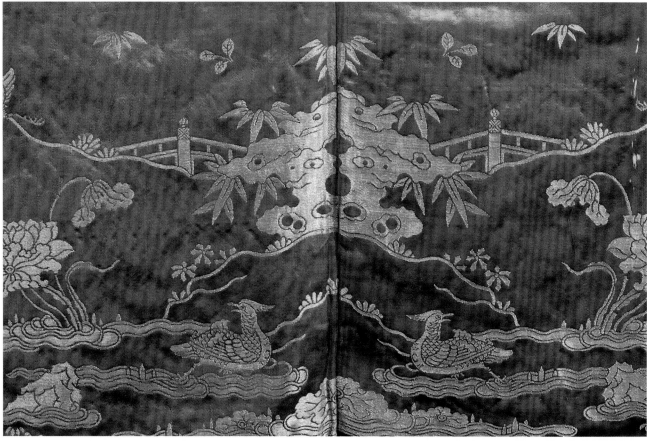

101

香色緞織八團喜相逢綿袍
清乾隆
身長 139 厘米　兩袖通長 182 厘米
下幅寬 129 厘米
清宮舊藏

Silk floss-padded robe of greenish yellow satin woven with eight
medallions of butterflies

Qianlong period, Qing Dynasty
Length of robe: 139cm　Overall width, cuff to cuff: 182cm
Width of hemline: 129cm
Qing Court collection

香色素緞面，湖色暗卍字曲水小團龍紋綾裏，絮薄綿。石青
素緞接袖，繡五彩花卉領襟邊。通體以圓金綫妝花織蝴蝶組
成的"喜相逢"紋飾八團，間飾蝴蝶和菊花、牡丹等折枝花
卉紋。下幅以壽桃、松樹、菊花、牡丹、壽石和五彩翔鳳，
寓"富貴長壽"之意；以鹿馱寶瓶，瓶中插如意並懸掛磬，
四周蝙蝠飛舞，寓"一路平安"、"福慶如意"之意。

此袍構圖疏朗，配色典雅，妝花工藝精緻，捻金勻細，提花
清晰。黃條墨書："乾隆十四年正月二十二日收　王常貴呈
覽　香色緞織五彩百蝶女綿袍一件"。

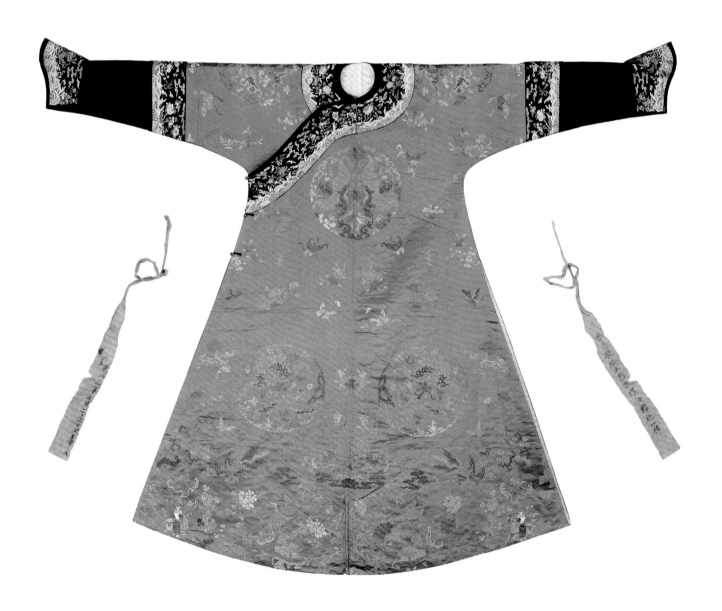

165

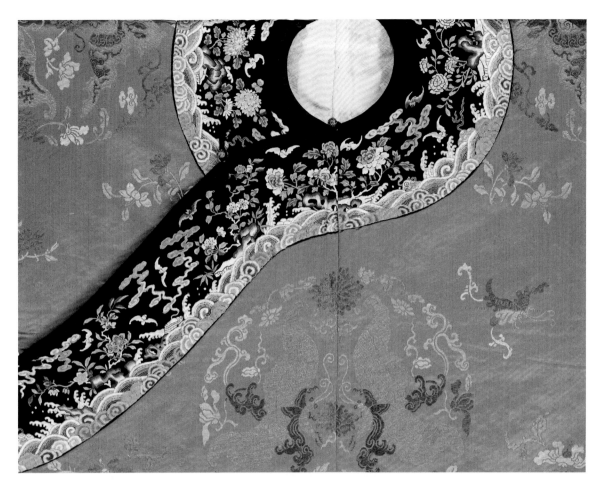

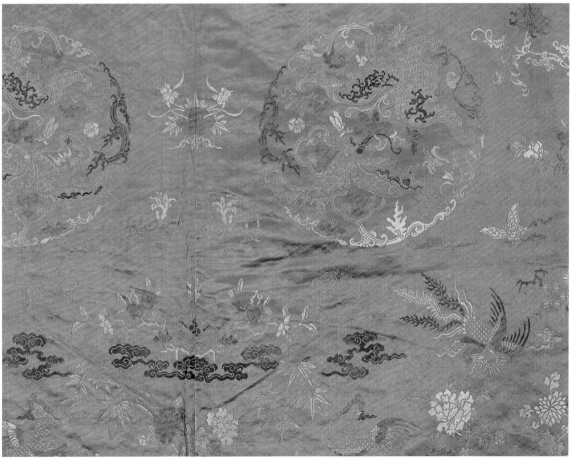

102

藕荷緞繡四季花籃綿袍
清乾隆
身長 144 厘米　兩袖通長 180 厘米
下幅寬 122 厘米
清宮舊藏

Silk floss-padded robe of pale pinkish purple satin embroidered
with baskets of four-season flowers
Qianlong period, Qing Dynasty
Length of robe: 144cm　Overall width, cuff to cuff: 180cm
Width of hemline: 122cm
Qing Court collection

藕荷色緞面，月白色暗花綾裏，絮薄綿。領襟邊、接袖飾平
金繡鳳鳥石青緞邊、石青片金緣。通體繡八組花籃，內飾牡
丹、玉蘭、梅花、荷花、天竹、蘭花等四季花卉 20 餘種，
有"玉堂富貴"等吉祥意，間飾折枝花、草蟲等。下幅繡海
水江崖，間飾雜寶紋。

此袍針法繁複多變，因圖施針，僅繡花籃的網針就有 8 種變
化之多，圖案寫實並具浮雕感。黃條墨書："乾隆三十三年
五月初五日收　敬事房呈覽　藕荷緞繡花卉有水綿袍一件"。

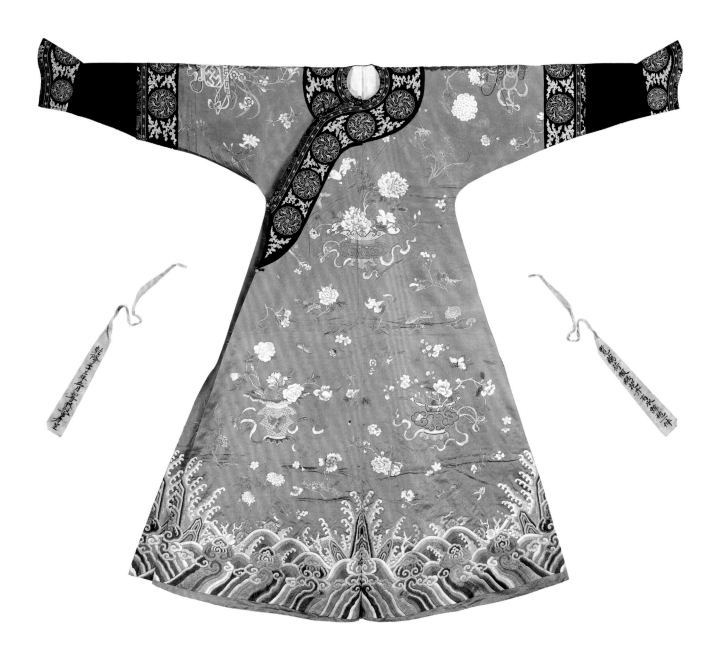

103

綠緞繡花卉綿袍
清乾隆
身長 156 厘米　兩袖通長 176 厘米
下幅寬 122 厘米
清宮舊藏

Silk floss-padded robe of green satin embroidered with floral
design
Qianlong period, Qing Dynasty
Length of robe: 156cm　Overall width, cuff to cuff: 176cm
Width of hemline: 122cm
Qing Court collection

綠色八枚三飛經緞面，粉紅色素紡綢裏。領袖皆石青色緞，
片金緣。袍面繡牡丹、月季、海棠、菊花、梅花等四季花卉
紋，間飾花蝶紋，蝴蝶身上花紋細部多以筆暈染。領袖邊以
摻和針繡折枝牡丹等花卉，以混色紗繡花枝和葉蔓，富有層
次感。

此袍繡工精細，針法多變，用色典雅沉穩，堪稱服飾刺繡藝
術中的精品。黃條墨書："乾隆四十二年十二月初一日收
綠緞繡花卉棉袍一件"。

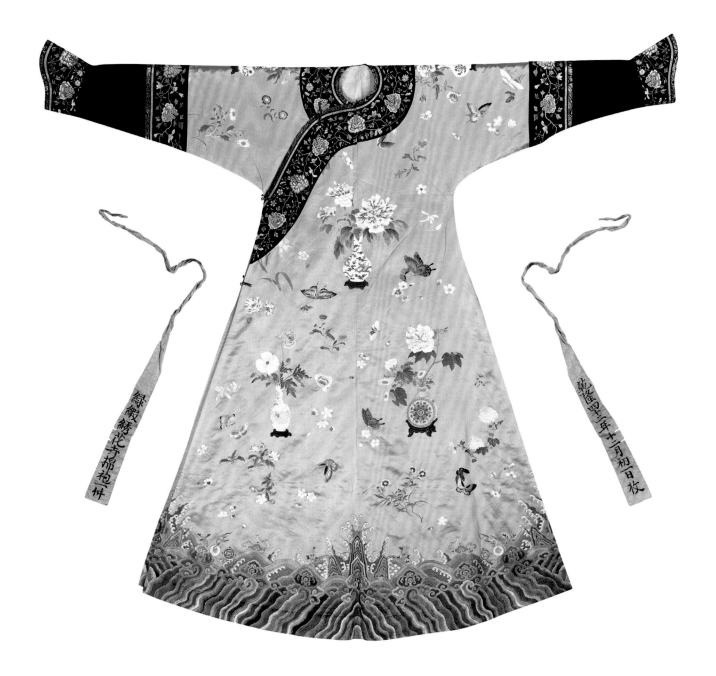

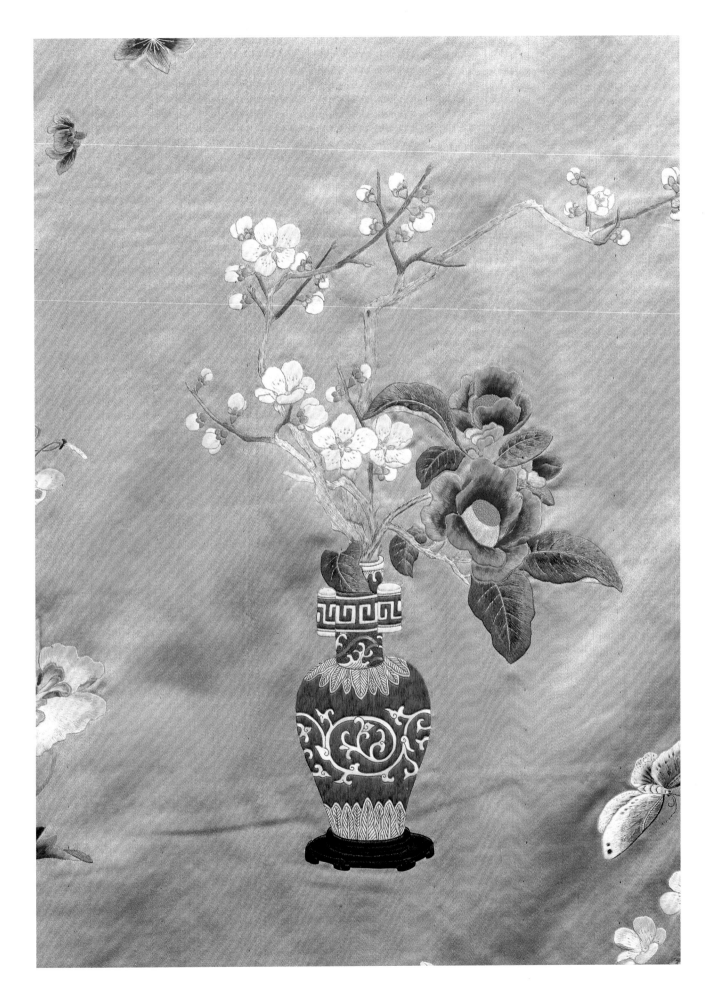

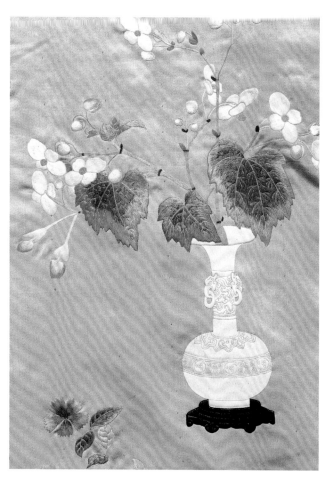

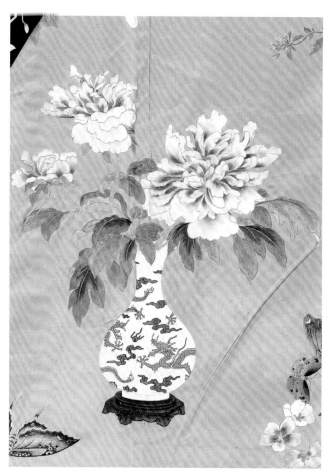

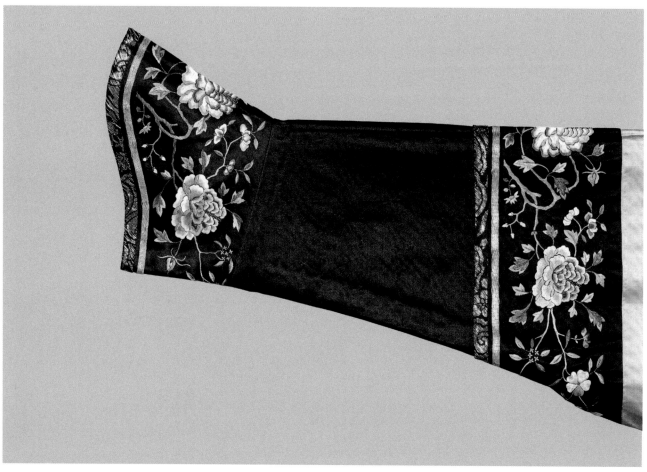

104

香色緞織翔鳳夾袍
清乾隆
身長 144 厘米　兩袖通長 174 厘米
下幅 124 厘米
清宮舊藏

Lined robe of greenish yellow satin woven with flying phoenixes
Qianlong period, Qing Dynasty
Length of robe: 144cm　Overall width, cuff to cuff: 174cm
Width of hemline: 124cm
Qing Court collection

香色緞面，月白色綢襯裏。石青色領袖邊繡團鶴、團卍壽字紋。袍面妝花織五彩鳳凰九隻，每隻鳳凰分別口銜牡丹、海棠、梅花等折枝花卉。下幅織海水江崖、雜寶和如意雲紋。

這件妝花與刺繡工藝相結合的作品，是皇后春秋季所穿吉服。多用暈色並以片金勾邊，色彩鮮豔，工藝講究。黃條墨書："乾隆四十六年十二月初二日收　香色緞織鳳夾袍一件"。

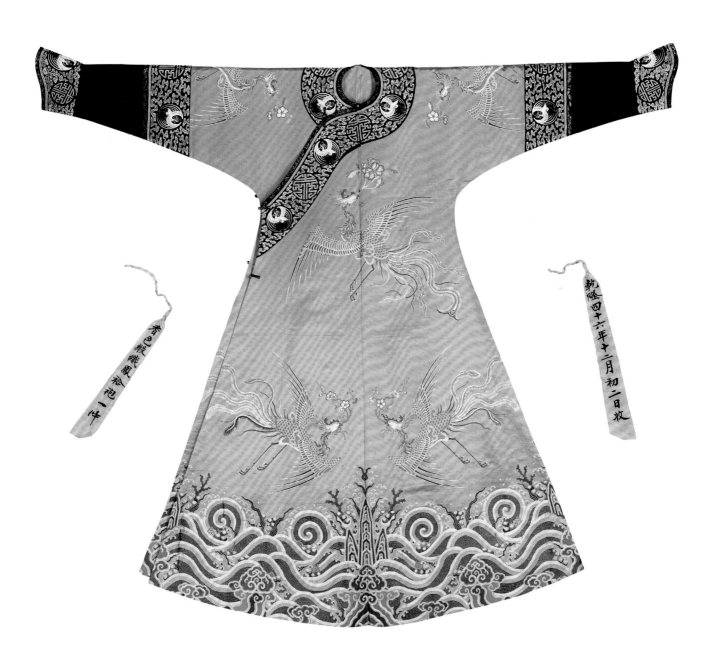

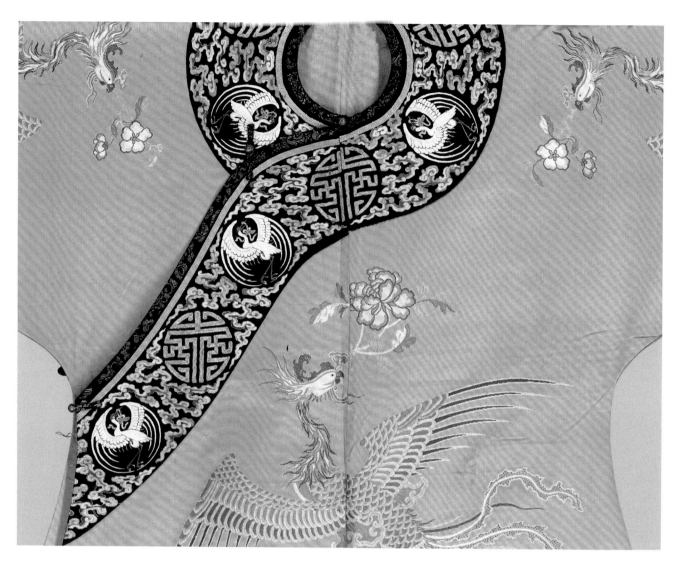

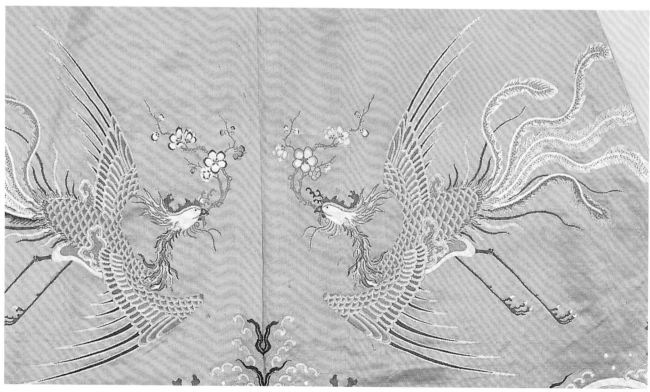

105

香色緞織五彩百蝶綿袍
清乾隆
身長 153 厘米　兩袖通長 136 厘米
下幅 130 厘米
清宮舊藏

Silk floss-padded robe of greenish yellow satin woven with butterflies
Qianlong period, Qing Dynasty
Length of robe: 153cm　Overall width, cuff to cuff: 136cm
Width of hemline: 130cm
Qing Court collection

五枚緞面，湖色朵雲暗花綾裏，絮薄綿。領襟邊、接袖飾深豆沙色行龍妝花緞，片金緣及平金窄邊。袍面妝花織百蝶圖紋，蝶與耋諧音，取耋為八十高齡之意，是祝福長壽的吉祥圖案。

此袍圖紋細巧生動，佈局疏朗有致，設色沉穩典雅，織造工麗細緻，端莊富麗。

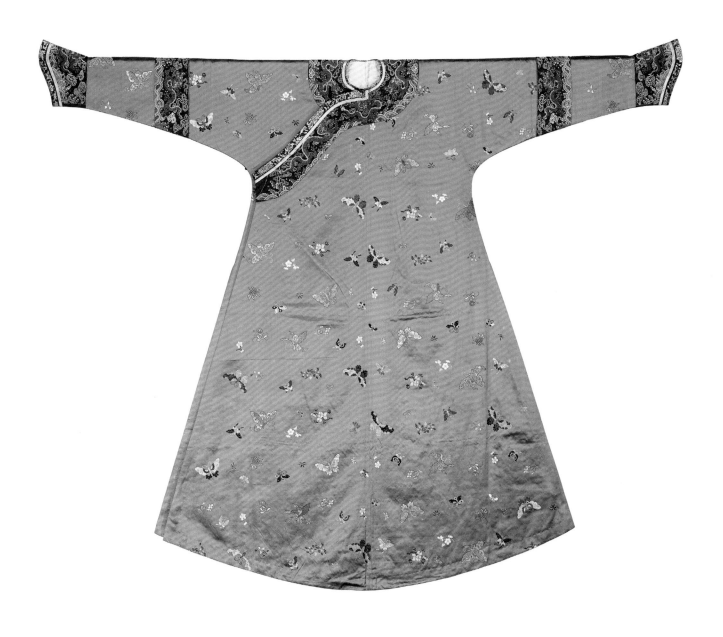

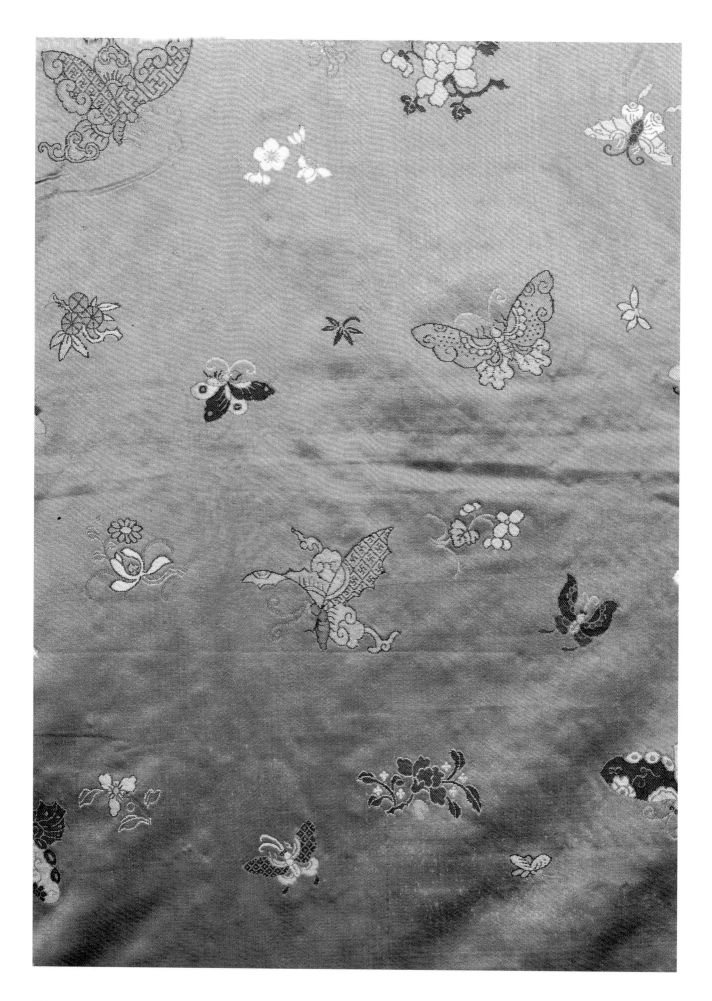

106

香色緞織八團藍龍金壽字夾龍袍

清嘉慶
身長 148 厘米　兩袖通長 180 厘米
下幅寬 140 厘米
清宮舊藏

Lined python-design robe of greenish yellow satin woven
with eight medallions of blue dragons among characters
"Shou"(longevity)
Jiaqing period, Qing Dynasty
Length of robe: 148cm　Overall width, cuff to cuff: 180cm
Width of hemline: 140cm
Qing Court collection

五枚緞紋面，湖色素紡綢裏。石青緞素接袖，領袖邊及接袖
飾團龍朵雲妝花緞。袍面妝花織藍龍穿金壽字紋八團，下飾
海水江崖紋。金壽字用紅色絲構邊，其他圖案均以湖色絲
構邊。

此袍與石青緞織八團藍龍金壽字綿褂（圖 81）為一套。黃條
墨書："嘉慶十二年十二月初四日收　敬事房交　香色緞織
八團龍有水夾袍一件"。

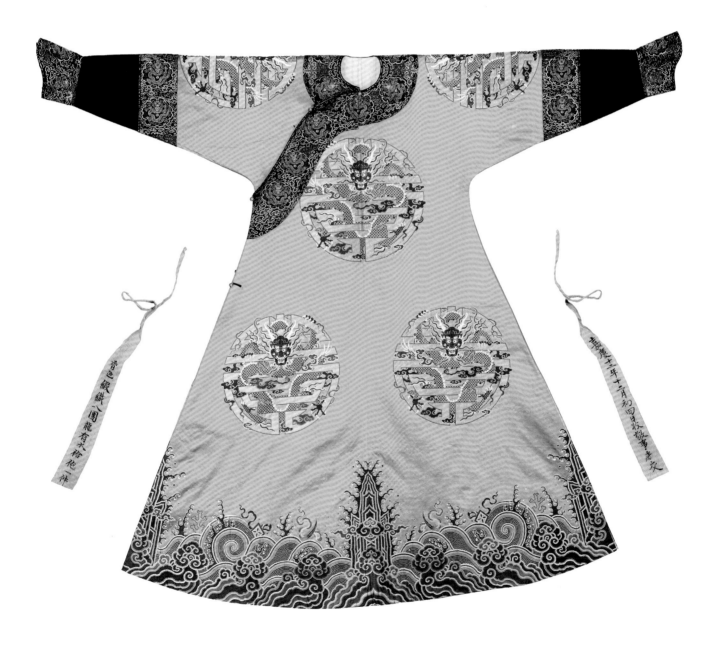

107

香色緙絲八團雲龍夾龍袍

清嘉慶
身長 140 厘米　兩袖通長 186 厘米
下幅寬 112 厘米
清宮舊藏

Lined python-design robe of greenish yellow silk tapestry with eight medallions of clouds and dragons
Jiaqing period, Qing Dynasty
Length of robe: 140cm　Overall width, cuff to cuff: 186cm
Width of hemline: 112cm
Qing Court collection

香色緙絲面，月白色勾蓮暗花綾裏。鑲石青緙絲龍紋領袖邊。通身緙織金龍九團，前胸、後背及兩肩正龍各一，襟行龍四，裏襟行龍一。其間點綴流雲、紅蝠、花卉和雜寶等紋飾。下幅飾八寶立水。

這種八團有水龍袍是清代后妃龍袍標準樣式之一。黃條墨書："嘉慶十六年二月二十日收　香色緙絲八團金龍夾袍一件"。

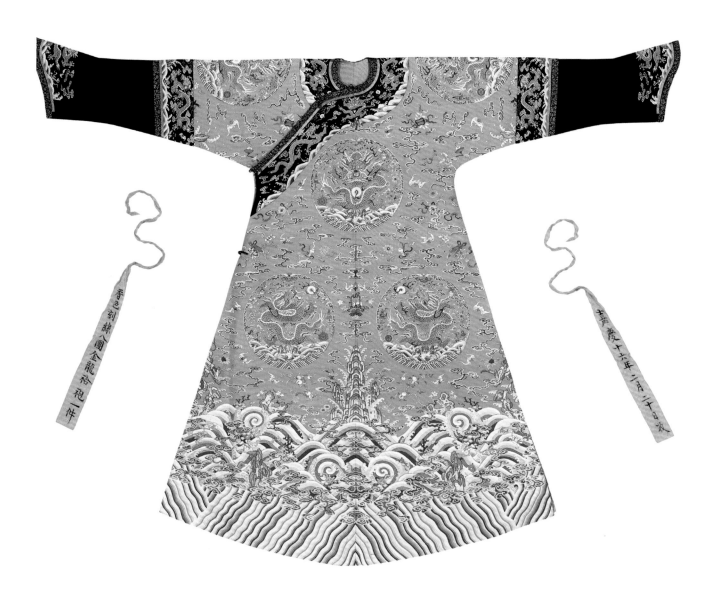

108

石青緞織金龍綿蟒袍
清嘉慶
身長 141 厘米　兩袖通長 186 厘米
下幅寬 130 厘米
清宮舊藏

Silk floss-padded python-design robe of azurite blue satin woven with gold dragons
Jiaqing period, Qing Dynasty
Length of robe: 141cm　Overall width, cuff to cuff: 186cm
Width of hemline: 130cm
Qing Court collection

石青色緞面，月白色暗曲水地牡丹花綾襯裏，中絮綿。袍面妝花織金龍紋九條，前胸、後背、兩肩織正龍各一，下裳織行龍五，其中一龍在掩襟內。通身滿飾藍、綠色如意雲紋，下幅為平水及如意雲紋。

此袍紋飾以紅、藍、綠為主色調，這是清初用色的主要特點。據此分析，這件蟒袍很可能是利用清早期生產的面料所製。黃條墨書："嘉慶十二年十二月初四日收　敬事房交織石青緞棉蟒袍一件"。

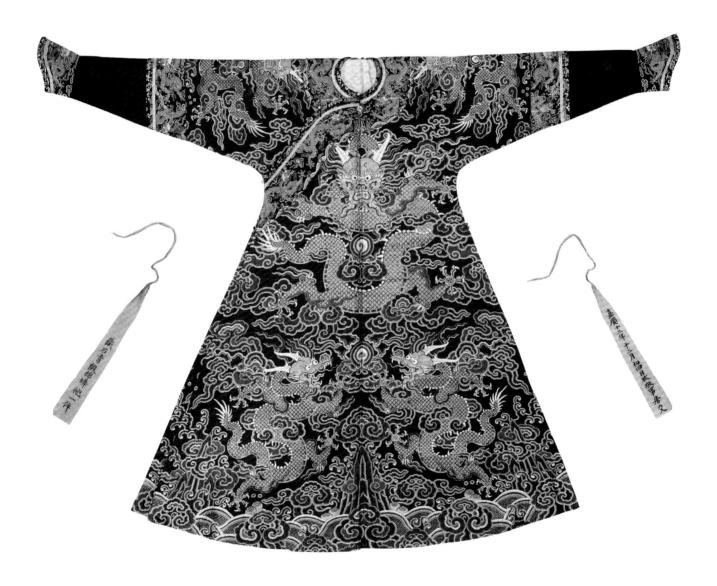

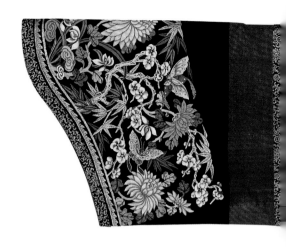

109

大紅緙絲彩繪八團梅蘭竹菊夾袍

清道光

身長 138 厘米　兩袖通長 204 厘米

下幅寬 122 厘米

清宮舊藏

Lined robe of bright red silk tapestry painted with eight colored medallions of plum blossoms, orchid, bamboo and chrysanthemum

Daoguang period, Qing Dynasty

Length of robe: 138cm　Overall width, cuff to cuff: 204cm

Width of hemline: 122cm

Qing Court collection

圓領，大襟右衽，馬蹄袖，左右開裾。大紅色緙絲面，月白色實地紗襯裏。石青色地緙絲梅蘭竹菊紋領袖邊，外沿為卍字蝙蝠花卉織金緞。袍面用筆彩繪八團梅蘭竹菊紋樣，並運用平緙、搭緙等技法緙織海水江崖紋。梅、蘭、竹、菊被譽為"花中四君子"，有君子高潔、品行高尚之寓意。

此袍設色豐富，暈色和諧，緙工細膩精湛，彩繪逼真生動。其寬大誇張的袖口是道光時期服飾獨特的標誌。黃條墨書："道光二十一年又三月初七日收　鞀可交　大紅緙絲八團花卉有水夾袍一件"。

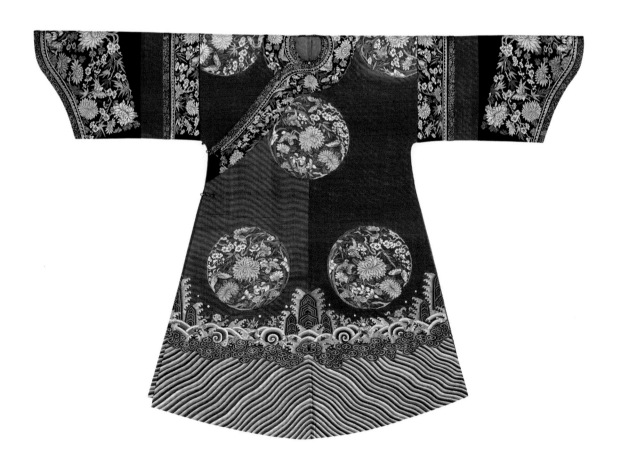

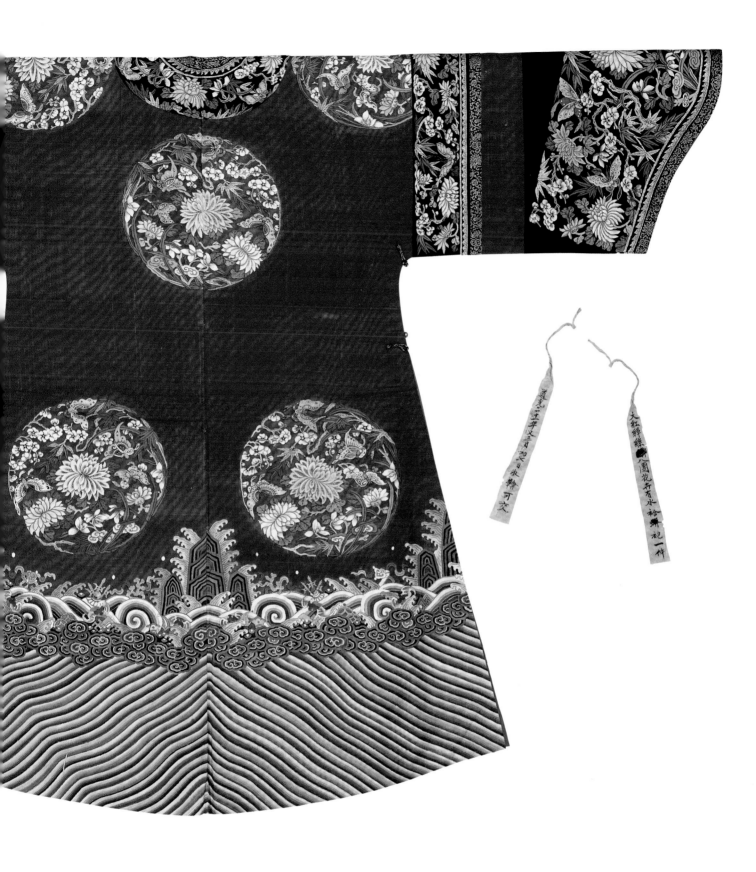

110

明黃緞繡八團雙鳳夾袍

清道光

身長 144 厘米　兩袖通長 180 厘米

下幅寬 120 厘米

清宮舊藏

**Lined robe of bright yellow satin embroidered with eight
medallions of two phoenixes**

Daoguang period, Qing Dynasty

Length of robe: 144cm　Overall width, cuff to cuff: 180cm

Width of hemline: 120cm

Qing Court collection

明黃緞面，白色素綢裏。石青緞繡團卍壽字領袖邊，接袖、袖端飾石青片金緣、米珠繡朵花窄邊。全身飾八團雙鳳捧壽紋，下幅飾海水江崖、雲蝠、雜寶、一筆壽字，寓"必得其壽"之意。與八團翔鳳上下呼應，突出了祝壽主題。

此袍為皇后吉服，繡工細緻，針法多達 10 餘種，配色和諧高雅。其花紋圖案在清代后妃吉服袍中比較鮮見。黃條墨書："道光十三年六月二十一日收　沈魁交　繡明黃緞八團鳳有水夾袍一件"。

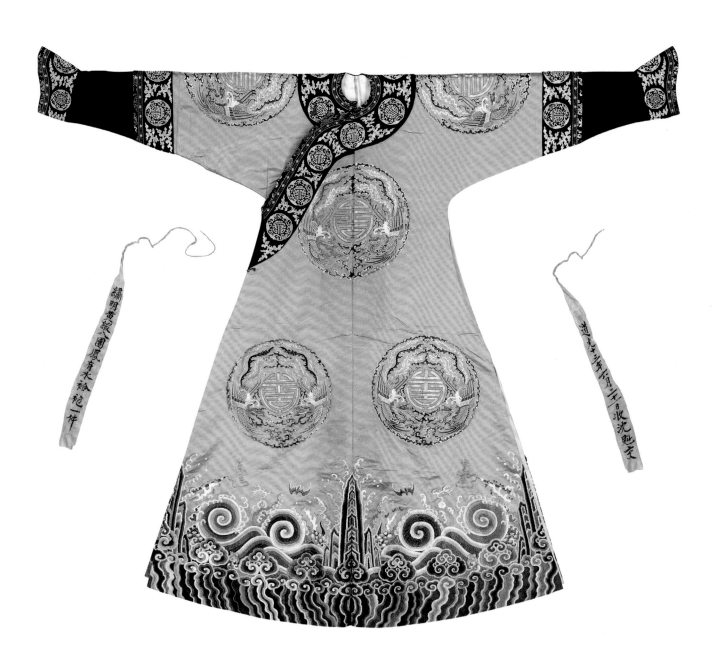

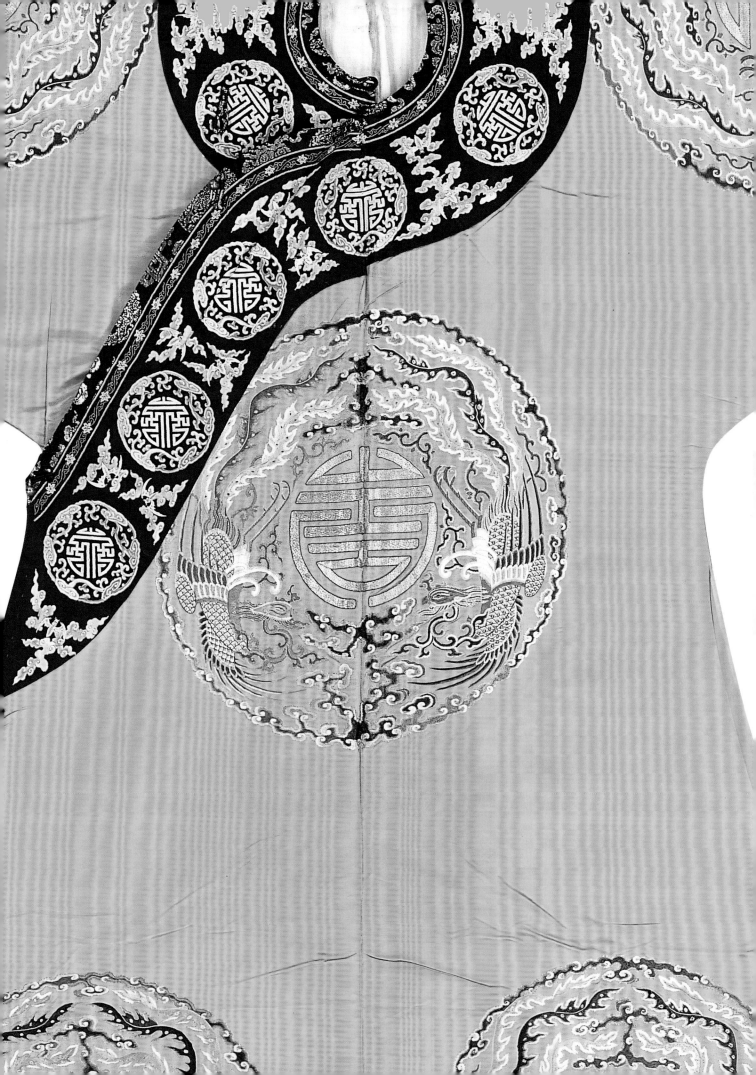

111

綠紗綴繡八團夔龍單袍

清道光

身長 145 厘米　兩袖通長 174 厘米

下幅寬 126 厘米

清宮舊藏

Unlined robe of green gauze embroidered with eight medallions of Kui-dragons

Daoguang period, Qing Dynasty

Length of robe: 145cm　Overall width, cuff to cuff: 174cm

Width of hemline: 126cm

Qing Court collection

綠色暗團龍實地紗面，二色平金及藍色花卉織金緞邊。石青紗繡彩雲金龍領袖邊，石青色暗團龍實地紗接袖，月白色纏枝花卉暗花紗袖襯。袍面採取二至四色暈法，運用平繡、綴繡、正戧針、打籽針、平金繡、釘綫等工藝繡製八團二爪夔龍及海水江崖紋。

此袍為皇孫福晉、皇曾孫福晉、皇元孫福晉等的吉服。黃條墨書："道光二年十二月十四日收　敬事房呈覽　綠紗綴繡八團夔龍有水單袍一件"。

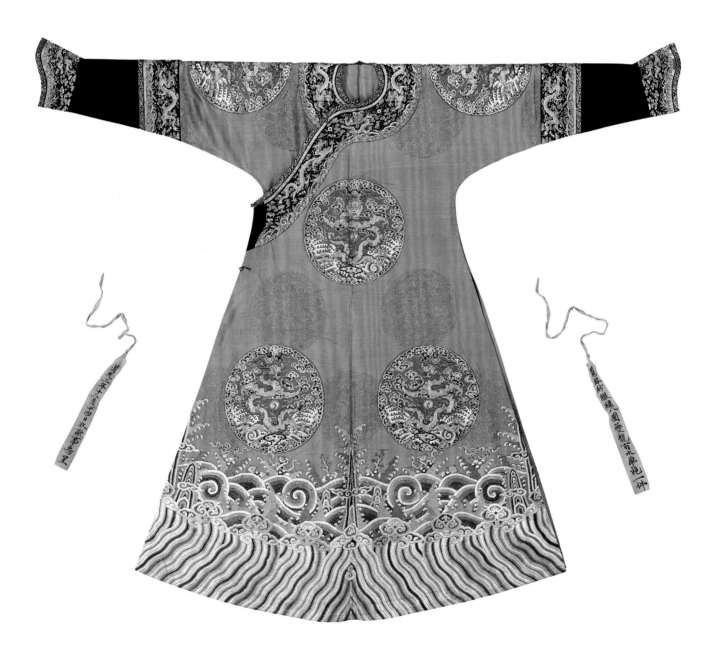

112

鵝黃紗雙面繡卍字地彩雲藍龍單蟒袍
清咸豐
身長 147 厘米　兩袖通長 173 厘米
下幅寬 126 厘米
清宮舊藏

Unlined python-design robe of light yellow gauze embroidered
on two sides with colored clouds and blue dragons over a ground
with swastika pattern
Xianfeng period, Qing Dynasty
Length of robe: 147cm　Overall width, cuff to cuff: 173cm
Width of hemline: 126cm
Qing Court collection

鵝黃色紗面，領袖邊飾石青花卉織金緞及二色平金邊。袍面
採取二至五色暈法，運用平針、套針、釘綫、平金等工藝
正反兩面繡製卍字地彩雲藍龍及十二章中的六章（日、月、
黼、黻、華蟲、宗彝）等紋樣，局部用筆暈染。

此袍繡工細緻，針跡整齊，暈色大膽協調，主體紋樣突出。
其面料織造工藝水平很高，很可能是利用了乾隆年間的庫
存。黃條墨書："咸豐三年正月二十日收　布呼交　鵝黃紗
繡五彩龍單蟒袍一件"。

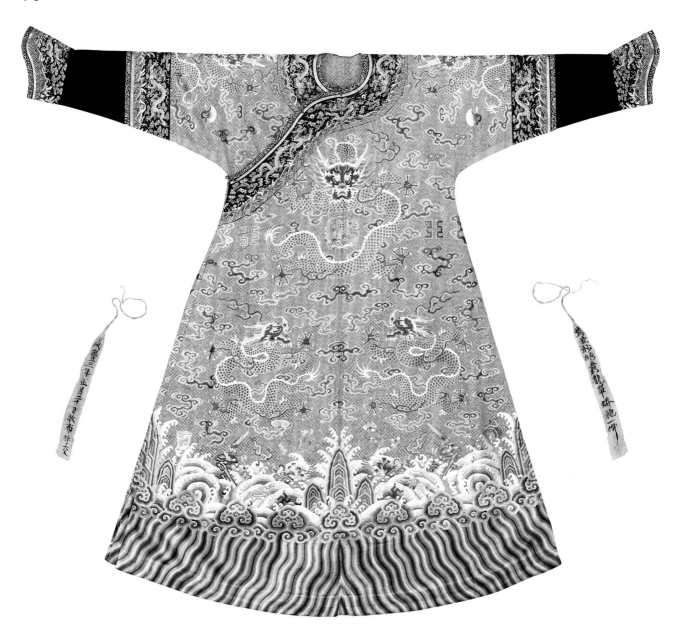

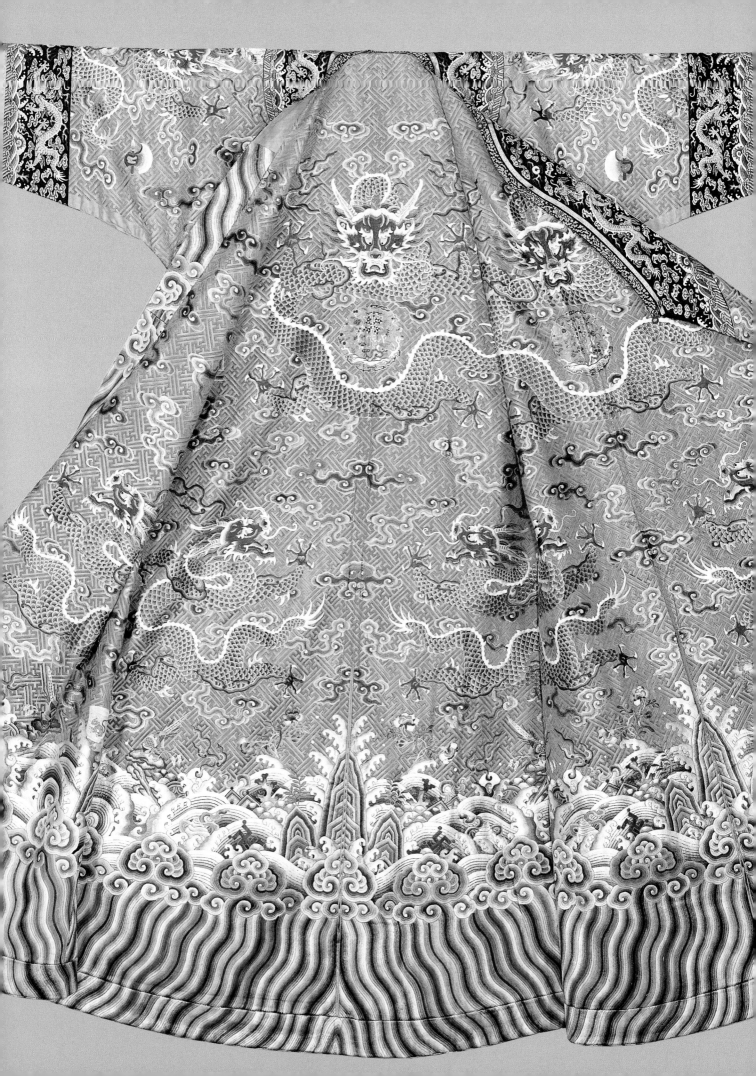

113

鵝黃緞織彩雲金龍綿蟒袍

清咸豐

身長 141 厘米　兩袖通長 169 厘米

下幅寬 122 厘米

清宮舊藏

Silk floss-padded python-design robe of light yellow satin woven with colored clouds and gold dragons

Xianfeng period, Qing Dynasty

Length of robe: 141cm　Overall width, cuff to cuff: 169cm

Width of hemline: 122cm

Qing Court collection

鵝黃色緞面，湖色素紡綢裏，絮薄綿。石青素緞接袖，領、袖端飾石青片金緣。袍面在卍字曲水紋地上用五彩絲線及赤圓金綫織龍紋九條，上身為正龍四條，下幅為行龍五條，間飾八寶、流雲、紅蝠、卍字飄帶和海水江崖紋。

此袍面料的織造工藝非常複雜，應是乾隆年間生產，成衣在咸豐年間。黃條墨書："咸豐三年正月二十日收　布呼交鵝黃緞織五彩棉蟒袍一件"。

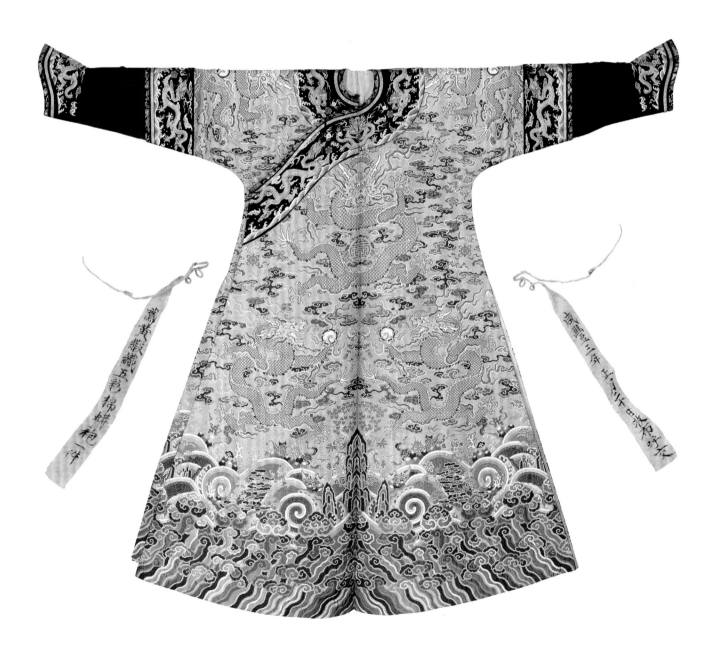

114

明黃緞緝珠繡龍紋雙喜夾龍袍

清晚期

身長 138 厘米　兩袖通長 195 厘米

下幅寬 116 厘米

清宮舊藏

Lined imperial robe of bright yellow satin embroidered with
dragon design and characters of "Shuang Xi" (double happiness)
of beads

Late Qing Dynasty

Length of robe: 138cm　Overall width, cuff to cuff: 195cm

Width of hemline: 116cm

Qing Court collection

明黃色素緞面，品月色暗團龍雲紋織金壽字緞裏。袍身以平
金繡卍字曲水紋，上繡十二章紋和龍紋九條。間飾雲紋、圓
壽字、雙喜字、紅蝠和八寶紋等紋飾，寓意吉祥。

此袍是皇后所穿吉服。其龍紋、紅圓壽字、紅雙喜紋和八寶
紋等用白色米珠、紅珊瑚和藍、綠、紫、黃等各色料珠繡
製，十二章紋和雲紋則以三藍工藝繡製。三藍繡就是以深淺
不同的三種藍色絲綫按一定規律運針，形成獨特暈色效果的
刺繡工藝。

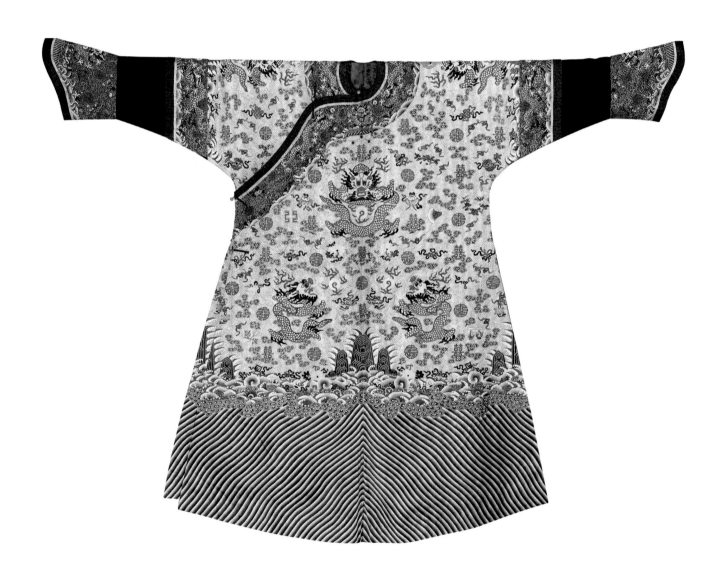

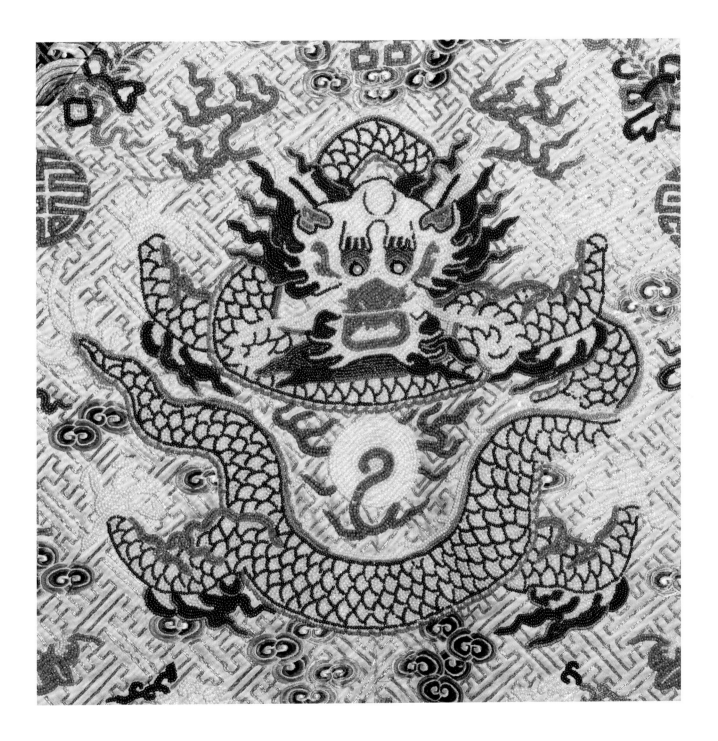

金黃緞織暗雲龍紋金壽字綿袍

清
身長 64 厘米　兩袖通長 91 厘米
卜幅寬 60 厘米
清宮舊藏

**Silk floss-padded robe of golden yellow satin woven with gold
characters "Shou" (longevity) over a ground with veiled design of
clouds and dragons**
Qing Dynasty
Length of robe: 64cm　Overall width, cuff to cuff: 91cm
Width of hemline: 60cm
Qing Court collection

金黃色暗團龍四合如意雲紋緞面，月白色綢襯裏。石青色織團龍朵花雲紋妝花緞鑲領襈、馬蹄袖和袖身相接處。袍面暗團龍中心為圓形金壽字，形成二龍捧壽紋，而四合如意雲則沿用明代風格，雲頭勻正。

清代規定，黃色是最高等級的用色，金黃色女龍袍為貴妃、妃所用，這件金黃色小綿袍，應為小公主所用。

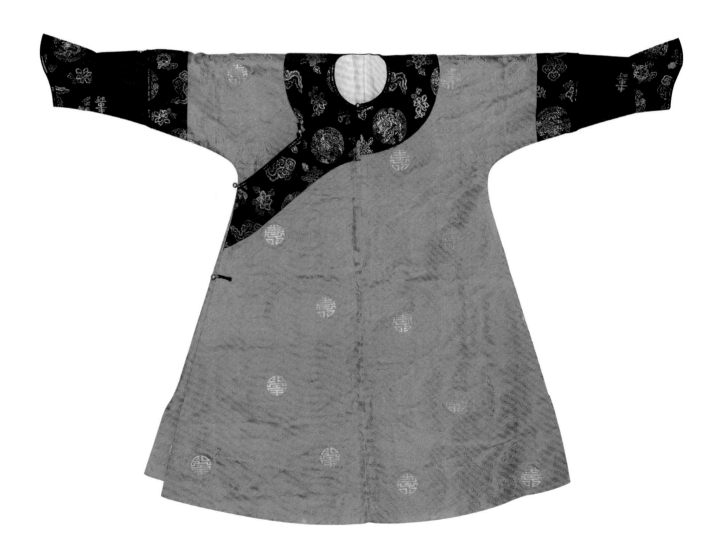

116

石青色二龍戲珠暗花緞夾褂

清乾隆
身長 146 厘米　兩袖通長 176 厘米
下幅寬 132 厘米
清宮舊藏

Lined ordinary jacket of azurite blue satin with veiled design of two dragons sporting with a pearl
Qianlong period, Qing Dynasty
Length of jacket: 146cm
Overall width, cuff to cuff: 176cm
Width of hemline: 132cm
Qing Court collection

圓領，對襟，平袖，裾後開。五枚石青色緞面，月白色纏枝花卉暗花紋綾裏。褂面飾暗團龍、折枝花卉及雲紋。

此褂提花清晰，微凸的團龍顯示出織造工藝的精細及皇家服飾的端莊凝重。以綾為裏襯，柔軟細滑，穿着舒適。黃條墨書：“乾隆五十年四月初四日收　敬事房呈覽　石青緞夾褂一件”。

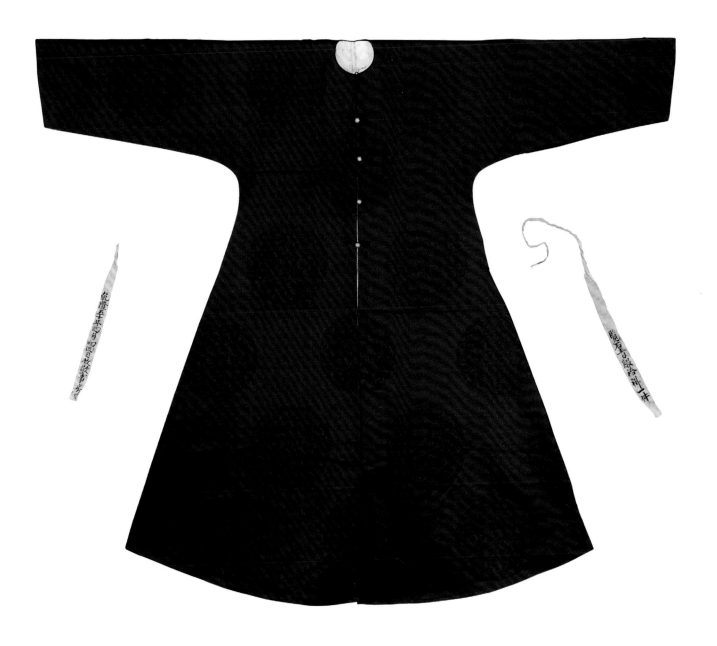

117

古銅緞織金百蝶紋綿袍
清乾隆
身長 145 厘米　兩袖通長 190 厘米
下幅寬 168 厘米
清宮舊藏

Silk floss-padded robe of bronze-colored satin woven with hundred gold butterflies
Qianlong period, Qing Dynasty
Length of robe: 145cm　Overall width, cuff to cuff: 190cm
Width of hemline: 168cm
Qing Court collection

圓領，大襟右衽，馬蹄袖，左右開裾。香色緞面，湖色素紡絲綢裏，薄施絲綿。領襟以石青色素緞鑲邊。袍面採取二色金裝飾法織百蝶圖，通過赤、淡圓金綫不同的色澤，使得蝶身與翅膀的二色金交互換色，呈現出飄逸的效果。

此袍捻金勻細，金質亮澤，為清乾隆時期江寧織造局的織金緞常服佳品。黃條墨書："乾隆十五年八月初五日收　三合呈覽　古銅緞二色金女棉袍一件"。

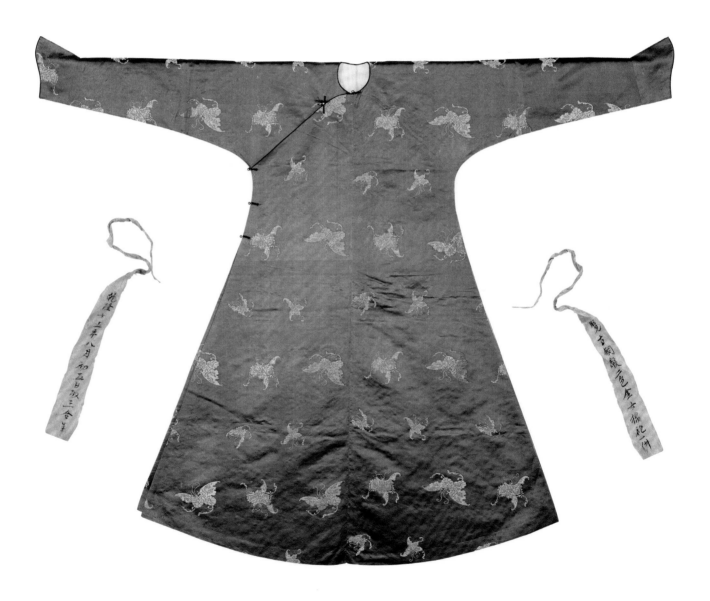

醬色萬字菊紋漳緞夾袍
清嘉慶
身長 148 厘米　兩袖通長 180 厘米
下幅寬 127 厘米
清宮舊藏

Lined robe of dark reddish brown Zhangzhou satin with patterns of swastika and chrysanthemum

Jiaqing period, Qing Dynasty
Length of robe: 148cm　Overall width, cuff to cuff: 180cm
Width of hemline: 127cm
Qing Court collection

圓領，馬蹄袖，大襟右衽，左右開裾。棗紅色漳緞面織卍字曲水菊花紋，月白色纏枝暗花綾裏。

此袍為后妃日常穿用的常服袍，紋飾雅潔、簡單。黃條墨書：“嘉慶十二年二月初六日收　醬色漳絨夾袍一件”。黃條所記質地有誤。

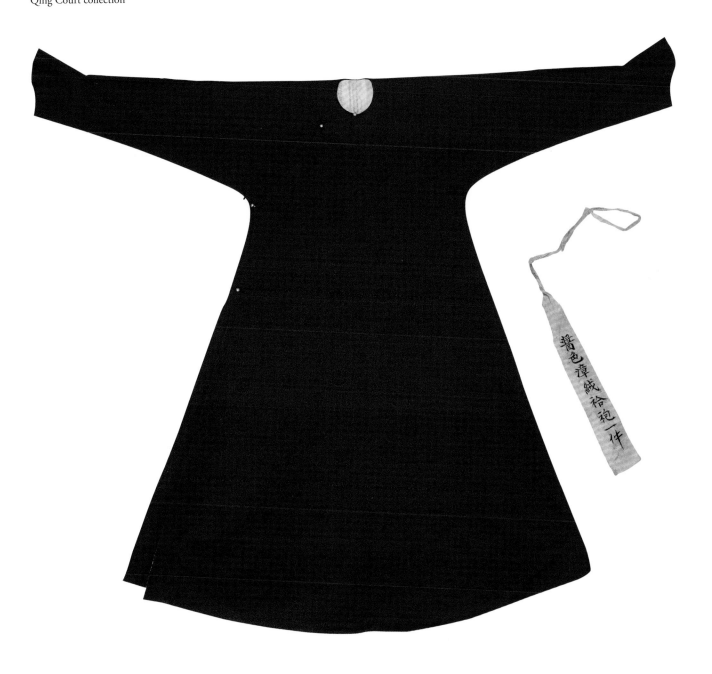

119

月白紗納花卉單氅衣
清同治
身長 138 厘米　兩袖通長 181 厘米
下幅寬 116 厘米
清宮舊藏

Unlined overcoat of bluish white petit-point gauze with floral design
Tongzhi period, Qing Dynasty
Length of overcoat: 138cm
Overall width, cuff to cuff: 181cm
Width of hemline: 116cm
Qing Court collection

圓領，大襟右衽，短平袖，裾左右開至腋下，並飾如意雲頭。通身飾石青紗繡皮球花邊及窄緃邊兩道。月白色直經紗面，納紗繡牡丹、菊花、梅花、海棠等四季花卉 20 餘種，間飾彩蝶和小折枝花。

此衣圖紋佈局疏朗，設色柔和雅致，針法規矩整齊，針腳細密，紗孔通透，平薄柔軟，穿着舒適。黃條墨書：＂同治二年五月十七日收　沈魁交　月白直紗繡花卉單氅衣一件＂。

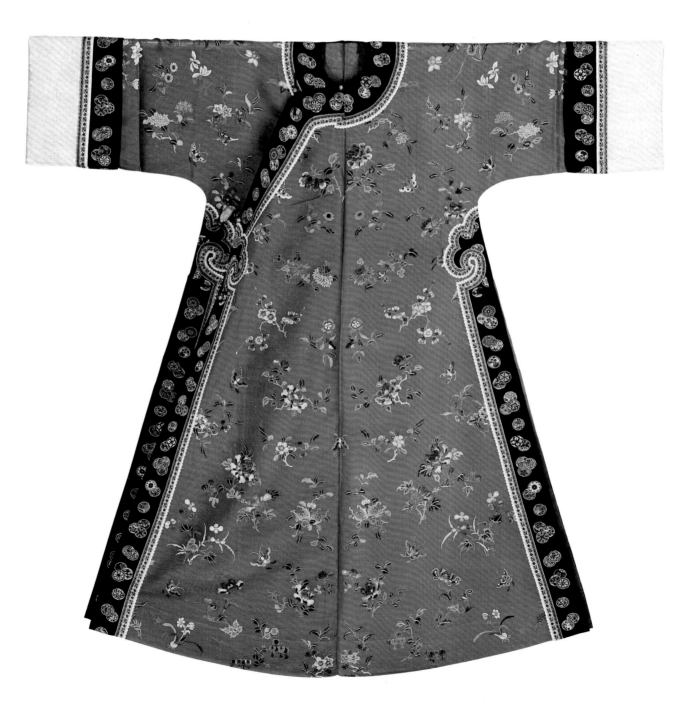

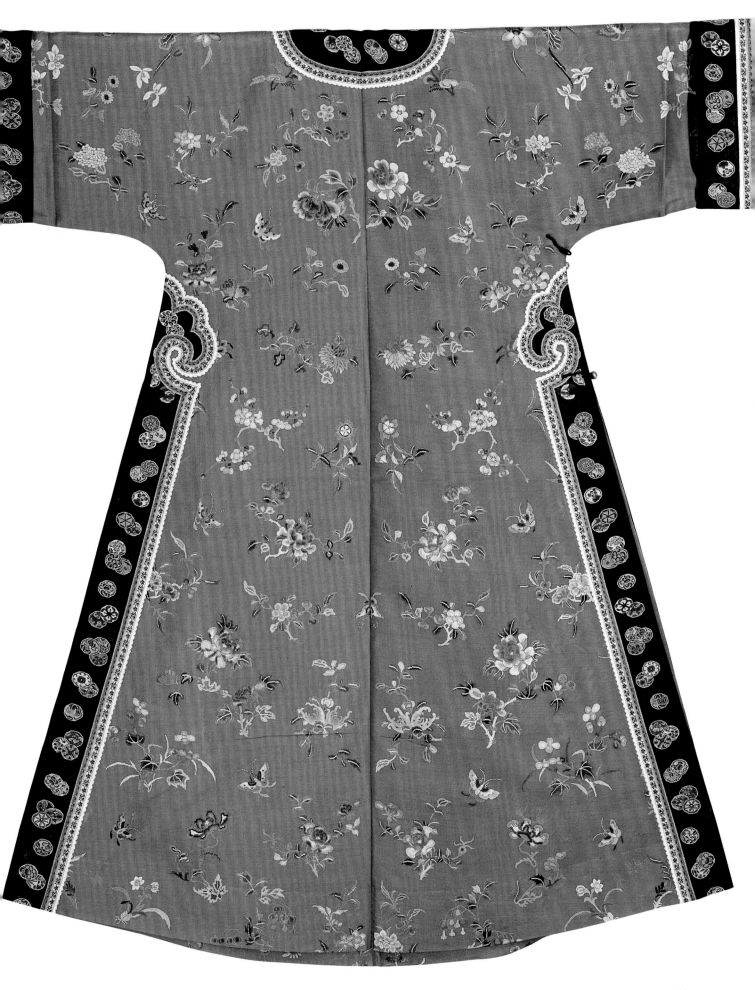

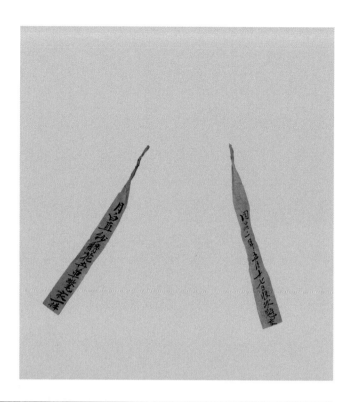

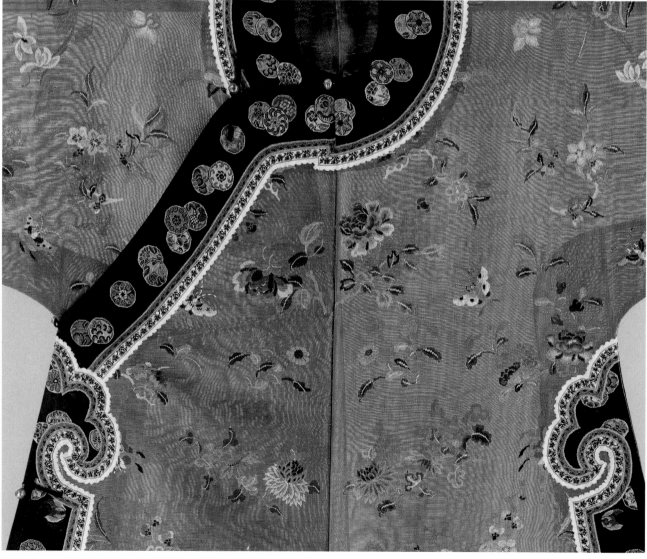

120

大紅緞繡花卉夾氅衣

清同治
身長 136 厘米　兩袖通長 172 厘米
下幅寬 109 厘米
清宮舊藏

Lined overcoat of bright red satin embroidered with floral design
Tongzhi period, Qing Dynasty
Length of overcoat: 136cm
Overall width, cuff to cuff: 172cm
Width of hemline: 109cm
Qing Court collection

大紅色素緞面，明黃色富貴長壽暗花綾裏。胸前、背後飾變形蝴蝶喜相逢和牡丹、西番蓮、百合等紋，寓意"富貴喜慶"、"百年好合"。間繡四季花卉 10 餘種。

此袍針法簡潔但缺乏變化，繡綫略粗且絲理稍顯稀疏，針腳平齊，具有清晚期刺繡工藝的特點。黃條墨書："同治二年五月十七日收　沈魁交　大紅緞繡花卉夾氅衣一件"。

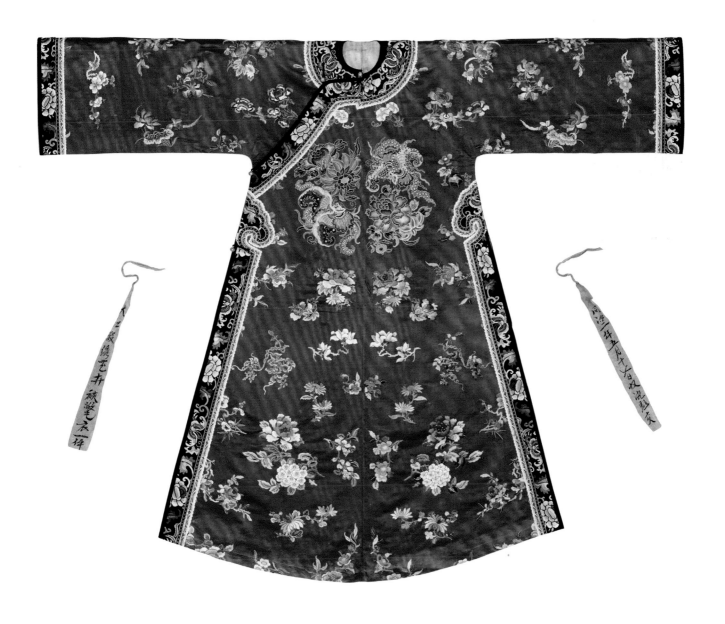

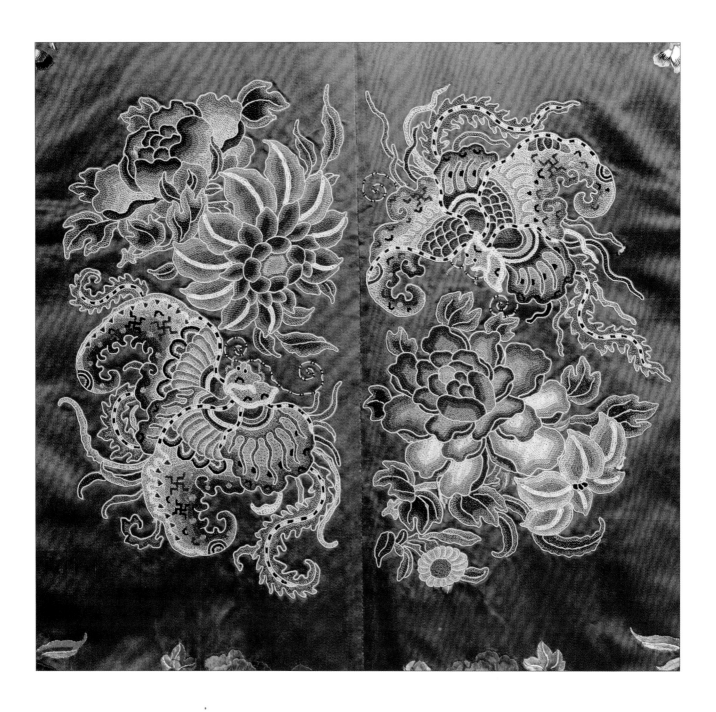

明黃緞繡蘭桂齊芳夾氅衣
清晚期
身長 104 厘米　兩袖通長 114 厘米
下幅寬 114 厘米
清宮舊藏

Lined overcoat of bright yellow satin embroidered with patterns
of magnolia and sweet-scented osmanthus
Late Qing Dynasty
Length of overcoat: 104cm
Overall width, cuff to cuff: 114cm
Qing Court collection

明黃色緞面，粉色蝴蝶紋直經紗裏。石青色緞繡玉蘭桂花領
袖邊及石青卍字織金緞邊，香色二龍戲珠紋絲織花緣。通體
採取二至四色暈法，運用套針、平針、釘綫、平金等針法彩
繡桂花和紫玉蘭紋，組合為“蘭桂齊芳”圖，寓“子孫昌盛”
之意。

此衣構圖生動寫實，設色雍容華貴，繡工精巧細緻，是清晚
期的刺繡佳作。

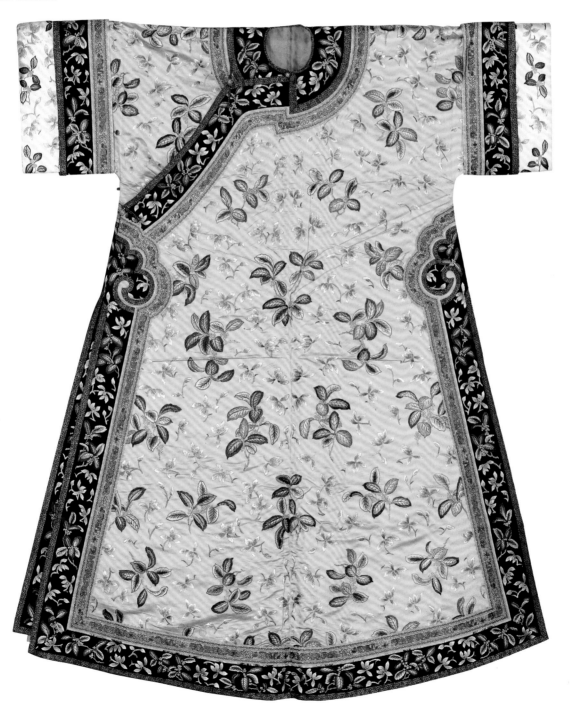

明黃紗繡竹枝紋單氅衣

清晚期

身長 140 厘米　兩袖通長 112 厘米

下幅寬 116 厘米

清宮舊藏

Unlined overcoat of bright yellow gauze embroidered with bamboo patterns

Late Qing Dynasty

Length of overcoat: 140cm

Overall width, cuff to cuff: 112cm

Width of hemline: 116cm

Qing Court collection

明黃色實地紗面，周身加石青色繡竹實地紗和兩道縧帶做邊飾。通體繡竹枝紋，竹為"四君子"之一，被古人視為高潔的象徵，同時，由於竹子成長快，也被用來比喻子孫眾多。

此衣圖紋以正戧針、釘綫、斜纏針等針法繡製，繡工勻細。綠竹與明黃色地形成反差，對比鮮明。

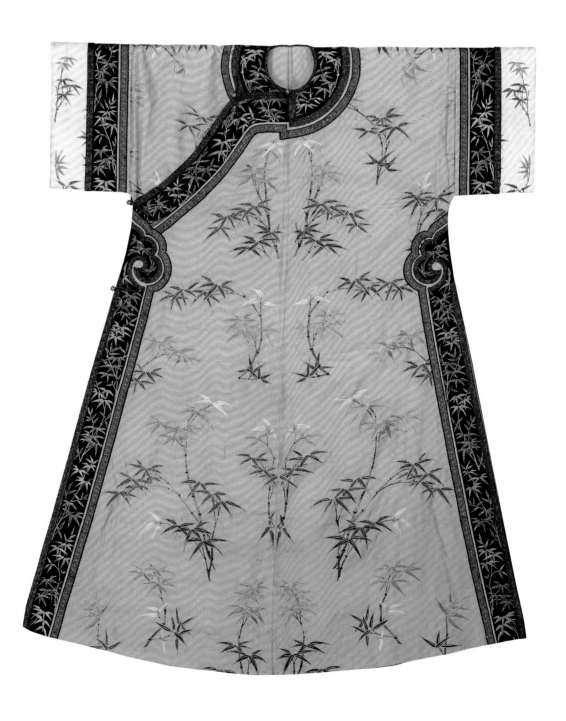

123

月白緞織彩百花飛蝶夾襯衣
清乾隆
身長 140 厘米　兩袖通長 172 厘米
下幅寬 124 厘米
清宮舊藏

Lined underclothes of bluish white satin with design of various
flowers and flying butterflies woven with colorful threads
Qianlong period, Qing Dynasty
Length of underclothes: 140cm
Overall width, cuff to cuff: 172cm
Width of hemline: 124cm
Qing Court collection

圓領，大襟右衽，平袖，無開裾。月白色妝花緞面，黃色纏
枝暗花綾裏。全身以紅、綠、香、黃、絳、湖藍、深灰、淺
黑、淡白等 10 餘色絲綫織花卉草蟲紋。花卉有牡丹、蓮花、
海棠、秋海棠、梅花、石榴花、水仙、桃花、繡球花、蘭花
等，草蟲有螳螂、蟈蟈、蜻蜓和蝴蝶。圖紋生動寫實，十分
精美。

黃條墨書：“乾隆四十三年十一月二十八日收　月白緞百花
妝夾襯衣一件”。

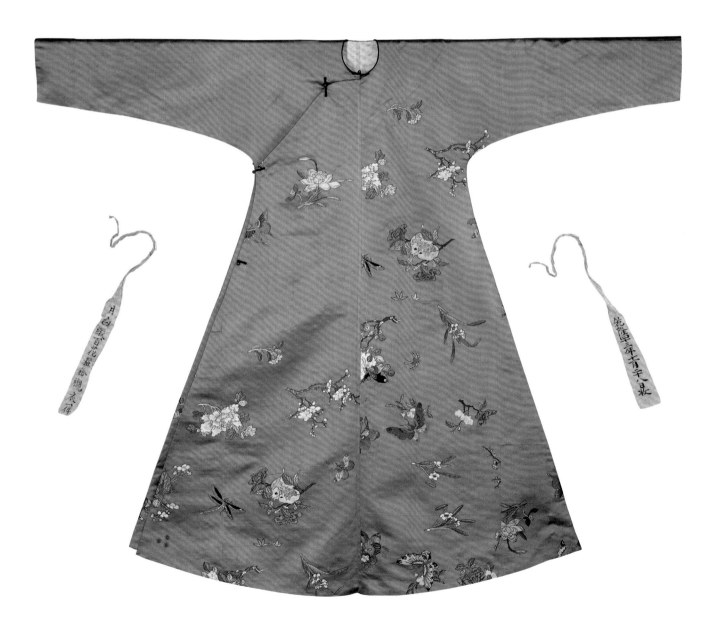

124

紫色緞繡折枝花卉夾襯衣
清道光
身長 135 厘米　兩袖通長 175 厘米
下幅寬 121 厘米
清宮舊藏

Lined underclothes of purple satin embroidered with disconnected
sprays of flowers
Daoguang period, Qing Dynasty
Length of underclothes: 135cm
Overall width, cuff to cuff: 175cm
Width of hemline: 121cm
Qing Court collection

圓領，大襟右衽，平袖，左右開裾。領袖邊飾石青織金緞緣、黃色朵花窄縧、平金窄縧。紫色素緞面，月白色富貴福壽暗花綾裏。全身繡四季花卉 20 餘種，間繡翠鳥、仙鶴、百靈、蜻蜓、蝴蝶等飛禽草蟲。

此衣圖紋寫實，採用了纏針、套針、搶針等 10 餘種針法，針腳平齊且富於變幻。黃條墨書："道光八年十月十九日收敬事房呈覽　紫緞繡花卉夾襯衣一件"。

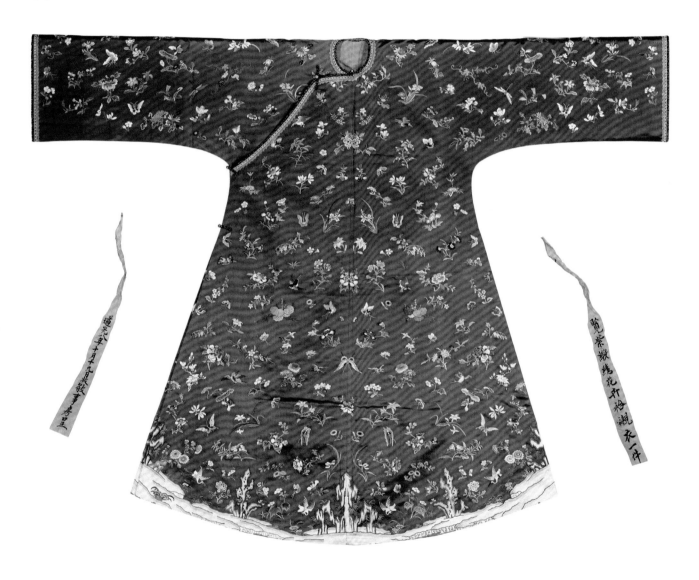

125

月白色團荷花暗花綢夾襯衣

清道光
身長 138 厘米　兩袖通長 180 厘米
下幅寬 117 厘米
清宮舊藏

Lined underclothes of bluish white silk with veiled design of lotus medallions

Daoguang period, Qing Dynasty
Length of underclothes: 138cm
Overall width, cuff to cuff: 180cm
Width of hemline: 117cm
Qing Court collection

圓領，大襟右衽，平袖，無開裾。月白色綢面，粉紅色素綢襯裏，白色四季花紋暗花綢袖襯。通體飾暗團荷花紋。

此衣織工極其精細，利用緯綫浮長顯花的特點，使團花清晰，生動寫實。黃條墨書："道光十三年七月初三日收（殘）月白綢夾襯衣一件（殘）"。

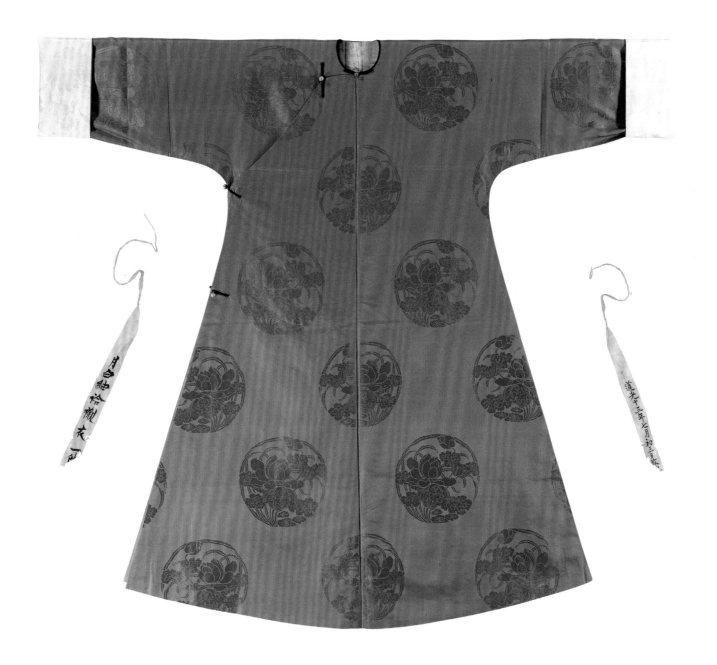

126

杏黃皮球花暗花綢夾襯衣
清同治
身長139厘米　兩袖通長182厘米
下幅寬115厘米
清宮舊藏

Lined underclothes of apricot silk with veiled design of floral medallions
Tongzhi period, Qing Dynasty
Length of underclothes: 139cm
Overall width, cuff to cuff: 182cm
Width of hemline: 115cm
Qing Court collection

杏黃色綢面，月白色牡丹暗花綾襯裏。領襟用花縧帶和黑緞鑲邊，白色素綢袖襯。通身織暗團花紋，團花以牡丹等四季花卉為主組成。織工精細，圖紋簡潔大方。

襯衣本應穿在外衣裏面，後逐漸演變為與氅衣類似，可做為外衣來穿。黃條墨書："同治二年五月十七日收　沈魁交杏黃綢夾襯衣一件"。

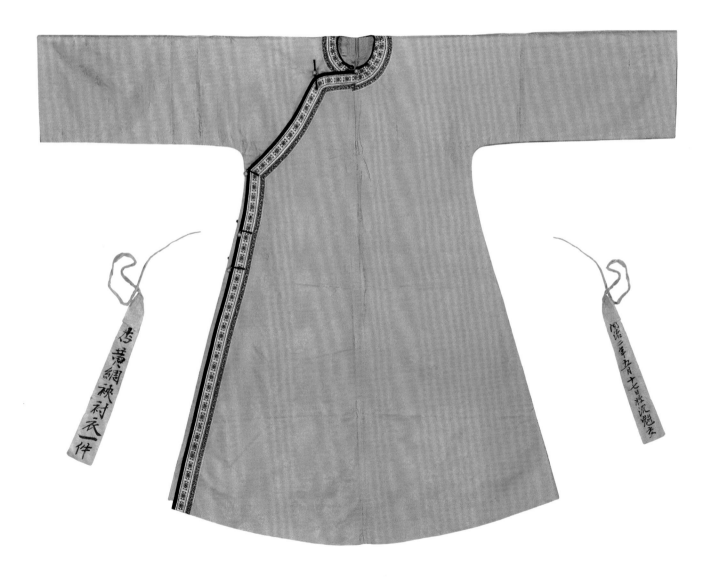

127

綠紗繡折枝梅金團壽單襯衣
清晚期
身長 133 厘米　兩袖通長 171 厘米
下幅寬 106 厘米
清宮舊藏

Unlined underclothes of green gauze embroidered with
disconnected plum sprays and medallions of gold character "Shou"
(longevity)
Late Qing Dynasty
Length of underclothes: 133cm
Overall width, cuff to cuff: 171cm
Width of hemline: 106cm
Qing Court collection

綠色芝麻紗地，紗孔均勻通透，上彩繡折枝梅花紋，平金繡
團壽字，針法傳統簡潔，針腳平齊細密。

此衣最大特色是多重領袖邊，領襟邊為三道：石青卍字曲水
紋織金緣、石青綢繡金團壽折枝梅寬邊、黃色藍蝶縧邊。袖
端為四道：石青納紗朵花寬邊飾明黃"鶴鹿同春"朵花縧、
月白色素直經紗寬邊、石青綢繡折枝梅平金團壽鑲卍字曲水
紋織金緞緣、石青緞平金繡"蓮鶴雙喜"紋鑲素石青綢緣，
內側接雪青緞繡朵花袖。如此多重繁複領袖邊的襯衣，是清
晚期后妃便服的鮮明特點。

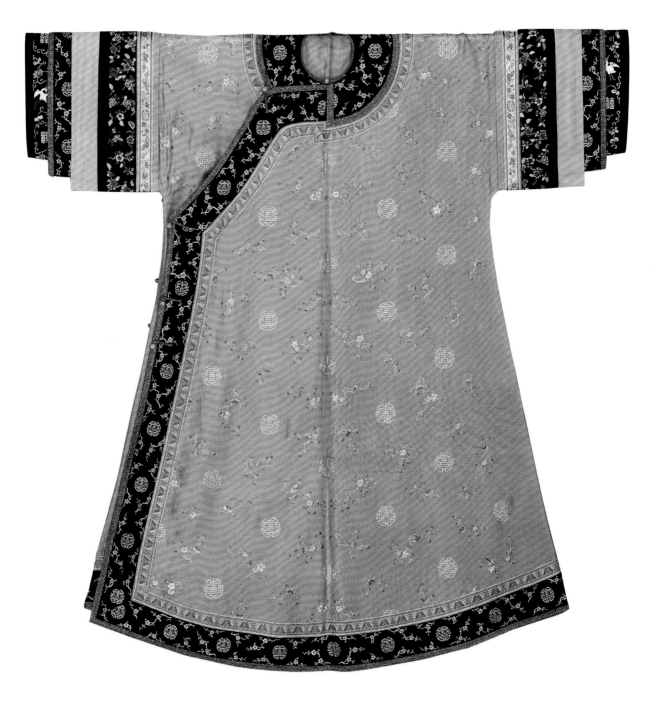

128

石青緞平金繡雲鶴夾褂襴
清道光
身長 132 厘米　肩寬 33 厘米
下幅寬 119 厘米
清宮舊藏

Lined sleeveless long vest of azurite blue satin embroidered with cloud and crane design done with gold threads

Daoguang period, Qing Dynasty
Length of vest: 132cm
Width of shoulder: 33cm
Width of hemline: 119cm
Qing Court collection

圓領，對襟，無袖，左右及後開裾，左右開裾至腋下並飾垂帶各二。石青緞面，月白色纏枝花卉紋暗花綾裏。石青花卉織金緞緣，月白絲加金綫花邊。褂面採取二色暈裝飾法，運用平金、緝綫、釘綫、平繡等針法繡製雲鶴紋六組。

褂襴是后妃日常穿在袍衫外面的便服。此件設計打破了傳統刺繡的暈色方法，大膽地使用混色綫和孔雀羽對仙鶴進行裝飾，前胸的鶴紋還借鑒了陶瓷等器物上常用的"過枝"式樣，這在清代后妃服飾中十分罕見，因此更顯珍貴。黃條墨書："道光八年十月十九日收　敬事房呈覽　石青緞片金邊繡鶴夾褂拉一件"。

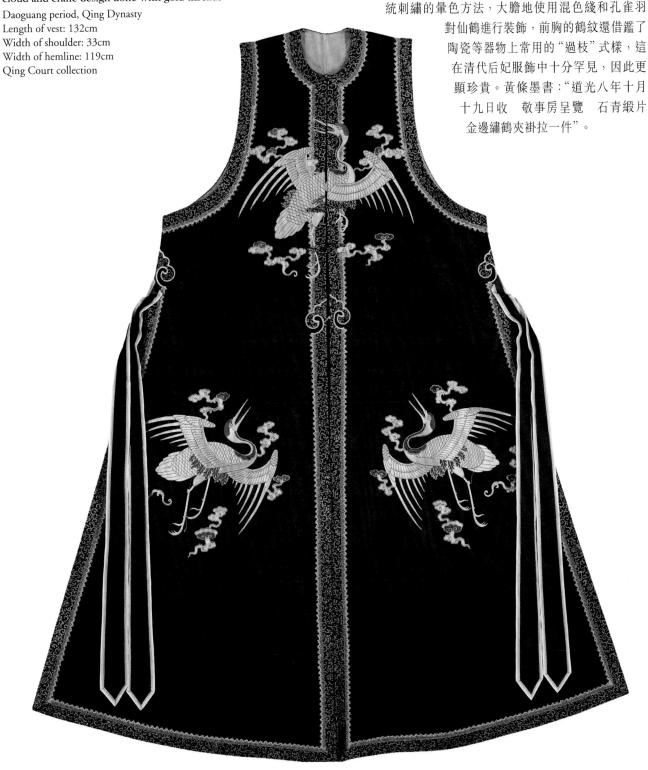

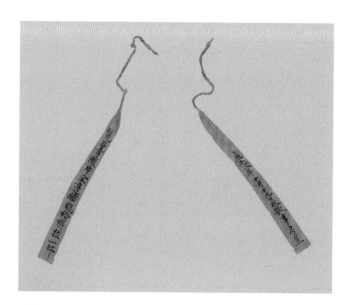

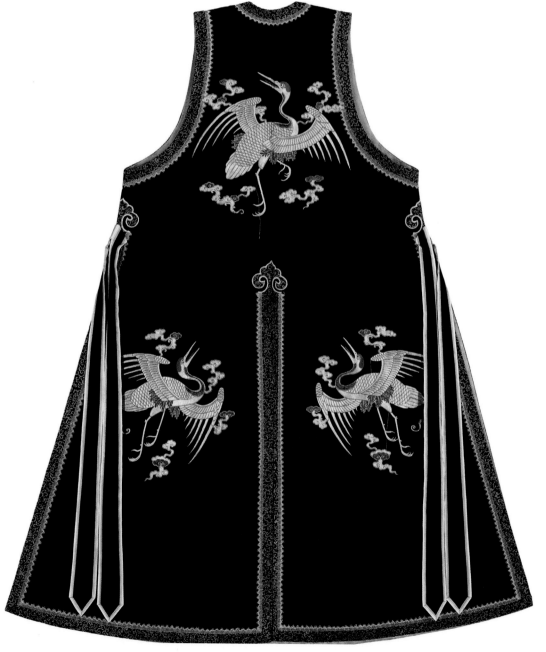

石青緞繡三藍花蝶夾褂襴
清同治
身長 141 厘米　肩寬 40 厘米
下幅寬 108 厘米
清宮舊藏

Lined sleeveless long vest of azurite blue satin embroidered with
butterflies and blue flowers
Tongzhi period, Qing Dynasty
Length of vest: 141cm
Width of shoulder: 40cm
Width of hemline: 108cm
Qing Court collection

石青色緞面，明黃色牡丹菊花紋暗花綾裏。左右開裾至腋下。領襟飾鹿鳥紋和藍色小花緣各一，石青色素緞邊。褂面採取二至三色暈裝飾法，運用平針、纏針、套針等技法繡製蝴蝶、蘭花和折枝梅花紋。

此褂襴設色素潔淡雅，繡工精巧細膩，其用色方法在清晚期后妃服飾中非常流行。黃條墨書："同治二年五月十七日收　沈魁交　石青緞繡花卉夾褂襴一件"。

品月緞繡百蝶團壽字夾褂襴
清晚期
身長 138 厘米　肩寬 17 厘米
下幅寬 118 厘米
清宮舊藏

Lined sleeveless long vest of pale blue satin embroidered with a
hundred butterflies and medallions of character "Shou"(longevity)
Late Qing Dynasty
Length of vest: 138cm
Width of shoulder: 17cm
Width of hemline: 118cm
Qing Court collection

品月色緞面，飾冰梅紋、卍字紋多層滾邊，並飾如意頭，雪
青色織暗寶相花直經紗襯裏。面料上用五彩絲綫繡蝴蝶紋，
用圓金綫平金繡團壽字。蝶與耋諧音，人壽八十歲為"耋"，
圖紋有祝頌長壽之寓意。

此褂襴繡工細膩精緻，蝴蝶翅膀以齊針所形成的弧形反搶針
繡成，加上斜纏針、滾針、釘綫、施毛針法
的運用，使蝴蝶極具動感。

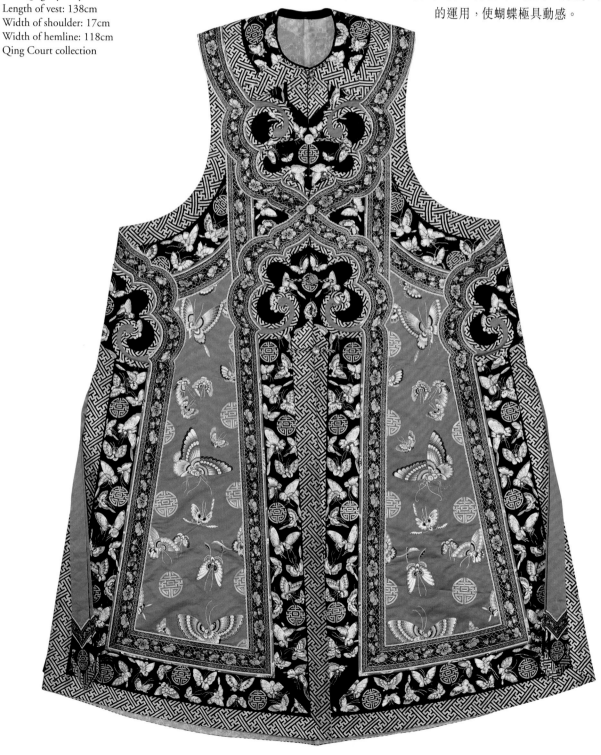

131

湖藍色緙絲海棠夾褂襴
清晚期
身長 139 厘米　肩寬 40 厘米
下幅寬 116 厘米
清宮舊藏

Lined sleeveless long vest of light greenish blue silk tapestry with begonia design
Late Qing Dynasty
Length of vest: 139cm
Width of shoulder: 40cm
Width of hemline: 116cm
Qing Court collection

湖藍色緙絲面，緙織海棠紋，月白色素紡絲綢裏。裏襟垂品月色緙絲梅花紋飄帶二條，左右開裾處各垂藕荷色緙絲蘭花紋飄帶各二條。下幅為百褶式。通身衣緣鑲黑色卍字曲水紋織金緞邊一道。

此褂是清代后妃穿用的便服之一。在褂的兩腋處施加如意雲頭紋，鑲藍色菊花紋和黃色水仙紋等多層縧邊，反映出清晚期女裝的流行風尚。

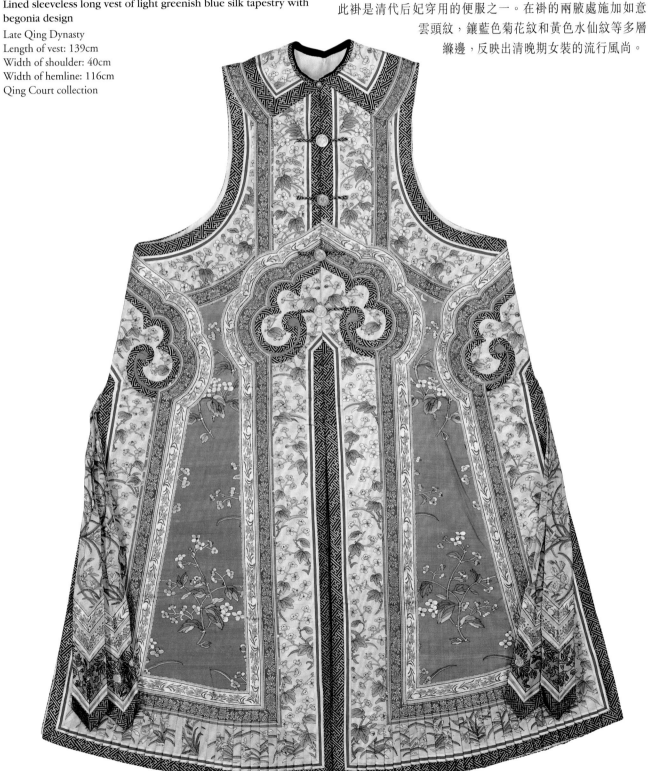

醬色江綢釘綾花蝶夾緊身

清同治
身長72厘米 肩寬36厘米
下幅寬64厘米
清宮舊藏

Lined close-fitting underclothes of dark
reddish brown Jiang silk stitched with
butterfly and flower design made of thin
silk
Tongzhi period, Qing Dynasty
Length of underclothes: 72cm
Width of shoulder: 36cm
Width of hemline: 64cm
Qing Court collcction

圓領，對襟，無袖短身，左右及後開
裾。石青緞繡梅花緞和兩道縧帶鑲衣
邊，並做如意雲頭裝飾。醬色暗團龍
綢面，上繡梨花和蝴蝶紋，明黃色綢
襯裏。

此緊身紋飾以釘綾和刺繡工藝相結
合，用白色綾釘成梨花，再用絲綫以打

籽針法繡花蕊；枝葉則用深淺不同的
綠色綾釘綴成，其上以接針和釘綾繡
葉脈和蝴蝶紋。設計新穎，繡工細膩。
黃條墨書："同治二年五月十七日收
沈魁交 醬色綢花卉夾緊身一件"。

釘綾，是用綾根據花紋圖案剪成所需
的形狀，再將其釘綴在一起組成紋樣。

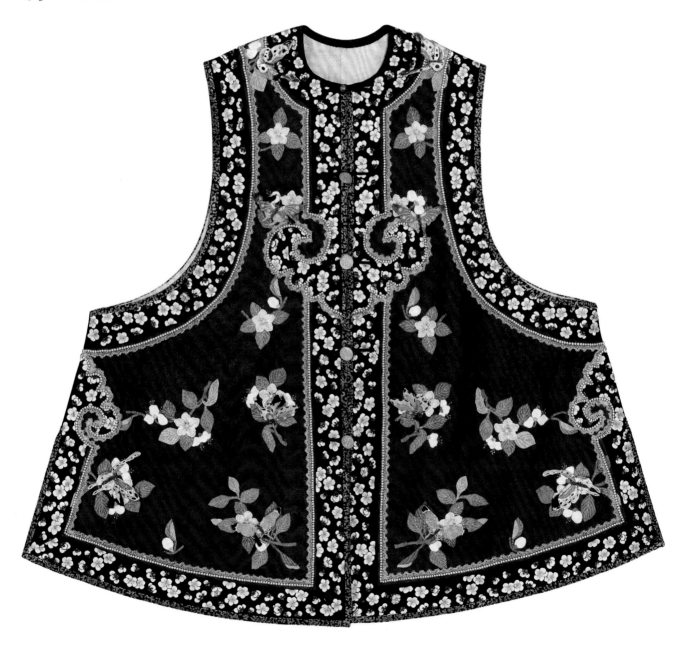

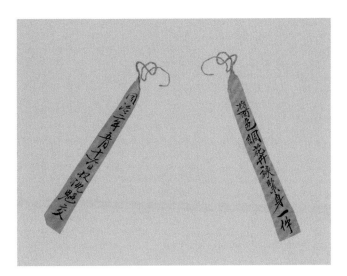

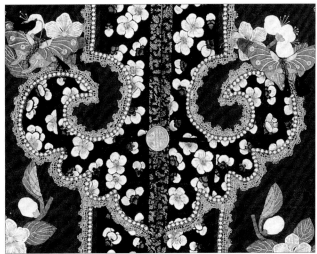

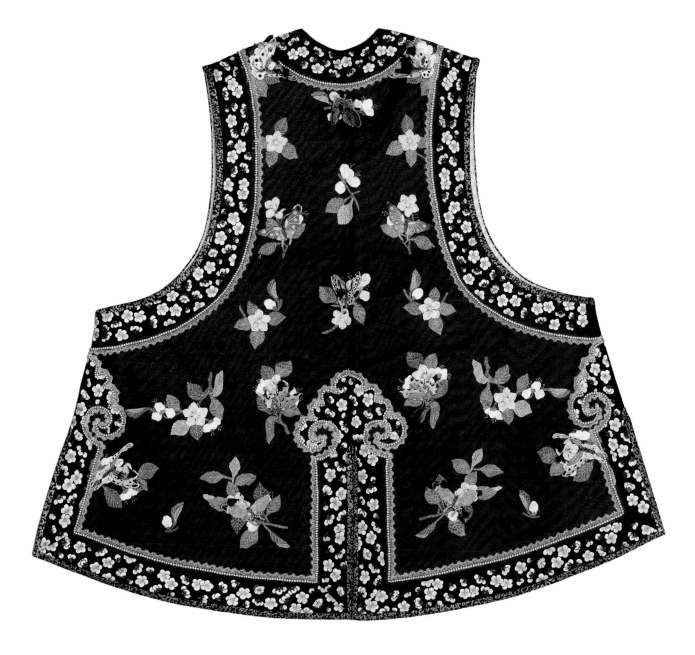

133

湖色緙絲竹石紋夾緊身
清晚期
身長 71 厘米　肩寬 42 厘米
下幅寬 93 厘米
清宮舊藏

Lined close-fitting underclothes of light green silk tapestry with bamboo and rock pattern
Late Qing Dynasty
Length of underclothes: 71cm
Width of shoulder: 42cm
Width of hemline: 93cm
Qing Court collection

立領，無袖，一字襟式短上衣。周身
鑲黑色卍字曲水紋織金緞邊。白色壽
石竹子紋緙絲面，圖紋有"祝壽"之寓
意，藕荷色素紡絲綢裏。

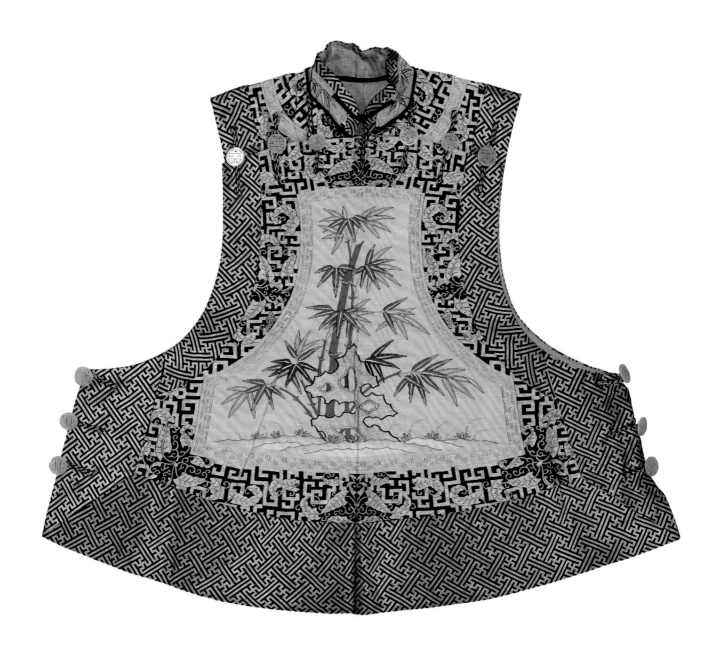

134

綠色緙絲雲鶴紋夾緊身
清晚期
身長 70 厘米　肩寬 40 厘米
下幅寬 80 厘米
清宮舊藏

Lined close-fitting underclothes of green
silk tapestry with cloud and crane design
Late Qing Dynasty
Length of underclothes: 70cm
Width of shoulder: 40cm
Width of hemline: 80cm
Qing Court collection

圓領，對襟。前胸及開裾處飾如意雲
頭五朵，通身鑲青色雲鶴紋緙金寬邊
及朵花緄邊。綠地雲鶴紋緙絲面料，
紅色素紡綢裏。

此緊身工藝以平緙、搭梭為主，簡潔
傳統，緙工講究，配色清雅華麗。

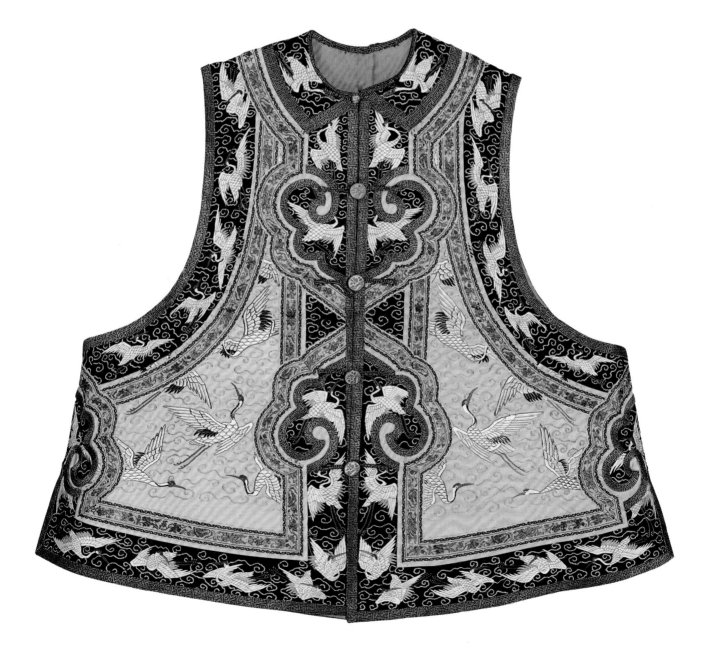

135

藍緞珠繡梔子天竹夾馬褂
清光緒
身長 62 厘米　兩袖通長 136 厘米
下幅寬 70 厘米
清宮舊藏

Lined mandarin coat of blue satin
embroidered with cape jasmine and
nandina of beads design
Guangxu period, Qing Dynasty
Length of coat: 62cm
Overall width, cuff to cuff: 136cm
Width of hemline: 70cm
Qing Court collection

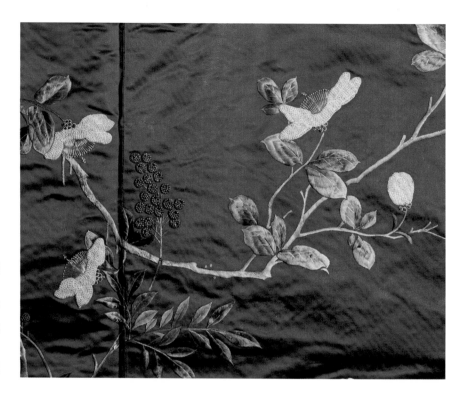

立領，琵琶襟，平袖，四開裾。通身鑲
青色長圓壽字紋織金緞緣。藍色緞面，
湖色素紡綢裏。褂面前胸、後背繡折
枝梔子、天竹花，花朵用珊瑚珠、米
珠串繡而成，花葉用傳統針法繡成，
烘托出珠繡花卉的麗質，整體構圖疏
朗簡潔，配色清麗秀雅。

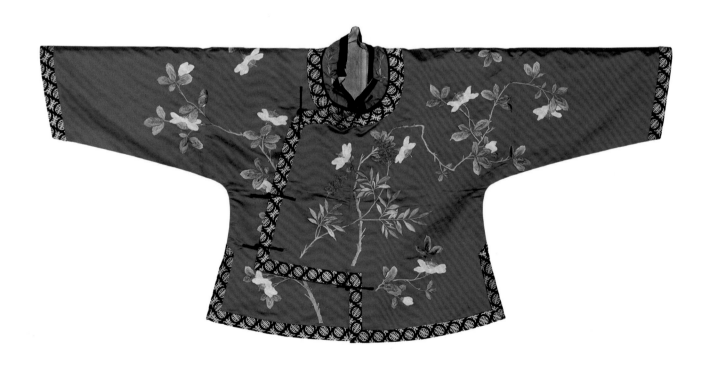

136

湖色緞繡藤蘿夾馬褂
清晚期
身長 60 厘米　兩袖通長 140 厘米
下幅寬 65 厘米
清宮舊藏

**Lined mandarin coat of light green satin
embroidered with Chinese wisteria design**
Late Qing Dynasty
Length of coat: 60cm
Overall width, cuff to cuff: 140cm
Width of hemline: 65cm
Qing Court collection

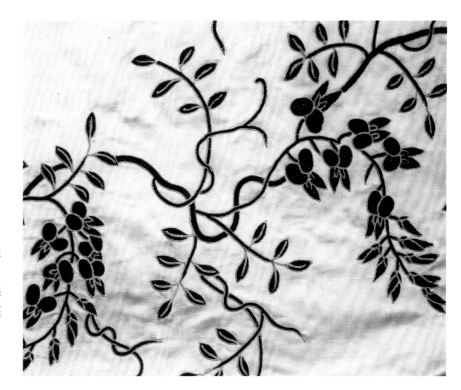

琵琶襟式短褂。領、袖、下幅和襟邊
鑲黑色團壽字織金緞邊。湖色素緞面，
品月色素紡絲綢裏。通身以石青色絲
綫，運用打籽繡和緝綫繡技法繡藤蘿
花紋，具有簡潔素雅的裝飾效果。

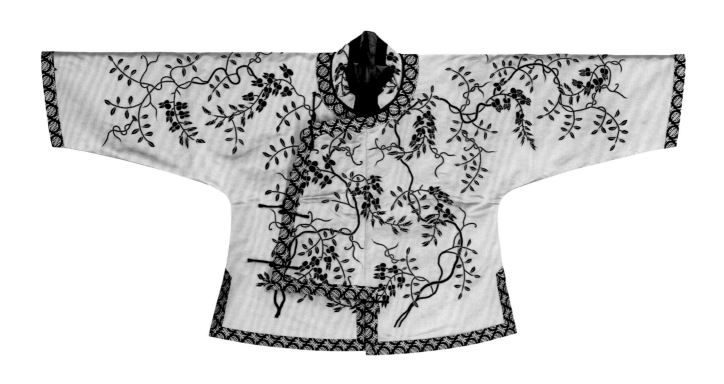

137

藍色漳絨團八寶紋夾馬褂
清晚期
身長 77 厘米　兩袖通長 164 厘米
下幅寬 90 厘米
清宮舊藏

Lined mandarin coat of blue Zhang Zhou
velvet with medallions of eight Buddhist
sacred emblems
Late Qing Dynasty
Length of coat: 77cm
Overall width, cuff to cuff: 164cm
Width of hemline: 90cm
Qing Court collection

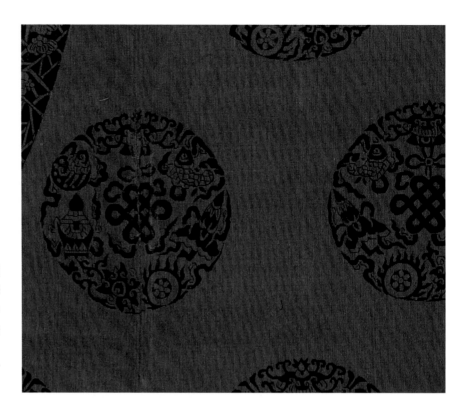

藍色漳絨面，月白色素紡綢裏。領內
側鑲灰鼠皮，衣邊鑲同色同質地冰梅
紋寬邊，素青緞窄緣。褂面團花正中
為盤長，四周圍繞白蓋、魚、傘、法
輪、蓮花、寶瓶和法螺，合為八寶紋，
有"八寶生輝"之吉祥意。花紋清晰有
浮雕感，割絨規矩平齊，絨圈地勻細。

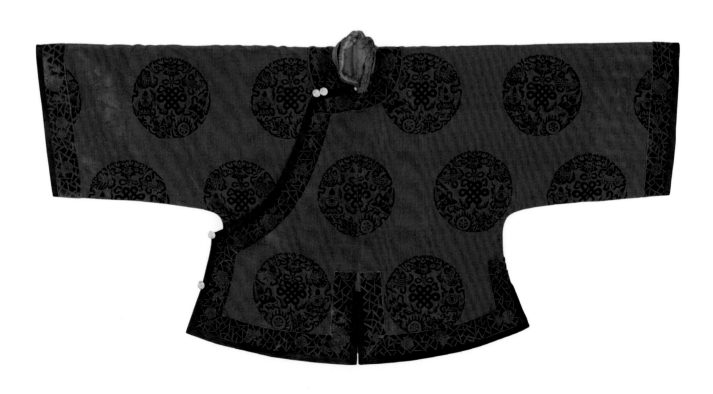

138

銀灰緞織方勝紋裌襖
清晚期
身長 54 厘米　兩袖通長 134 厘米
下幅寬 44 厘米
清宮舊藏

**Lined jacket of silver grey satin woven
with intersecting lozenges design**
Late Qing Dynasty
Length of jacket: 54cm
Overall width, cuff to cuff: 134cm
Width of hemline: 44cm
Qing Court collection

立領，對襟，平袖口，短上衣，左右及
後開裾。銀灰色緞面，平紋綢襯裏。
全身以彩色緯浮綫織方勝紋，並用花
邊鑲飾。

此裌襖的面料是清晚期用近代紡織機
器所織。其服裝特點是袖長過手，是
當時后妃們所喜愛穿的一種便服。

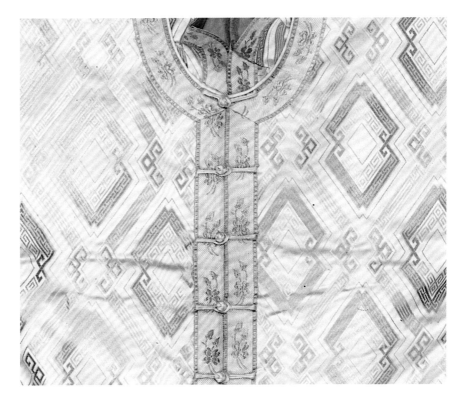

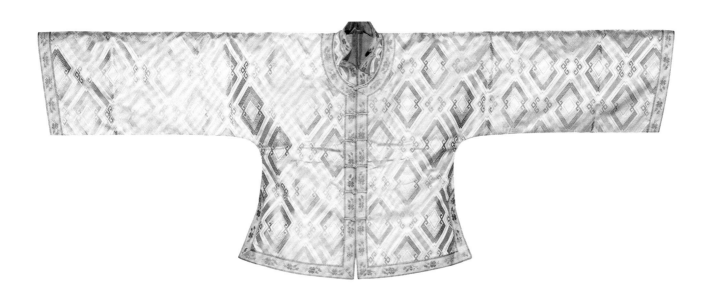

139

明黃綢雙喜皮褂

清
身長 68 厘米　兩袖通長 144 厘米
下幅寬 80 厘米
清宮舊藏

Fur-lined jacket of bright yellow silk with characters of "Shuang Xi" (double happiness)
Qing Dynasty
Length of jacket: 68cm　Overall width, cuff to cuff: 144cm
Width of hemline: 80cm
Qing Court collection

貂皮面，明黃色暗團龍江綢裏，左右及後開裾。通身鑲銀鼠皮和熏貂皮拼接的囍字 46 個。

此褂為大婚時的服用，拼皮工藝精巧細膩，字體工整清晰，皮毛順滑，皮板平整。衣襟、袖端在貂皮與明黃色裏子中間另鑲貂皮出鋒，皮板僅 1.5 毫米寬，細薄如綢，而出鋒毛長約 1 厘米，工藝精妙絕倫。

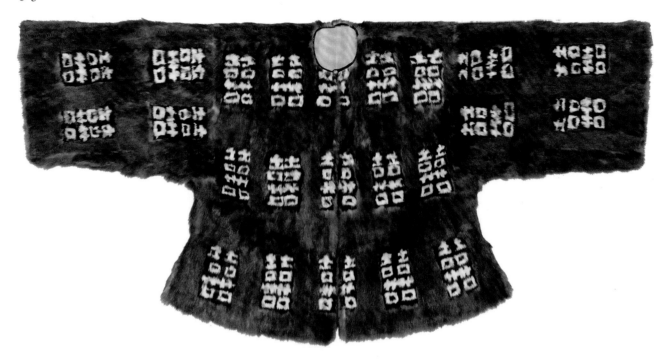

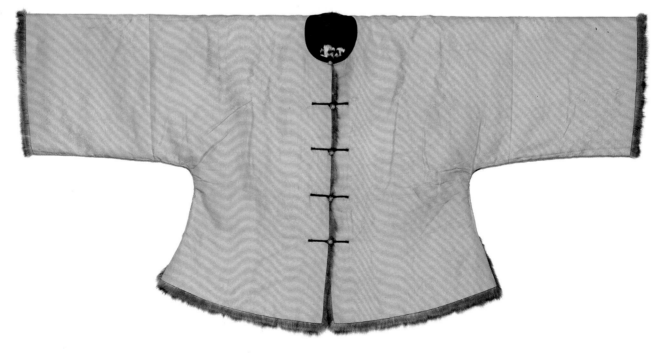

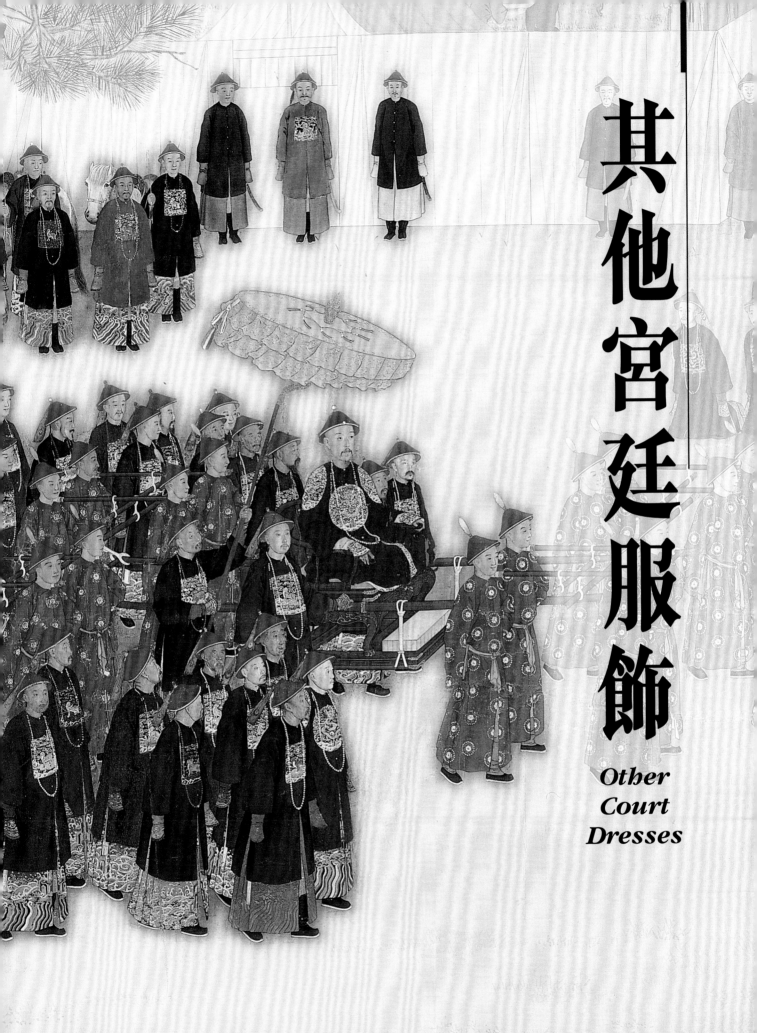

其他宮廷服飾

Other Court Dresses

140

石青紗織雲蟒單朝服

清早期
身長 133 厘米　兩袖通長 211 厘米
下幅寬 141 厘米　披領 86×33 厘米
清宮舊藏

**Unlined court robe of azurite blue gauze
woven with clouds and pythons design**
Kangxi period, Qing Dynasty
Length of robe: 133cm
Overall width, cuff to cuff: 211cm
Width of hemline: 141cm
Shoulder cape: 86×33cm
Qing Court collection

圓領，大襟右衽，馬蹄袖，附披領。下裳為襞積式，左開裾。石青色紗面，石青實地紗素接袖。通身飾褐色片金緣，花紋為雜寶、勾蓮、雲紋、葫蘆，葫蘆裏有"遊源"、"松昌"等字樣。披領裏為紅色織金緞，有"遊聯"字樣。上衣妝花織柿蒂形紋，內織四爪過肩蟒兩條，飾海水紋。腰帷、披領及袖端飾行龍和海水江崖紋。襞積飾金蟒、

靈芝、雲蝠、海水江崖等。

此袍為民公、侯伯至四品文武官員的服用。花紋設色鮮麗，對比強烈，粗獷豪放。用捻金綫織金蟒時，不完全將芯包住，露出等距離紅芯，有赤圓金的效果。其織金緣全部變色，與金色不足有關。

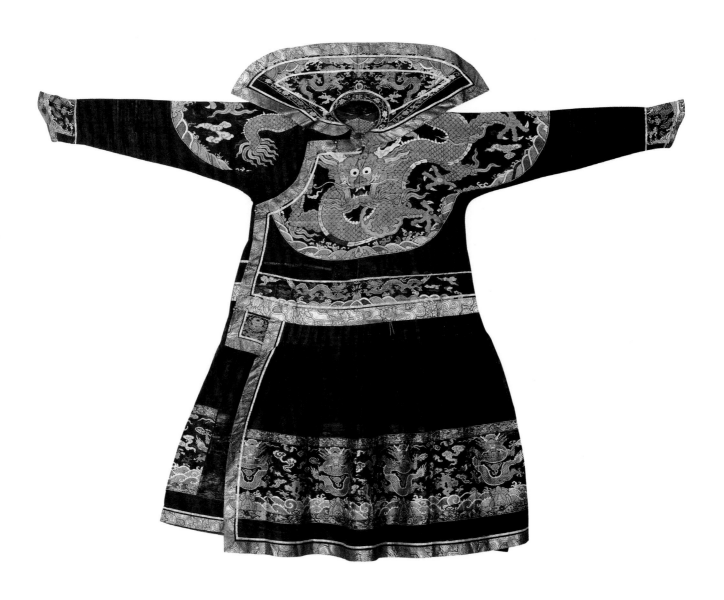

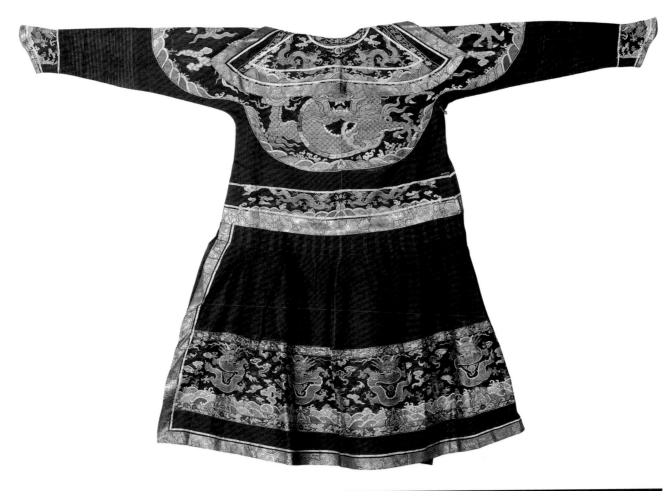

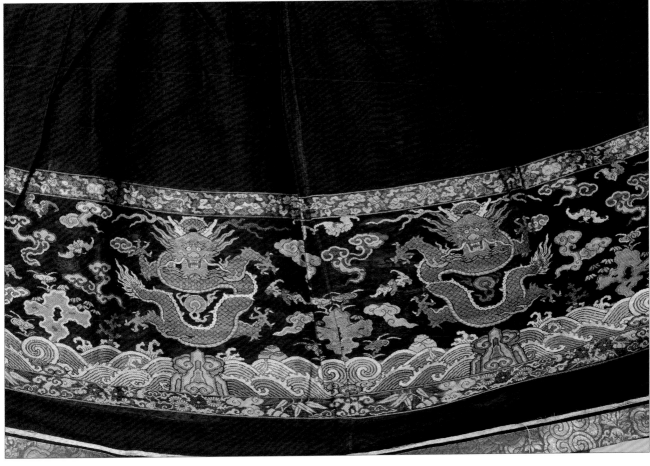

141

石青雲紋緞平金蟒補夾朝服
清晚期
身長 130 厘米　兩袖通長 214 厘米
下幅寬 114 厘米
清宮舊藏

Lined court robe of azurite blue satin
embroidered with square patches of
python done with gold threads
Late Qing Dynasty
Length of robe: 130cm
Overall width, cuff to cuff: 214cm
Width of hemline: 114cm
Qing Court collection

圓領，大襟右衽，馬蹄袖，上衣下裳相
連式袍，下裳有襞積，左右及後開裾。
袖、襟邊和下幅邊鑲石青色勾蓮織金
緞邊和薑黃色剪絨邊各一道。石青色
四合如意雲紋緞面，藍青布裏。前胸、
後背繡方補各一，內飾平金四爪行蟒
紋。

此袍是清代三等侍衛和藍翎侍衛穿用
的朝服。

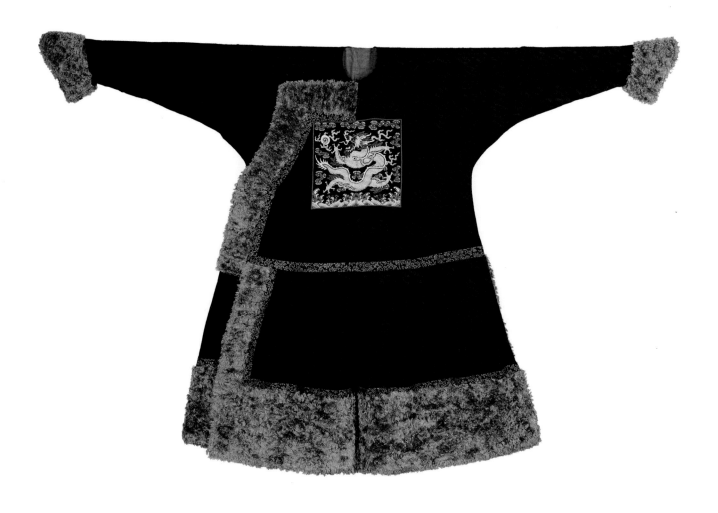

142

石青地緙金雲鶴補服
清晚期
身長 117 厘米　兩袖通長 166 厘米
下幅寬 106 厘米
清宮舊藏

Top-rank Civil official (rank 1) robe of
azurite blue silk tapestry woven with gold
patches of cloud and crane pattern
Late Qing Dynasty
Length of robe: 117cm
Overall width, cuff to cuff: 166cm
Width of hemline: 106cm
Qing Court collection

圓領，對襟，平袖，左右開裾。石青紗面，月白色暗朵花紋綾裏。開裾上端銅鎏金鏨花釦各 1 枚，後裾下部釦鼻 2 枚，便於騎坐時掀起衣襟。前胸、後背織金方補，內用三色圓金綫緙織仙鶴和雲水紋，外飾迴紋邊。

此補服為清代一品文官的官服。捻金極細，緙織平整，經綫為白色絲，由於織造細密，在石青地上看不到白經綫，只有在緙金處隱約可見。

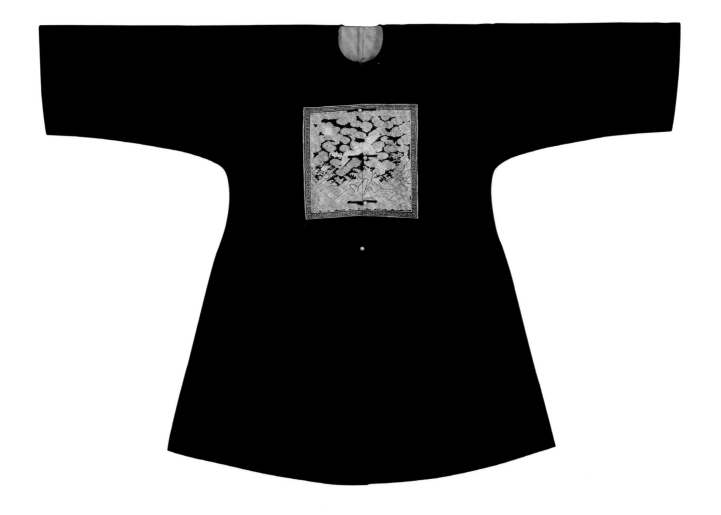

143

元青綢納紗繡方補單褂
清晚期
身長 122 厘米　兩袖通長 170 厘米
下幅寬 102 厘米
清宮舊藏

**Unlined coat of black silk embroidered
with square patches of petit-point gauze**
Late Qing Dynasty
Length of coat: 122cm
Overall width, cuff to cuff: 170cm
Width of hemline: 102cm
Qing Court collection

圓領，對襟，平袖，左右及後開裾。左右裾上端有銅鎏金光素鈕各 1 枚，後裾下端有鈕鼻左右各 1 枚，便於騎坐時將後襟掀起。元青色團壽字暗花綢面，前胸、後背分別綴一納紗繡鷺鷥紋方補。

方補以元青素紗為地，用正一絲串針法繡海水、雲、捲草紋；以斜纏針、施毛針、套針等繡鷺鷥、紅日；以明黃色繡邊框。從方補紋樣可知，此袍是清代六品文官的官服。

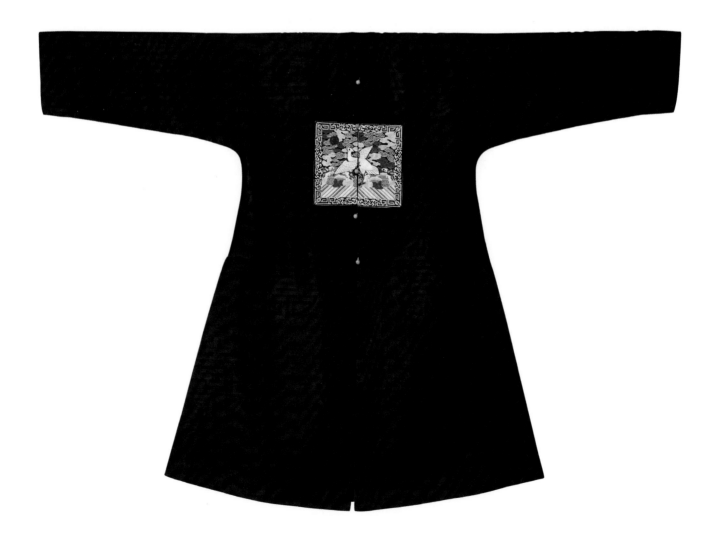

144

大紅綢畫花夾駕衣
清
身長 126 厘米　兩袖通長 193 厘米
下幅寬 94 厘米
清宮舊藏

Lined officer's robe of bright red silk
painted with floral design
Qing Dynasty
Length of robe: 126cm
Overall width, cuff to cuff: 193cm
Width of hemline: 94cm
Qing Court collection

圓領，大襟右衽，平袖，前後開裾。紅
色綢面，上用白、黃、石綠、深藍、
雪青色繪朵花紋，月白色棉布襯裏。

此駕衣為江寧織造織辦，是鑾儀衛輿
士校尉穿用的禮服。其配套服裝為，
穿紅綢駕衣繫綠綢帶，戴羽翎翎管
纓帽。

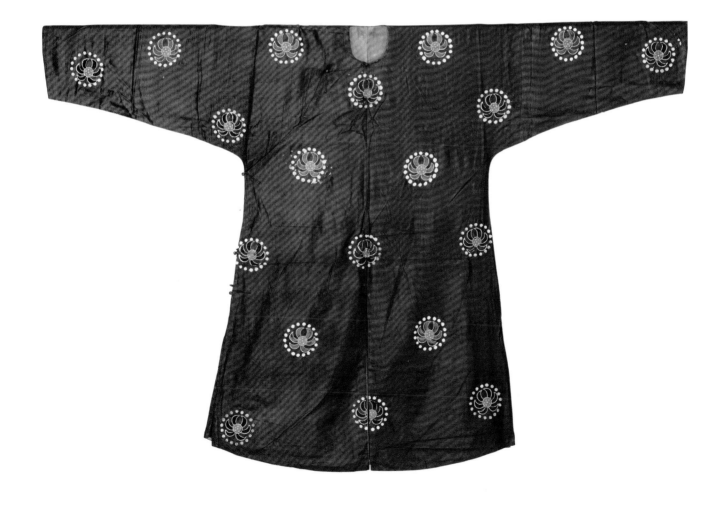

145

大紅色綾綴葵花夾駕衣
清
身長 129 厘米，兩袖通長 200 厘米
下幅寬 80 厘米
清宮舊藏

**Lined officer's robe of bright red thin silk
sewn with sunflower design**
Qing Dynasty
Length of robe: 129cm
Overall width, cuff to cuff: 200cm
Width of hemline: 80cm
Qing Court collection

圓領，大襟右衽，馬蹄袖，前後開裾。
大紅色素綾袍面，內飾粉色平紋布裏。
其紋飾是先在本色刷漿平紋布上彩繪
葵花紋樣，然後將其釘綴在袍面之上。

此駕衣是和聲署樂生、丹陛大樂諸部
樂生、鑾儀衛輿士校尉之禮服。

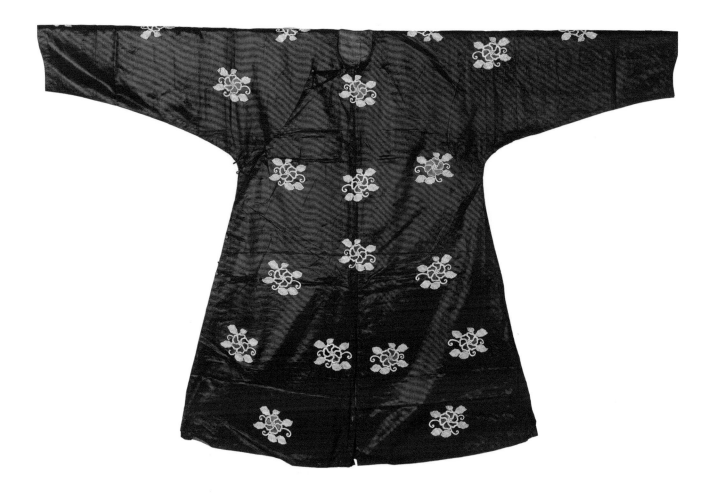

146

大紅織金緞象牙瓔珞衣
清早期
裙 90×110 厘米　雲肩 50×78 厘米
清宮舊藏

Dress of red gold-woven satin decorated with pieces of ivory and hanging tassels
Early Qing Dynasty
Skirt: 90×110cm
Shoulder cape: 50×78cm
Qing Court collection

五彩象牙瓔珞衣之一。紅色為主色調，是西方阿彌陀佛的象徵。此套從骨冠到腰帶均保存完整，象牙板雕刻金剛杵圖案，綫條圓潤流暢，工藝水平很高。其冠帶各分三片，下幅垂穗裝飾，上繡藏文六字真言：Oṇ maňi padme hūṇ 此咒是著名的觀音菩薩咒，是藏傳佛教中流傳範圍最廣、誦唸頻率最高的咒。

瓔珞衣是密教用骨做裝飾的一種法衣。密教本尊神或密教上師，一般都有六莊嚴，即六種密教骨飾，也被稱為"骨飾六莊嚴"，包括：骨冠、耳環、項鏈、臂釧與腳鐲、胳腋、帶穗腰帶。五彩是指白、藍、黃、紅、綠五色，分別代表五方佛之中央毗盧佛、東方阿閦佛、南方寶生佛、西方阿彌陀佛、北方不空成就佛。

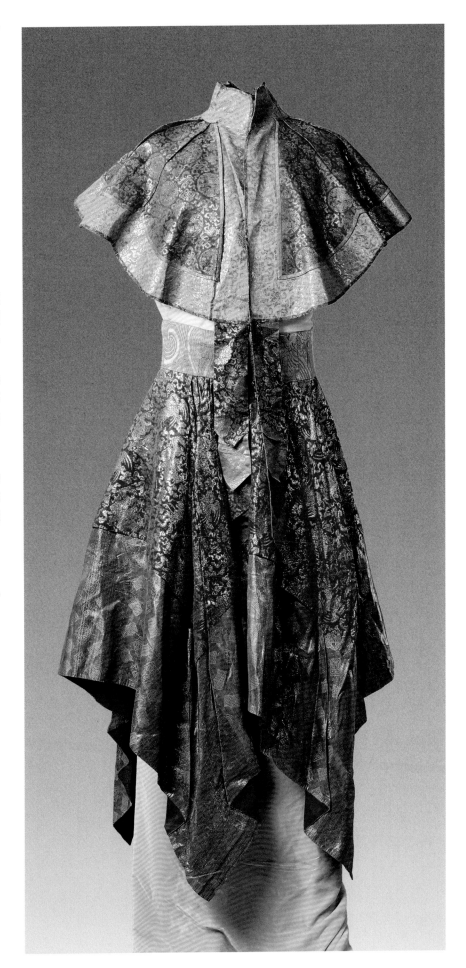

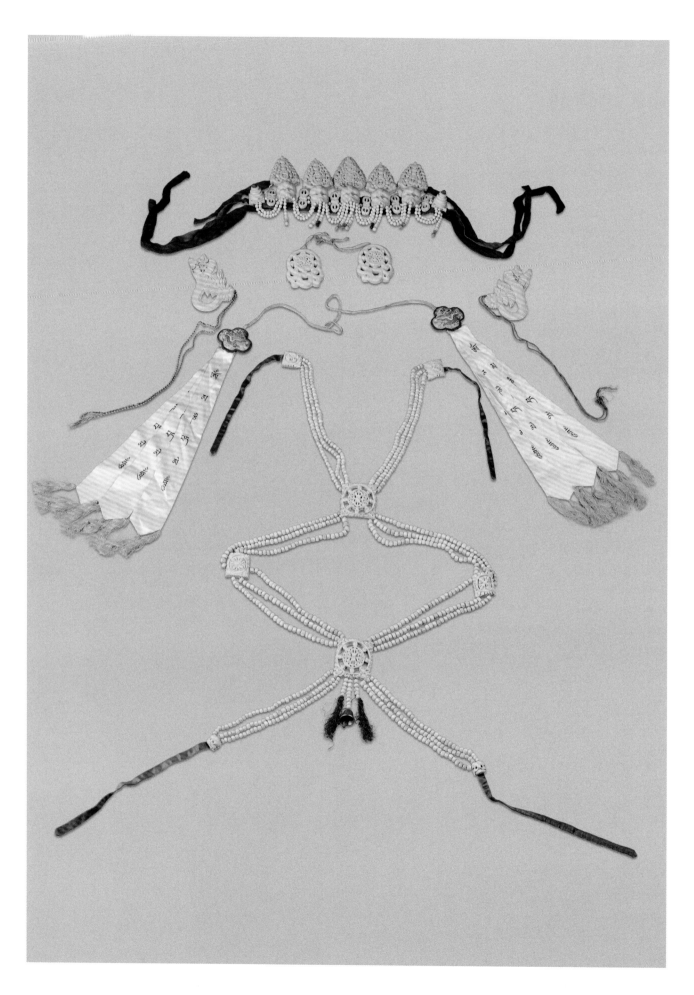

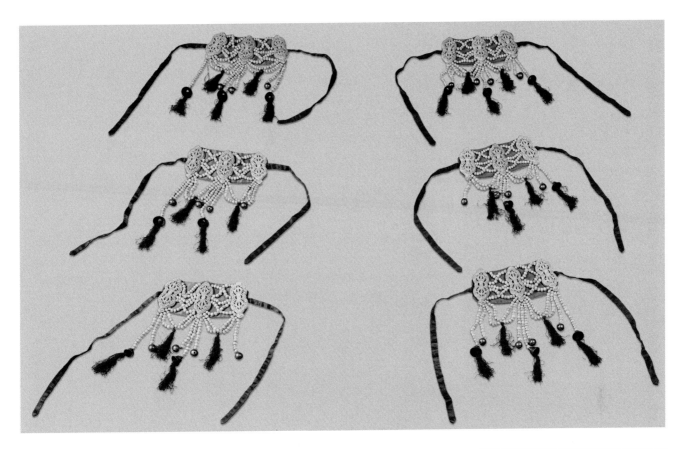

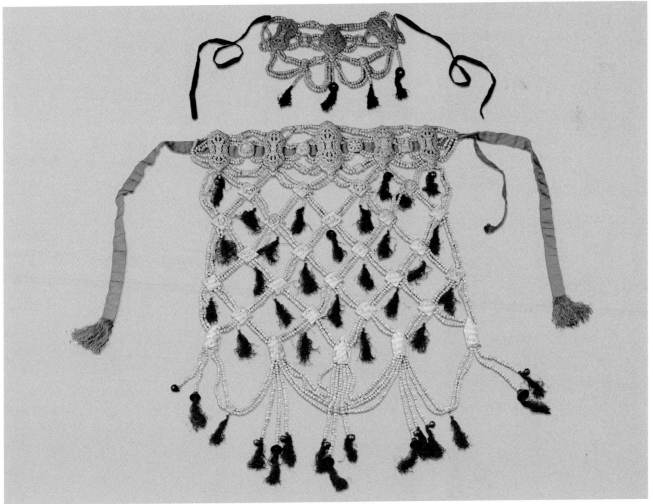

147

藍緞繡吉慶有餘象牙瓔珞衣

清乾隆
裙 96×82×105 厘米　雲肩 124×93 厘米
袖 58×12 厘米
清宮舊藏

Blue satin clothes embroidered with religious patterns symbolizing auspicious happiness in superabundance, decorated with pieces of ivory and hanging tassels
Qianlong period, Qing Dynasty
Skirt: 96×82×105cm
Shoulder cape: 124×93cm
Sleeve: 58×12cm
Qing Court collection

五彩象牙瓔珞衣之一，以藍色為主色調，是東方阿閦佛的象徵。骨質部分並未染色，法衣是藍緞繡雲蝠紋、八寶紋和海水紋。外罩象牙珠串和象牙板，在牙板上有藏密諸神形象，上衣以四大天王、本尊為主，下裳以空行母為主。輔以金剛杵紋和蓮花紋。

此套除骨冠外，其他各件均完整無缺，胸前和裙上的骨飾最為複雜，手上的裝飾分為手鐲和臂釧兩部分，冠帶較短，垂穗裝飾。在羌姆舞中出現的本尊形象和修行時的密教上師均穿着這種瓔珞衣。

故宮《陳設檔》記載：建福宮花園六品佛樓的"功德根本品"樓上法器箱內供奉了："繡五彩象牙纓絡衣五分，畫綾虎皮一張，畫綾象皮一張。"虎皮和象皮是本尊和護法的法器和裙衣，在藏密儀軌中，專為護法供獻的酬補供物中也多採用獸皮和獸皮填充的猛獸形象。

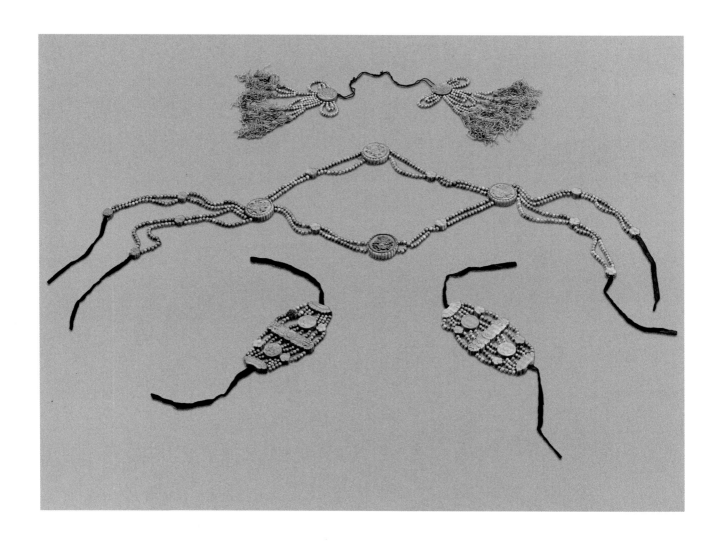

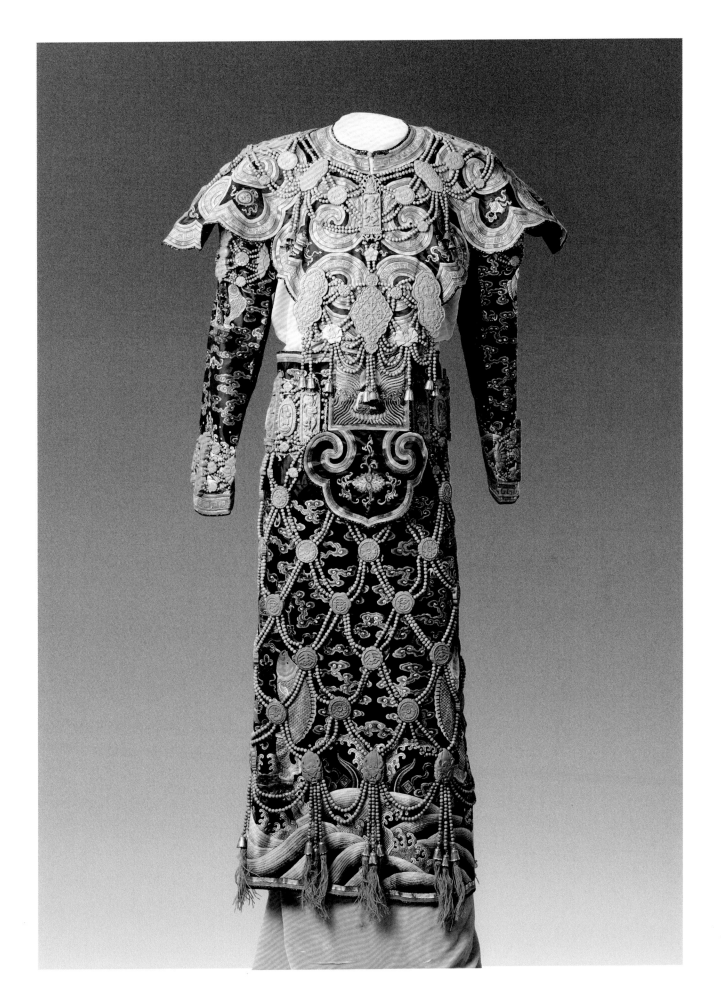

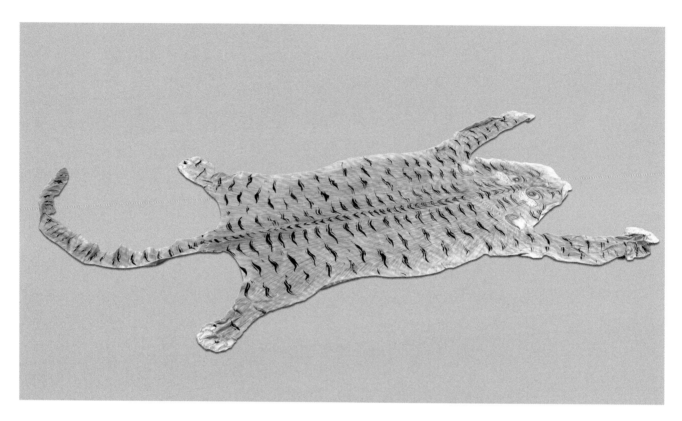

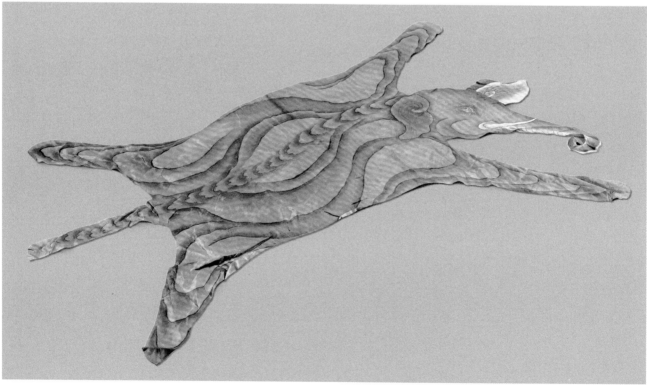

148

綠緞繡吉慶有餘象牙瓔珞衣
清乾隆
裙 95×79×104 厘米　雲肩 116×93 厘米
袖 58×12.5 厘米
清宮舊藏

Green satin clothes embroidered with
religious patterns symbolizing auspicious
happiness in superabundance, decorated
with pieces of ivory and hanging tassels
Qianlong period, Qing Dynasty
Skirt: 95×79×104cm
Shoulder cape: 116×93cm
Sleeve: 58×12.5cm
Qing Court collection

五彩象牙瓔珞衣之一。綠色為主色調，
象徵北方不空成就佛。法衣為綠緞繡
雲蝠紋、八寶紋和海水紋，外罩綠色
象牙雕飾瓔珞衣。在牙板上有藏密諸
神形象，上衣以四大天王、密教本尊
為主，下裳以空行母為主。輔以金剛
杵蓮花等紋。

此套象牙瓔珞法衣與圖 147 同為故宮
六品佛樓所藏一組。

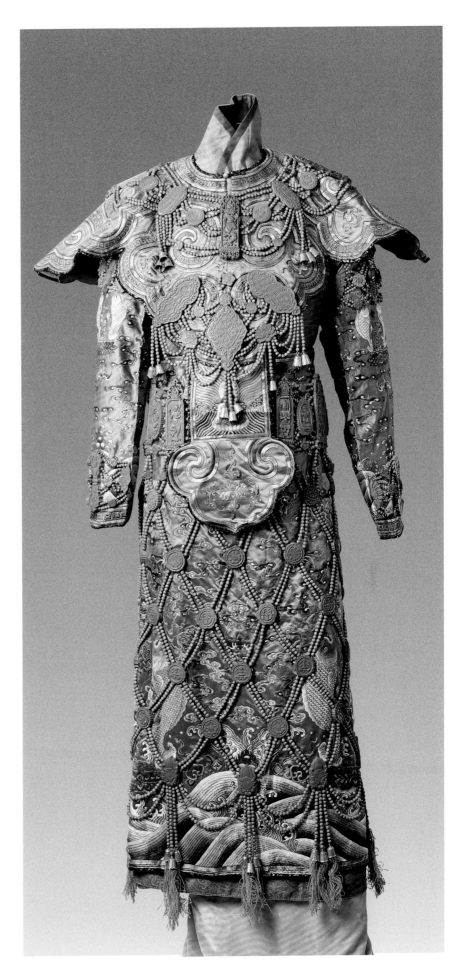

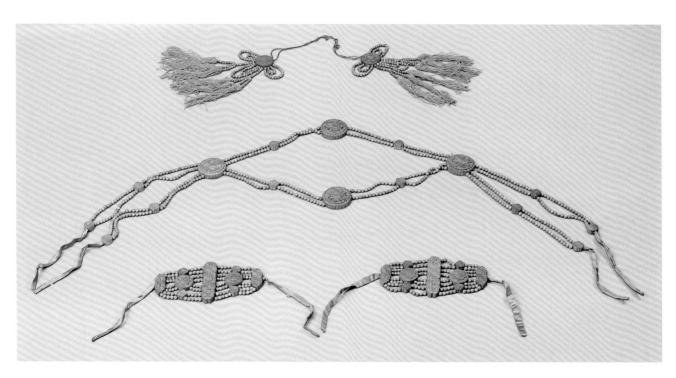

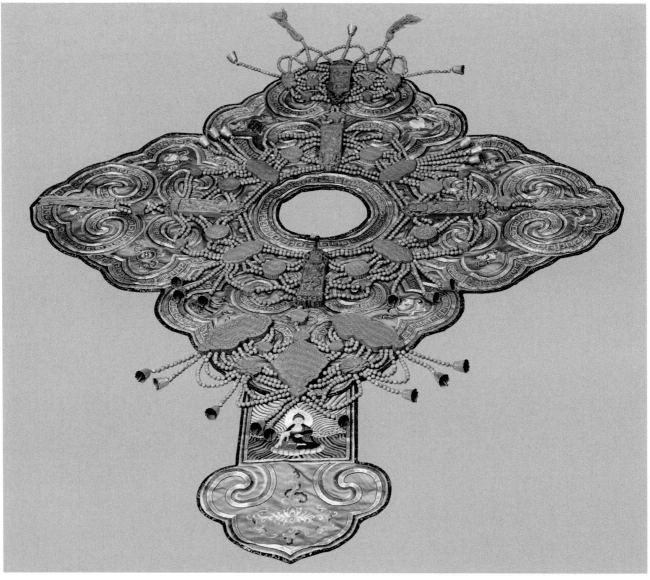

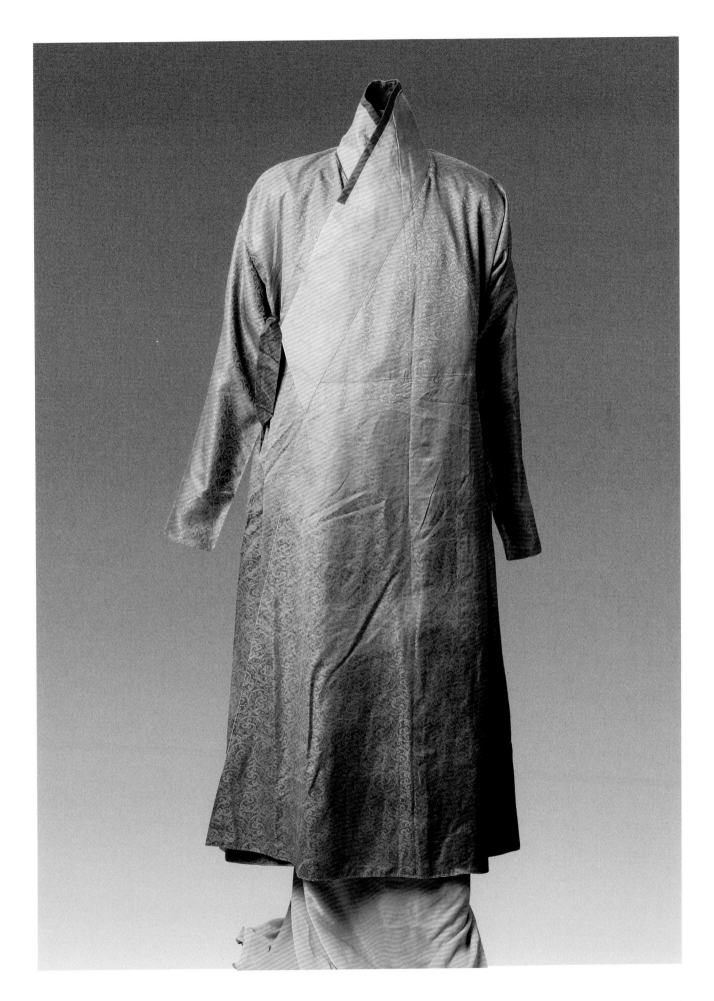

149

白緞繡吉慶有餘象牙瓔珞衣
清乾隆
裙 98×80×108 厘米　雲肩 120×94 厘米
袖 59×13 厘米
清宮舊藏

White satin clothes embroidered with
religious patterns symbolizing auspicious
happiness in superabundance, decorated
with pieces of ivory and hanging tassels
Qianlong period, Qing Dynasty
Skirt: 98×80×108cm
Shoulder cape: 120×94cm
Sleeve: 59×13cm
Qing Court collection

五色象牙瓔珞衣之一。白色為主色調，
象徵中央毗盧佛。法衣為白緞繡雲紋、
八寶紋和海水紋。外罩白色象牙雕飾
瓔珞衣。在牙板上有藏密諸神形象，
上衣以四大天王、密教本尊為主，下
裳以空行母為主，尊神的圖像學特徵
清晰可見。輔助雕刻以金剛杵和蓮花
紋。附畫綾象皮一張。

此套象牙瓔珞法衣與圖 147 同為故宮
六品佛樓所藏一組。

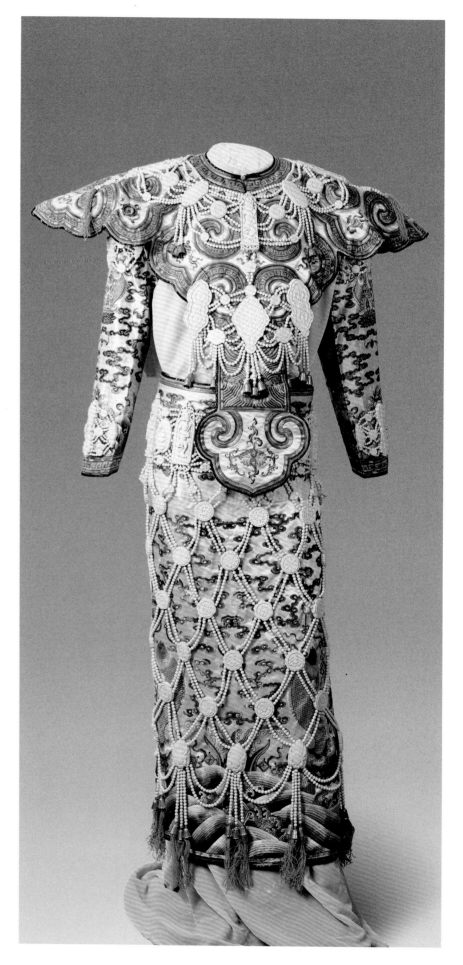

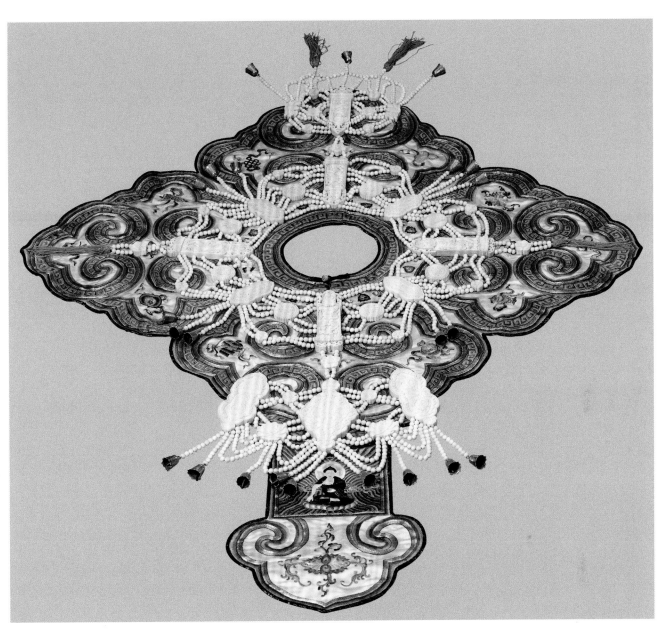

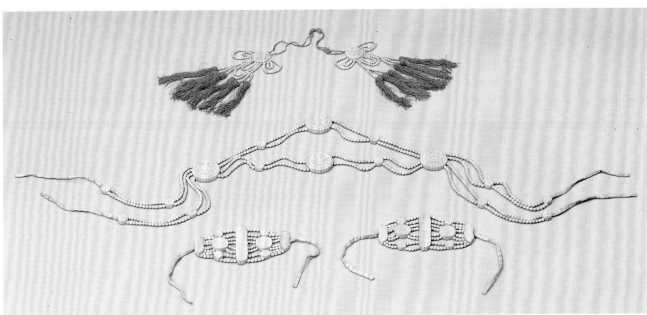

150

絳色織金雲龍緞喇嘛衣
清早期
身長 150 厘米　兩袖通長 190 厘米
下幅寬 155 厘米
清宮舊藏

Lama robe of deep red satin woven with gold clouds and dragons
Early Qing Dynasty
Length of robe: 150cm　Overall width, cuff to cuff: 190cm
Width of hemline: 155cm
Qing Court collection

絳色雲龍暗花緞面，雲肩、袖端、腰帷飾五彩雲龍織金緞，
明黃片金緣，月白色綾裏。

此衣為西藏傳統跳神服飾。藏傳佛教中跳神，也叫羌姆舞，
是一種宗教舞蹈。清代紫禁城建福宮花園中正殿每年新年舉
行的"跳步踏"即是羌姆舞的一種，故此衣又可稱羌姆衣，
通常以降神身份出現的喇嘛舞者多着此衣。

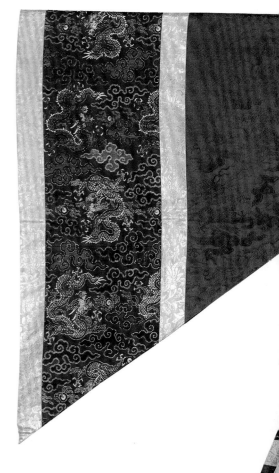

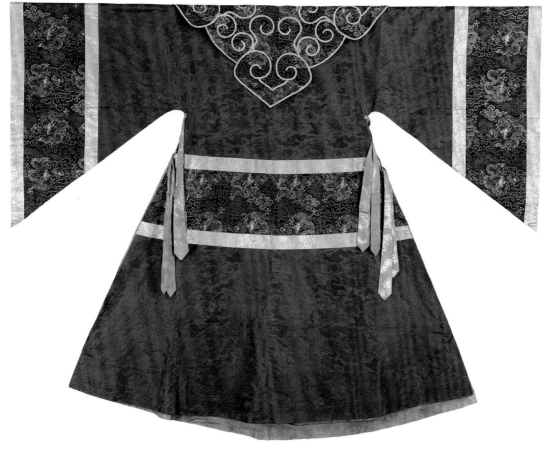

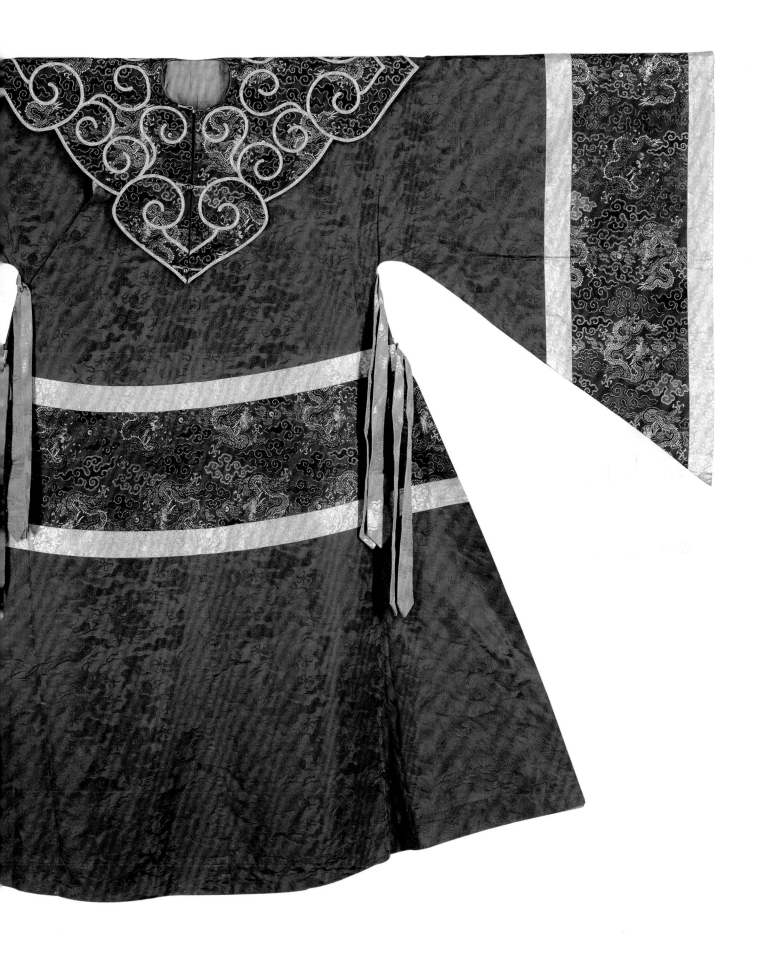

151

片金斗篷
清乾隆
身長 147 厘米　圍長 367 厘米
清宮舊藏

Cloak of gold-foiled satin
Qianlong period, Qing Dynasty
Length of cloak: 147cm
Width of cloak: 367cm
Qing Court collection

織片金面，領襟鑲明黃緞繡纏枝蓮紋，海龍緣，紅素緞裏，內絮薄綿。蓮蕾中繡黑色蘭扎體梵文咒字八個：Oṇ aṃ hūṇ oṇ ṃūn, traṇ huī(ṃ) ā(ṃ) 其中 Oṇ aṇ hūṇ 是藏傳佛教最常見的密咒之一，是身、語、意三密象徵，oṇ hūṇ traṇ huī(ṃ) ā(ṃ) 是代表五方佛的種子字，即 oṇ 代表中央毗盧佛；hūṇ 代表東方阿閦佛；traṇ 代表南方寶生佛；huĩ(ṃ) 代表西方阿彌陀佛；āṃ 代表北方不空成就佛。

此斗篷做工精細，用料講究，應是藏傳佛教的高級僧人，如格魯派甘丹赤巴、達賴喇嘛、班禪喇嘛等在舉行大型法會時穿用的法衣。

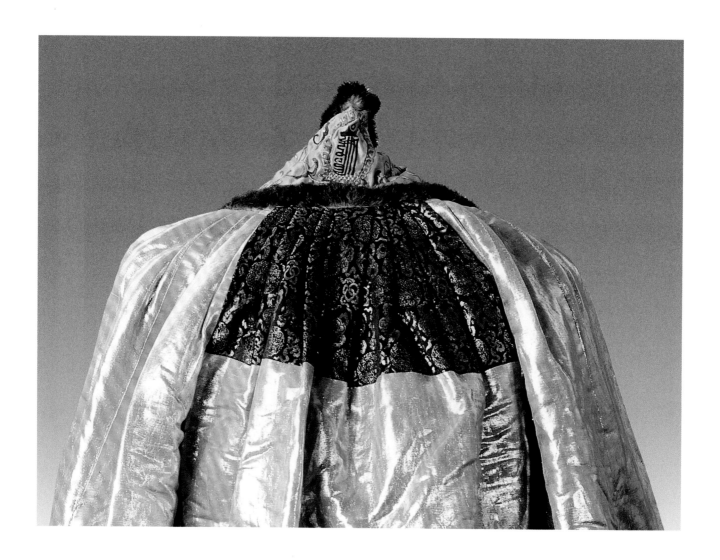

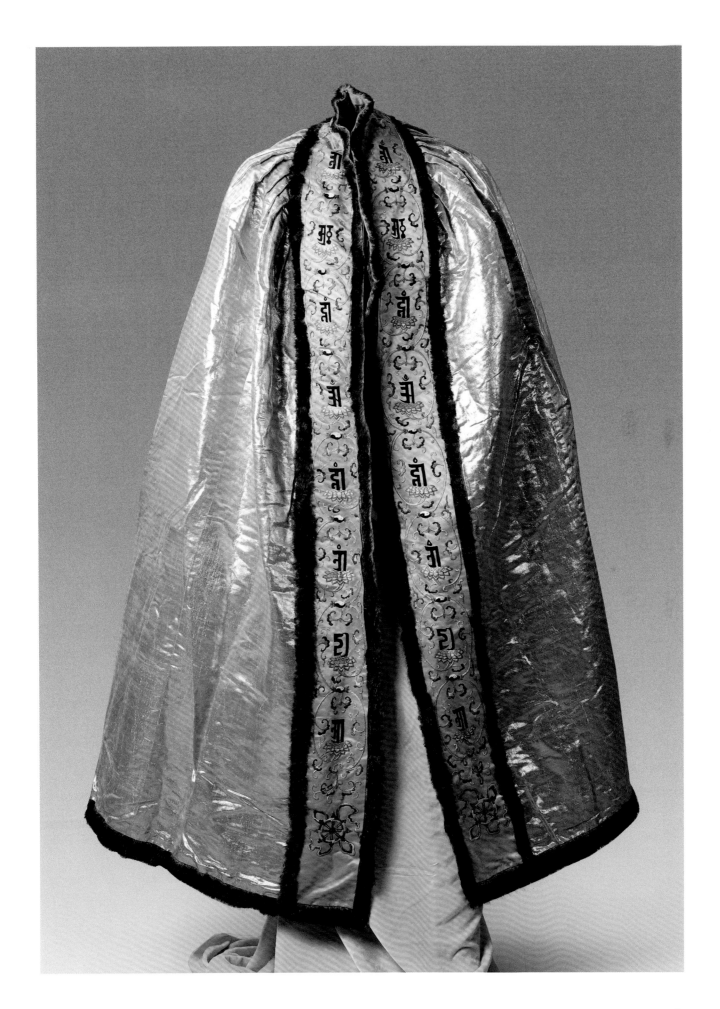

152

片金坎肩
清乾隆
身長 140 厘米　肩寬 55 厘米
下幅寬 130 厘米
清宮舊藏

Sleeveless jacket of gold-foiled satin
Qianlong period, Qing Dynasty
Length: 140cm
Width of shoulder: 55cm
Width of hemline: 130cm
Qing Court collection

上衣用片金織成，領、襟和肩鑲以紅色捻金勾蓮紋織金緞，腰部為紅色雲蝠紋織金緞，明黃絹裏。下裳為明黃色絹長裙。黃色絲織腰帶由強捻絲綫編織而成。

此坎肩是西藏僧人穿用的中衣。西藏僧人的中衣通常是將上衣（無袖坎肩）和下裳（即裙）分開，裙繫腰帶，該中衣上衣下裳連屬，頗為別致。且用料華貴，做工精細，當為藏傳佛教高級僧侶的法衣。

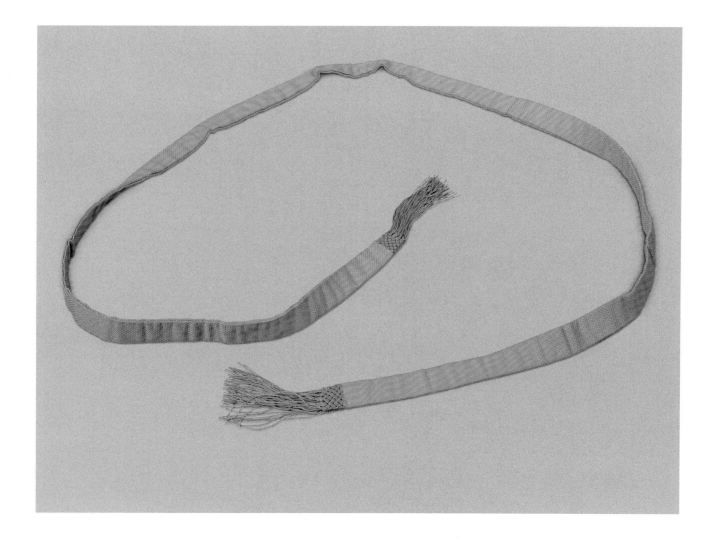

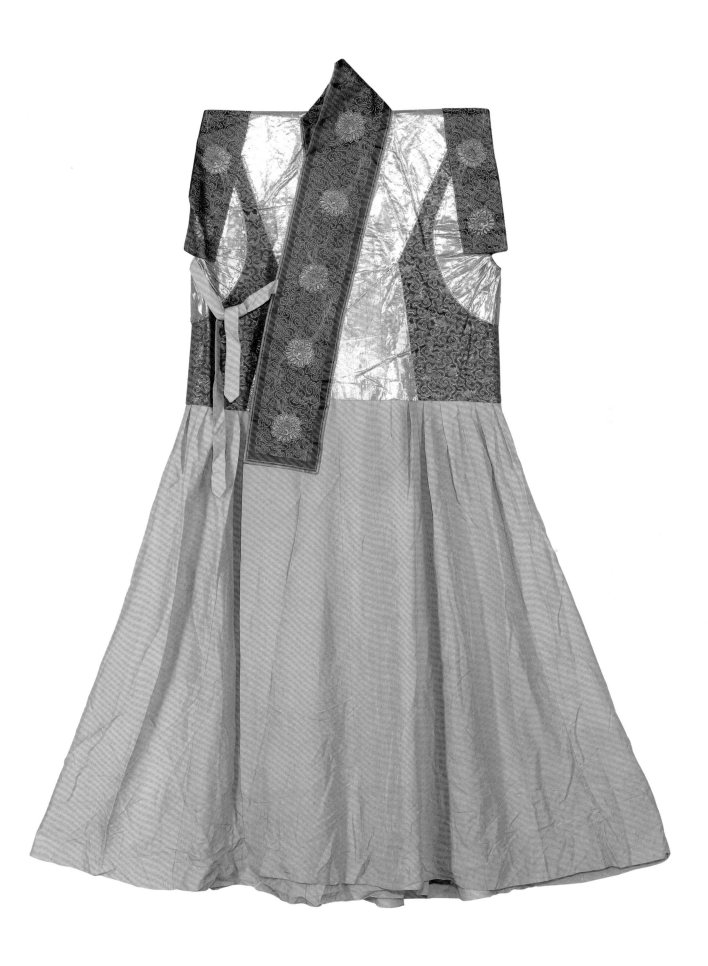

153

片金袈裟
清乾隆
身長 59 厘米　寬 134 厘米
清宮舊藏

Kasaya of gold-foiled silk
Qianlong period, Qing Dynasty
Length of kasaya: 59cm
Width of kasaya: 134cm
Qing Court colleciton

黃色綢地織片金八寶如意雲紋，紅色
織金緞寬邊，上以米珠緝成十字交杵
圖案，絲綫平繡彩雲。

此袈裟非實用，在清宮中主要用來包
裹藏傳佛教的金銅佛像。故宮雨花閣
一層前殿紫檀龕正中供奉的一尊紫金

琍瑪釋迦牟尼佛像上至今還保存着這
種小佛衣。（附圖—佛像身上包裹的
佛衣）

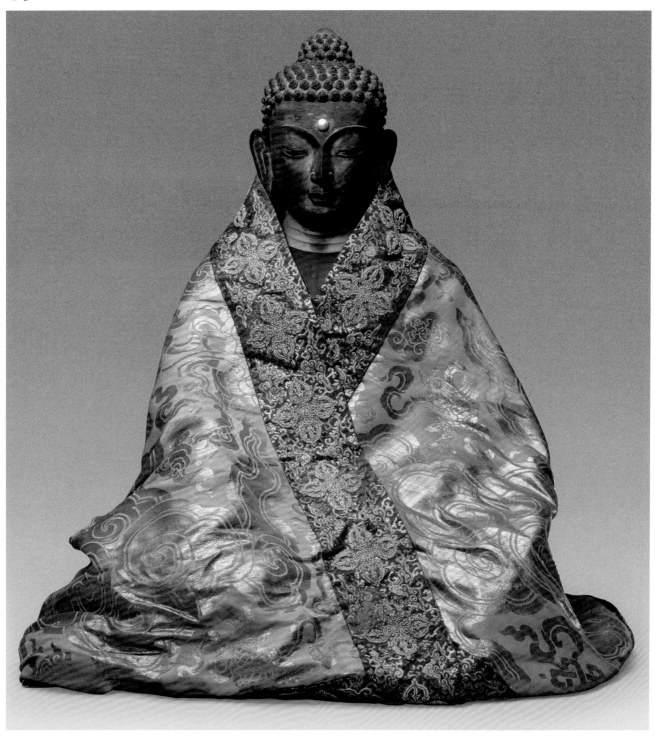

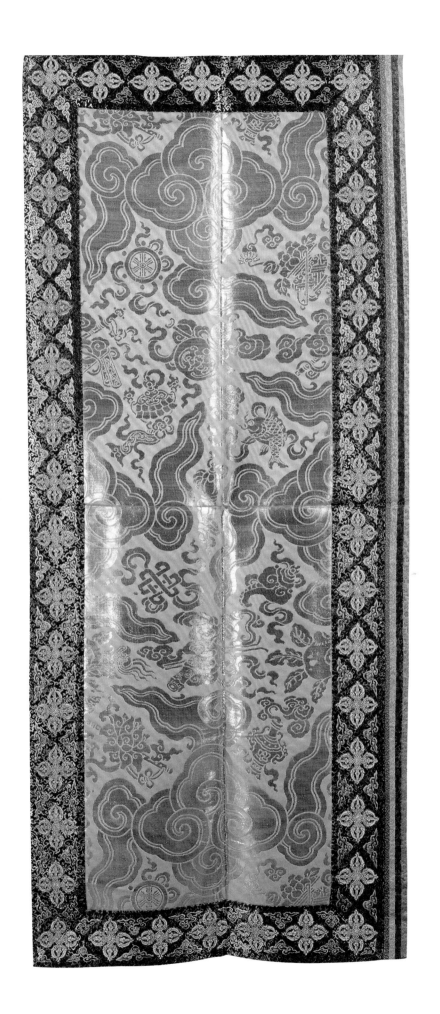

245

154

片金小佛衣
清乾隆
身長 37.5 厘米　寬 108 厘米
清宮舊藏

Small kasaya of gold-foiled silk
Qianlong period, Qing Dynasty
Length of kasaya: 37.5cm
Width of kasaya: 108cm
Qing Court collection

藏傳佛教小型袈裟之一。主體部分以織片金條編織縫製而成，是典型的祖衣做法。其特別之處在於通體分佈由珊瑚珠、米珠緝成的梵文咒語，正中部分為五字蘭扎體梵文咒，代表五方佛的種子字，其餘為三字梵文咒，是身、語、意三密的象徵。藍色織片金卍字地勾蓮紋緣，周圍飾以米珠和珊瑚珠緝成的梵文咒字。

此件原藏承德避暑山莊珠源寺，珠源寺建成於乾隆二十九年 (1764) 前，曾是山莊內最為重要和華麗的藏傳佛教寺廟之一，今已不存，僅見廢墟，此袈裟是其遺存的唯一法物。白簽墨書："佛衣一件，舊存珠源寺，原冊二頁五行"。

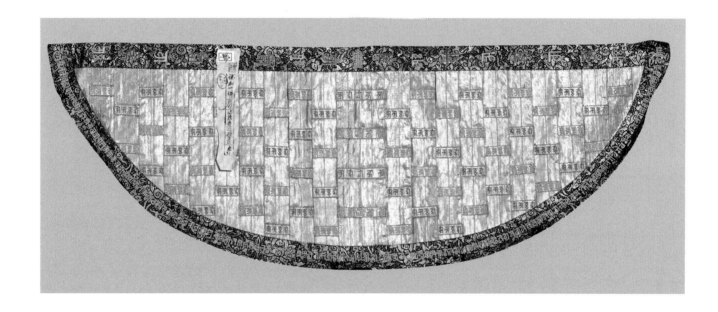

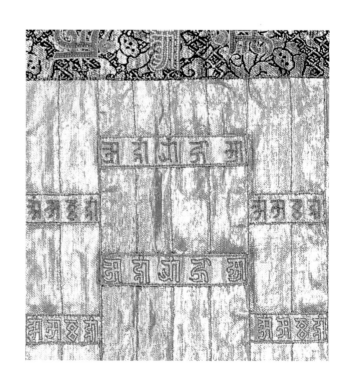

155

片金藏帽
清乾隆
長 69 厘米　寬 28 厘米
清宮舊藏

Lama's hat of gold-foiled-satin
Qianlong period, Qing Dynasty
Length: 69cm　Width: 28cm
Qing Court collection

通體片金織成，紅色緞織金八寶團龍
紋裏，兩側飄帶繡纏枝蓮紋，內填六
個蘭扎體梵文字咒：oṇ a ma na ñi hūṇ

此藏帽為格魯派高僧帽，又稱班智達
帽、通人冠。故宮梵華樓上層宗喀巴
塑像配戴的正是這種冠式，與此稍有
不同的是兩側飄帶所繡為觀音六字
真言。

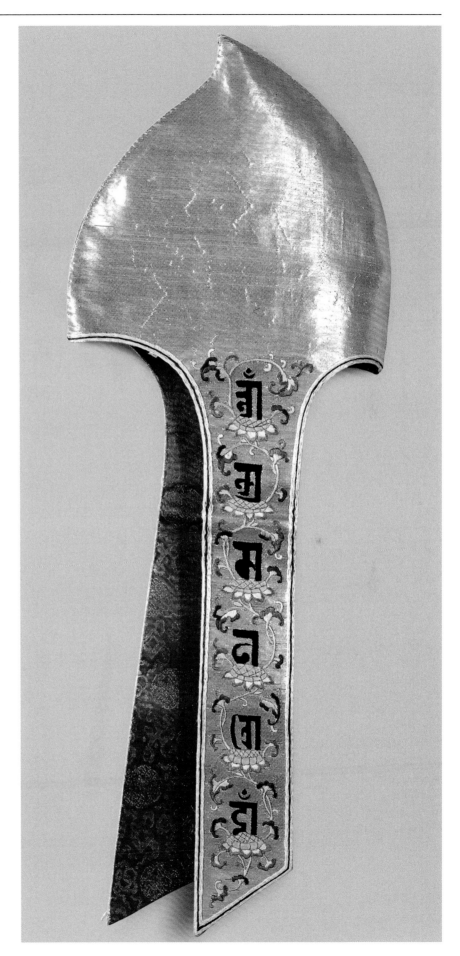

156

片金通人冠
清乾隆
高 15 厘米　直徑 23 厘米
清宮舊藏

Lama's hat of gold-foiled satin
Qianlong period, Qing Dynasty
Height: 15cm　Diameter: 23cm
Qing Court collection

冠由片金織成，前摺部分鑲以四層紅地卍字勾蓮紋片金錦，石青金花緣，極顯華貴。正中是一個時輪金剛咒牌，又稱為"十相自在"，是藏傳佛教時輪教法的精髓。此咒由 haṇ, kṣa, ma, la, va, ra, ya 七個梵文字母合書而成，多用於佛教建築、法物的裝飾，具有消災避邪的作用。

此冠是藏傳佛教格魯派中有成就的大喇嘛所戴，故宮所藏《乾隆皇帝佛裝像》唐卡中，正中端坐的乾隆皇帝所戴的正是這種冠式。

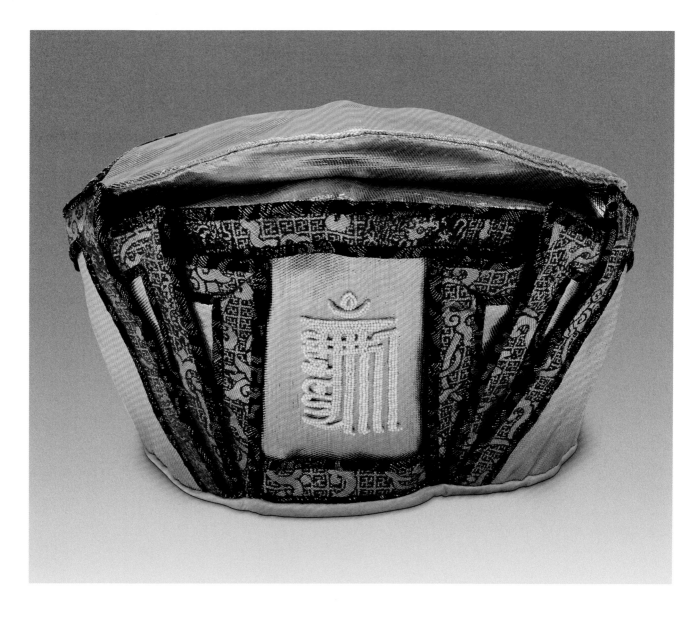

157

冬吉服冠

清
高 18 厘米　直徑 31 厘米
清宮舊藏

Formal hat worn by the emperor in winter
Qing Dynasty
Height: 18cm　Diameter: 31cm
Qing Court collection

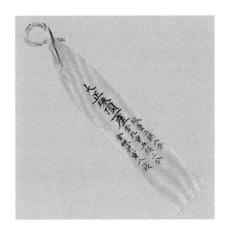

帽簷上仰，貂皮為之。冠頂為石青素緞面，綴朱緯，朱緯
加 S 形捻，均勻整齊。頂子為金鏨花點翠金座，銜大珍珠
一顆。紅色棉布裏，藍布窄帽帶。

此冠為皇帝穿冬吉服時所戴。黃條墨書："大正珠頂一
座　珠重二錢八分　金托重五錢二分　金珠共重八錢"。

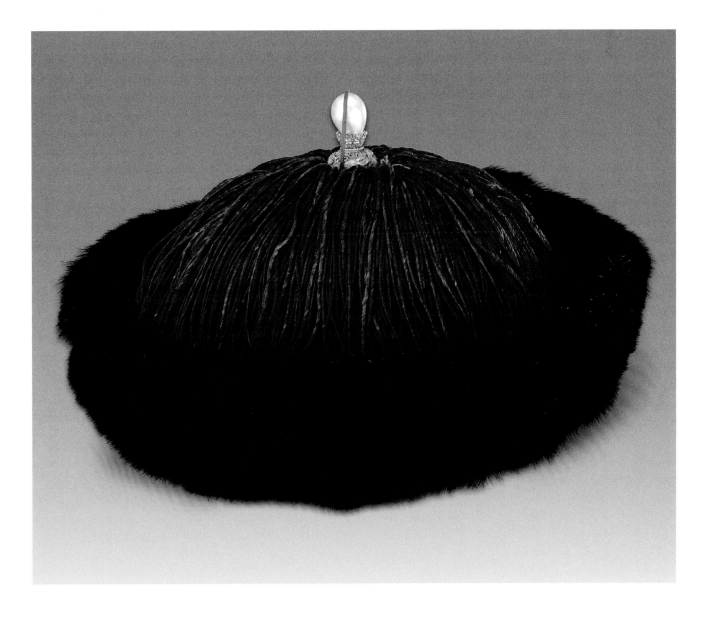

158

吉服冠
清
高 16—18 厘米　直徑 25—30 厘米
清宮舊藏

Formal hats worn by officials
Qing Dynasty
Height: 16-18cm
Diameter: 25-30cm
Qing Court collection

三頂為不同級別品官的吉服冠。依次為：水晶頂絨吉服冠，是文、武五品官及鄉君、額駙用冠；硨磲頂皮吉服冠，是文、武六品官用冠；素金頂絨吉服冠，是文、武七品官及進士用冠。

清代冠帽以冠頂所嵌珠石種類劃分等級，根據不同季節需求又有冬夏之分。形式有圓頂、折簷之分；質地有薰貂皮、青絨之別，皆上綴朱緯。

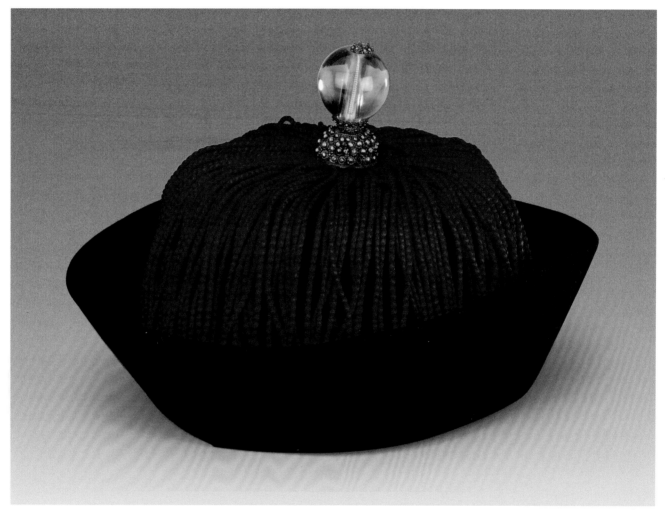

水晶頂

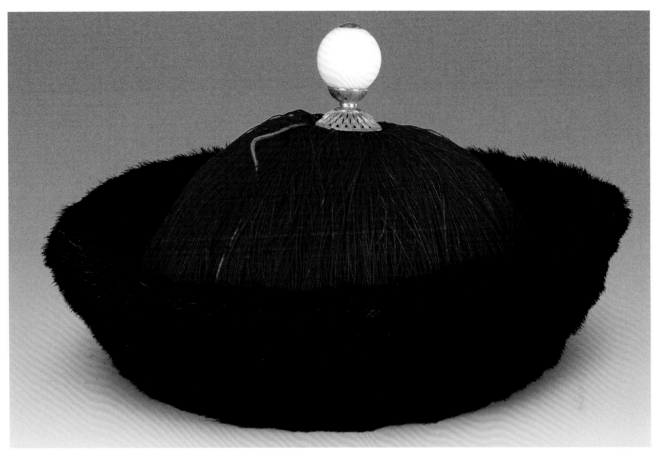

砗磲頂

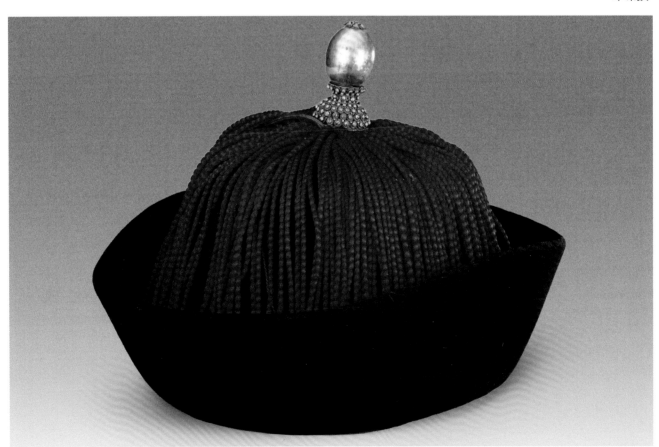

素金頂

159

冬常服冠
清乾隆
高 16、12 厘米　直徑 20、24 厘米
清宮舊藏

Ordinary hats worn by emperor in winter
Qianlong Period, Qing Dynasty
Height: 16cm, 12cm
Diameter: 20cm, 24cm
Qing Court collection

兩頂冠均以藍色素緞製成，滿綴紅纓，
紅絨結頂，折簷用貂皮、紫貂皮製成，
棉布帽裏，並綴藍色棉布帶。

常服冠是皇帝穿常服袍時所戴，分冬、
夏兩種。"紅絨結頂"在清代是權力和
地位的象徵。這兩件用貂皮、紫貂皮
製成的紅纓帽，均為乾隆皇帝冬季所
戴。黃條墨書："高宗"。

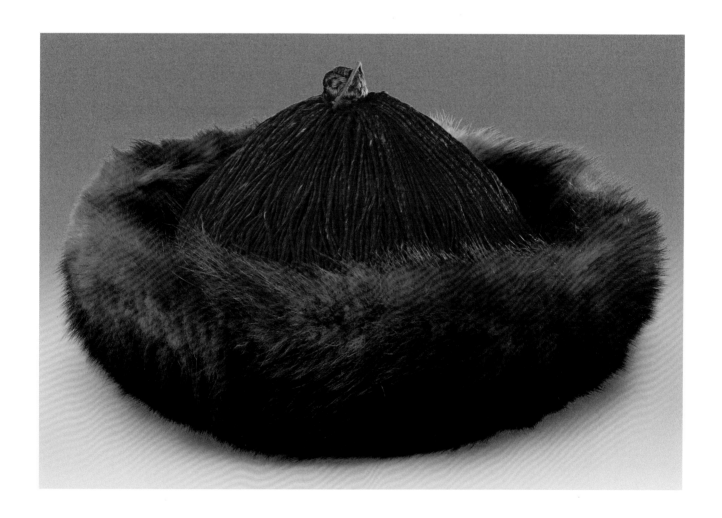

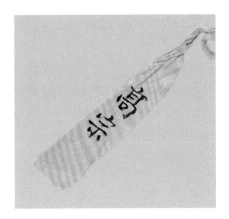
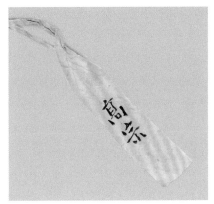

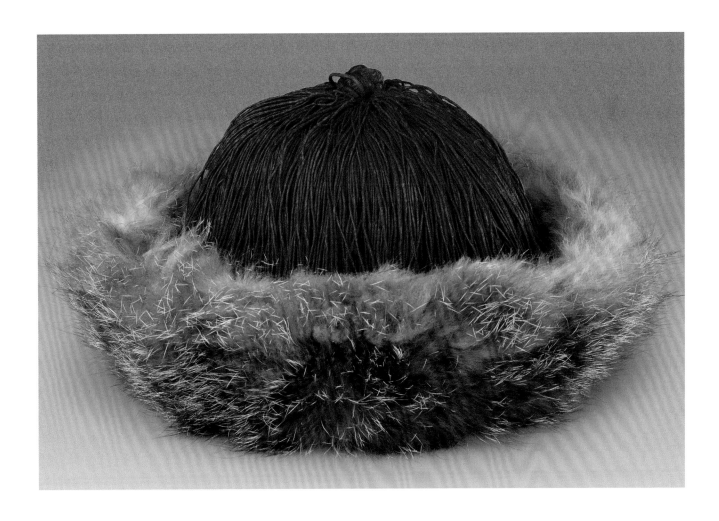

160

夏行服冠
清早期
高 20 厘米　直徑 30 厘米
清宮舊藏

Traveling hat worn by the emperor in summer
Early Qing Dynasty
Height: 20cm　Diameter: 30cm
Qing Court collection

帽用玉草編結而成，襯大紅色四合如意雲紋織金緞裏，頂綴朱緯。帽簷垂藍色雲紋暗花紗風簾，僅露出臉部。帽後緣下垂石青色縧紅珊瑚背雲兩條，帽內垂石青色繫帶兩根。風簾正前有青金石小鈕 2 枚，左側有青金石小鈕 1 枚，兩側還有牙質小鈕各 2 枚，這些鈕可用於調節風簾的鬆緊。

此冠形制較為特別，不見於典制，但根據其置有可遮擋風沙和日曬的風簾及用玉草編成等特徵推斷，應是皇帝夏季出行時使用的行服冠。

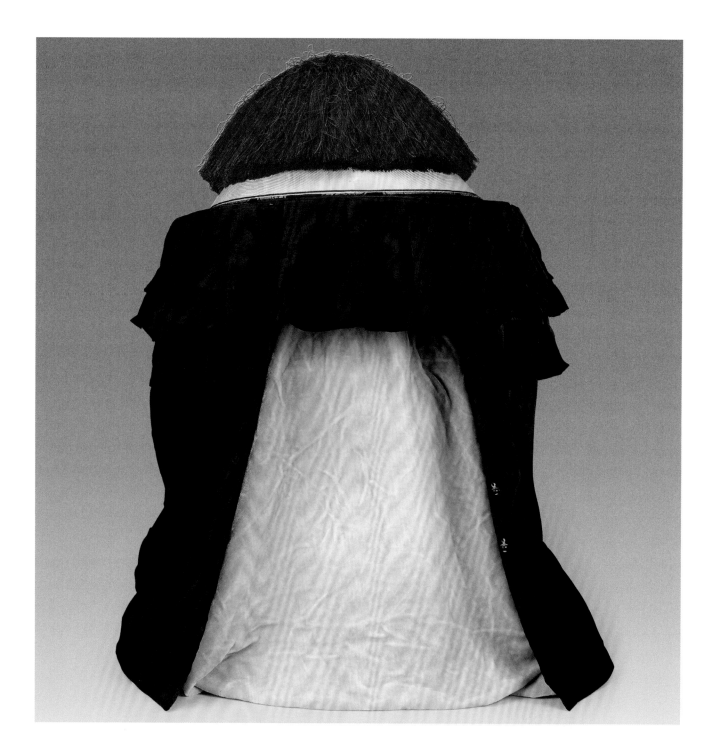

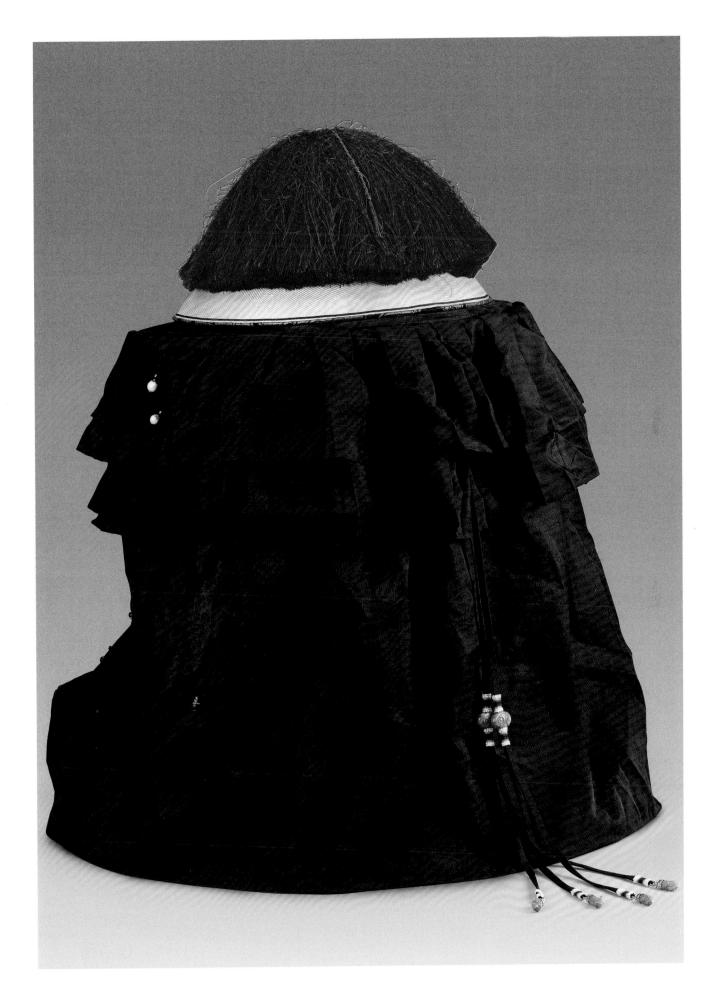

161

冬行服冠
清同治
高 14 厘米　直徑 28 厘米
清宮舊藏

Traveling hat worn by Emperor Tongzhi in winter
Tongzhi period, Qing Dynasty
Height: 14cm　Diameter: 28cm
Qing Court collection

以青緞為面，紅緞裏，青絨折簷。上綴朱緯，紅絨結頂。

此冠為同治皇帝冬季出行時所用，與行服相配套。其上的黃條表明曾用於供奉，這種供奉制度始於康熙時期。黃條墨書："穆宗毅皇帝供奉"。

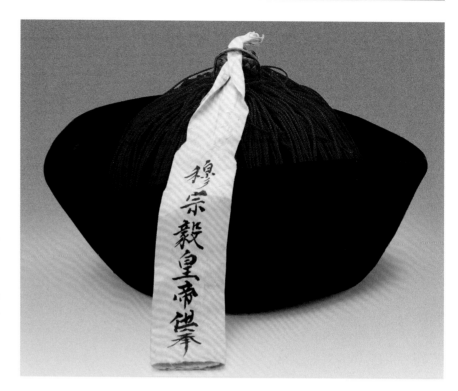

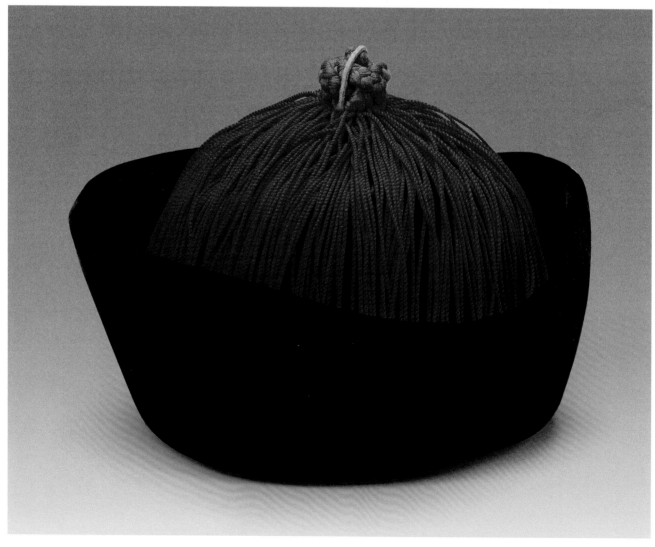

夏行服冠
清
冠高 18 厘米　直徑 30 厘米
清宮舊藏

Traveling hat worn by the emperor in summer
Qing Dynasty
Height: 18cm　Diameter: 30cm
Qing Court collection

式如斗笠，上飾大紅色絲綫盤花冠頂，四周垂灑紅絲捻綫，綴大東珠帽正 1 顆，項下垂藍布抽拉繫帶。冠以本色絲織蓆紋紗為面，冠緣飾石青色花卉織金緞邊及石青絲織人字緶。冠內飾大紅色綢綢裏，內釘同質軟帽圈，製作精細華美。

此冠為皇帝夏季出行時佩戴。

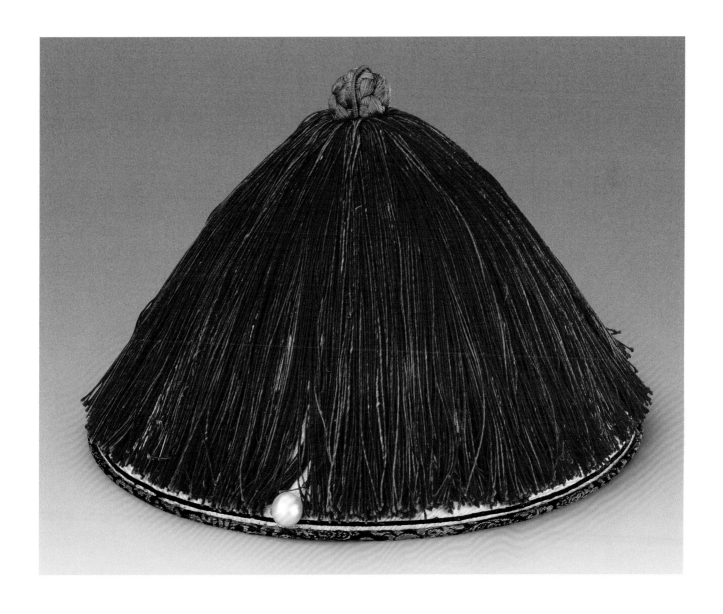

如意帽
清
高 12—15 厘米　直徑 18—20 厘米
清宮舊藏

Ordinary hats worn by the emperor
Qing Dynasty
Height: 12-15cm　Diameter: 18-20cm
Qing Court collection

四頂如意帽均以六片緞縫合而成，瓜棱形圓頂式，紅絨結頂，意寓"六合一統"。帽簷分別用織金緞和素緞緣邊，帽頂後垂紅纓。帽上紋樣用珊瑚米珠釘綴或刺繡而成，分別有"福壽吉慶"、"五蝠捧壽"等吉祥寓意。工藝精湛，色彩鮮豔。是皇帝穿便服時所戴。

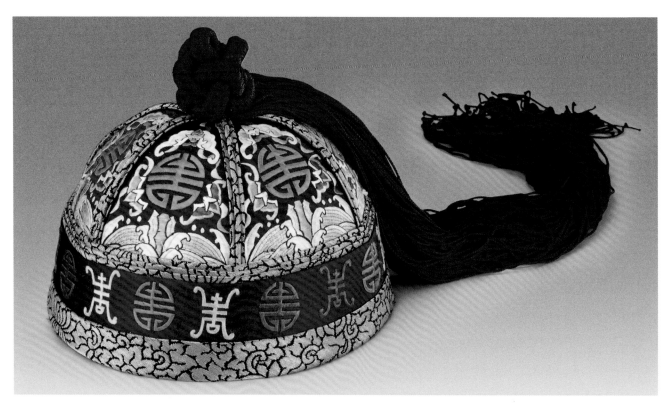

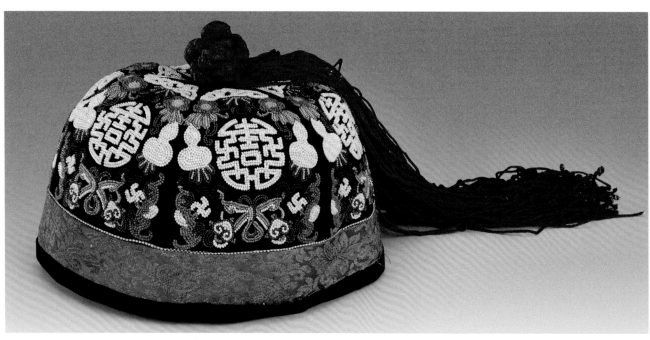

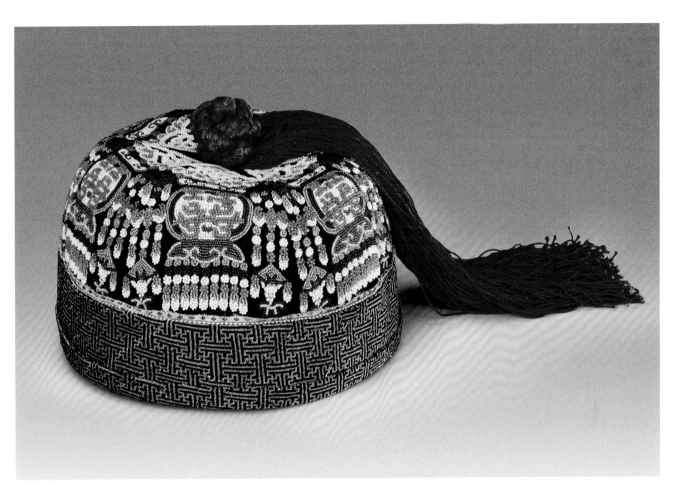

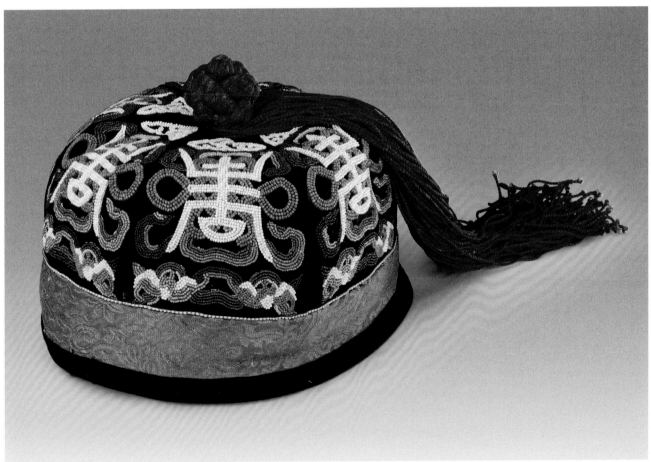

259

164

后妃朝冠

清

高 30 厘米　直徑 16 厘米

清宮舊藏

Court hats worn by the empress and imperial concubines

Qing Dynasty

Height: 30cm　Diameter: 16cm

Qing Court collection

圓形捲簷式，頂綴紅絨，沿鑲黑色薰貂皮，裏襯紅布。冠頂正中的銅鎏金累絲頂子分 2 層，每層鳳 1 隻，各承托大珍珠 1 顆，冠頂端飾粉紅碧璽 1 顆。頂子四周滿綴紅絨，紅絨上立樺皮鍍銀鳳 6 隻，每鳳均飾貓眼石 1 顆和珍珠 30 顆。冠後部垂青色絲縧一束、黑色薰貂皮護領一張。垂珠為"五行二就"式，其中垂珠的中部綴兩面各飾 6 珠的金累絲青金石結，末端綴紅珊瑚墜。

"五行二就"是《大清會典》所規定的朝冠制度，"五行"指五串垂珠，"二就"指垂珠被青金石結分為兩段。這是清代皇太后、皇后才享用的等級標誌。

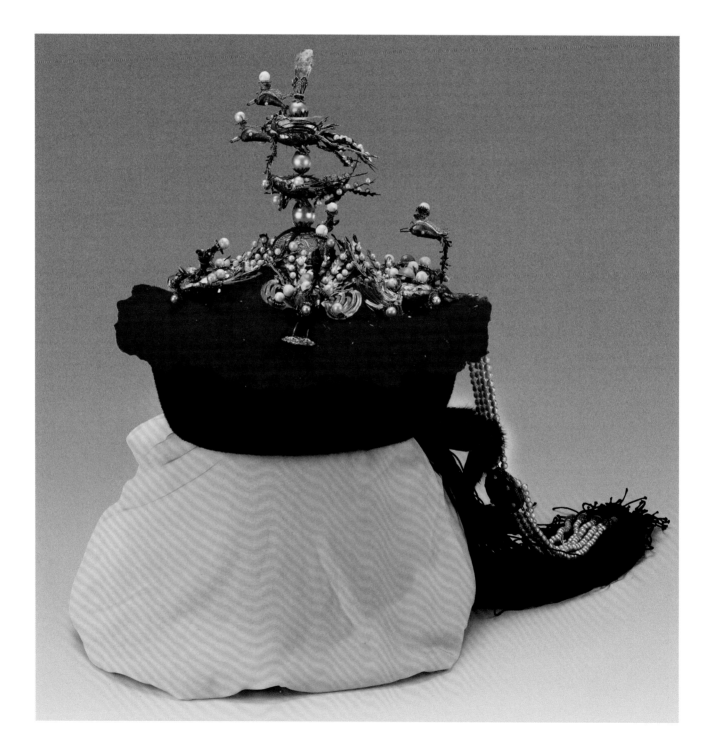

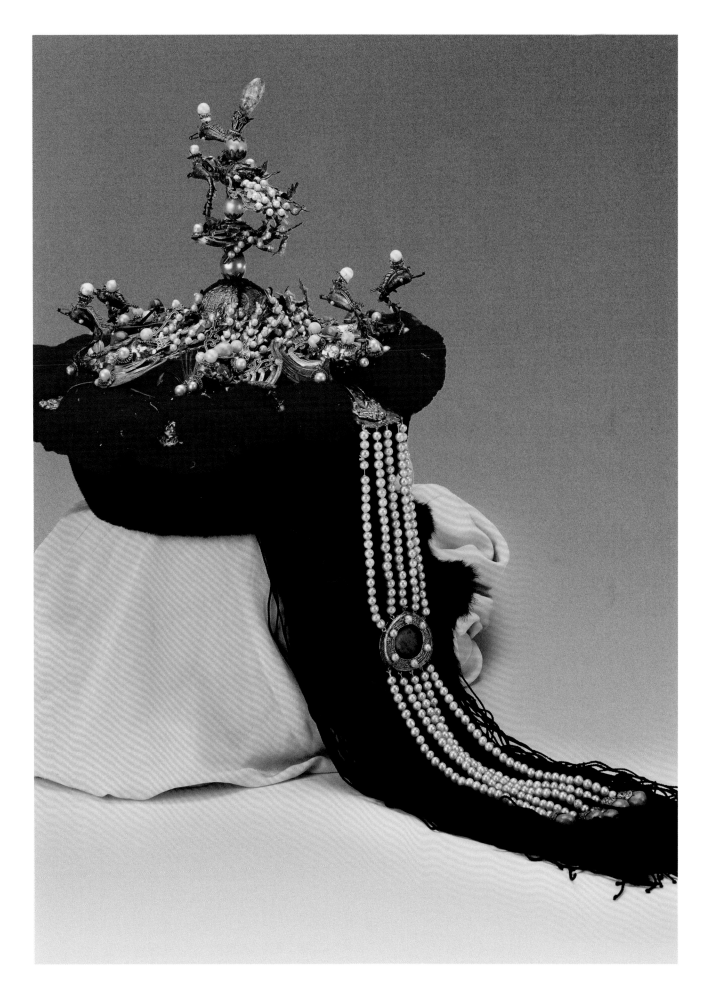

165

后妃吉服冠

清

高 14 厘米　直徑 22 厘米

清宮舊藏

Formal hat worn by the empress and
imperial concubines

Qing Dynasty

Height: 14cm　Diameter: 22cm

Qing Court collection

帽簷上仰，薰貂皮為之，紅絨結頂。帽頂面為絳色素綢，蓋花飾點翠嵌寶石蝙蝠、壽字和飄帶，並綴緝珊瑚珠團壽字五組，取"福壽萬代"之意。竹編帽骨架，襯藍色素紗裏。

此冠工藝繁複，除皮毛帽簷外，還運用了串珠、盤結、點翠、鑲嵌、竹編工藝等，做工精巧，端莊大方。

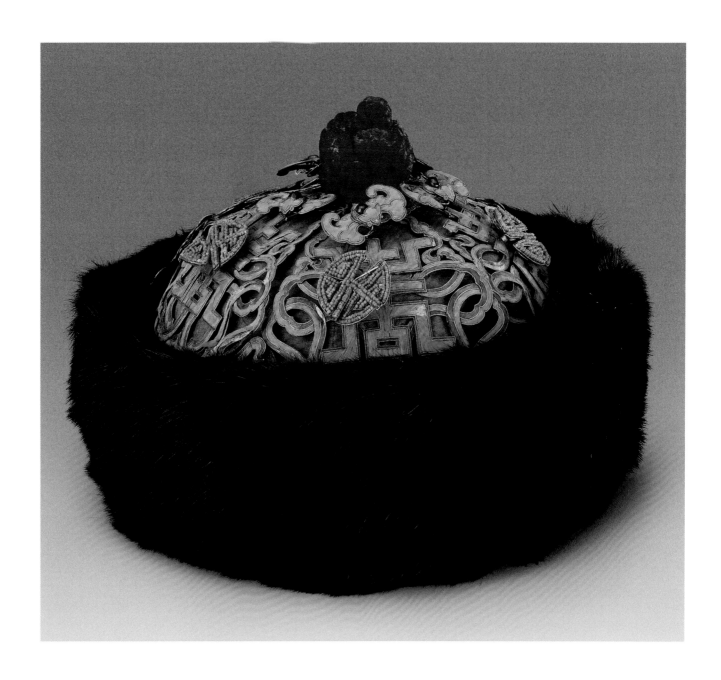

166

吉服帶
清早期
帶長 184—188 厘米　帉長 74—77 厘米
清宮舊藏

Formal belts
Early Qing Dynasty
Length of belt: 184-188cm
Length of hanging streamer: 74-77cm
Qing Court collection

吉服帶為御吉服或常服時所繫之帶。

此三條吉服帶均為絲毛織物，玉質帶鈎（一條已不存）。兩帶環各垂白色素紡絲綢帉二，下直而齊。帶環上有栓扮，包括鞘刀、各式荷包、火鐮、牙籤筒等，下垂紅珊瑚及綠松石墜明黃色絲緣。製作精細，裝飾華麗。

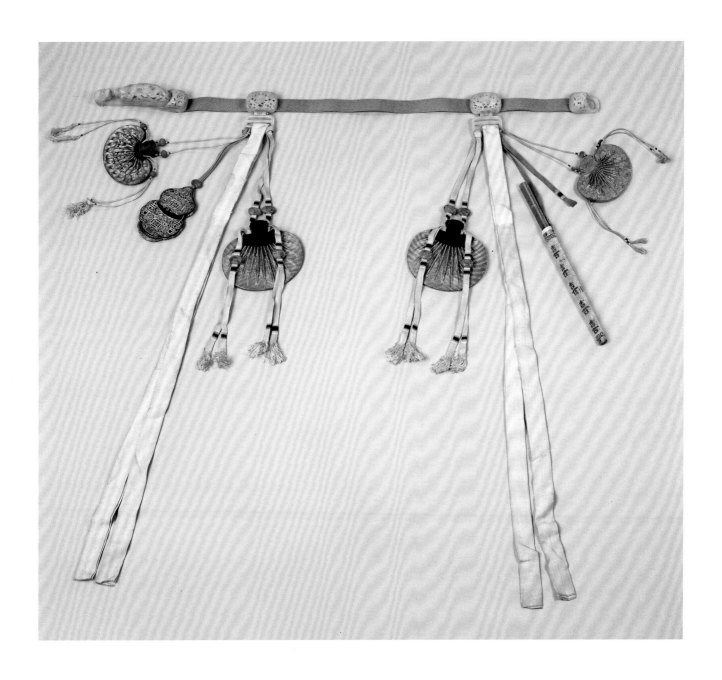

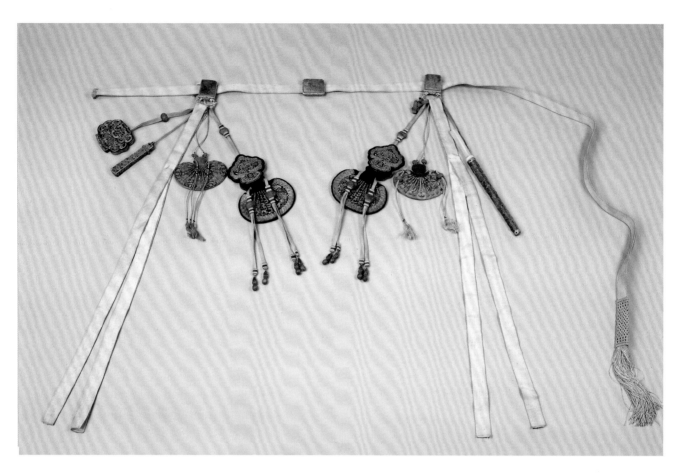

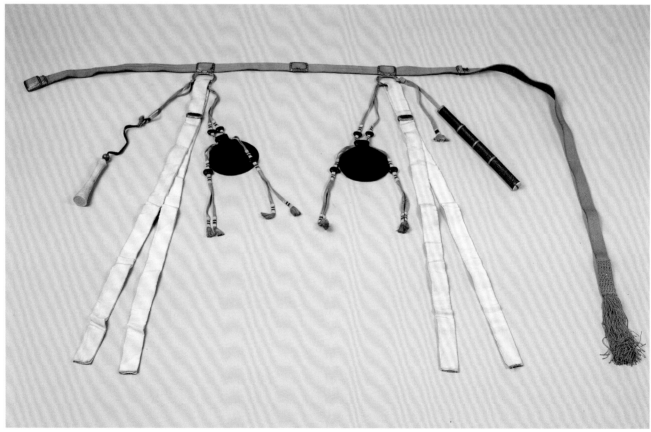

167

吉服帶
清早期
帶長 131 厘米　帉長 74 厘米
清宮舊藏

Formal belt
Early Qing Dynasty
Length: 131cm
Length of hanging streamer: 74cm
Qing Court collection

金黃色絲質面，紅色團龍雜寶織金緞
裏。帶上裝白玉方版 4 具，其中第二
和第四具玉方版下掛白玉環，環上繫
石青色緞繡福壽牡丹紋荷包 1 對；紅
色緞繡花卉荷包、紅色緞繡雲蝠雙喜
荷包和絳色緞繡夔龍蔓草紋荷包各 1
個；黃色緞繡雲蝠花卉海水紋扳指套 1

個；象牙牙籤筒 1 個；羚羊角鞘小刀 1
把；白色絲質帉 2 條。

根據此帶帶表和縰帶均為金黃色及帉
下端直而齊等特徵可知，它是清代皇
子、親王、親王世子或郡王使用的吉
服帶。

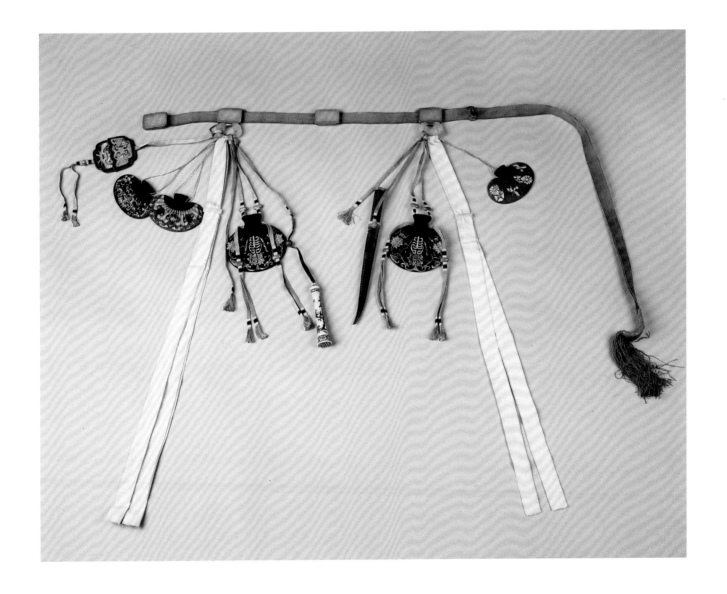

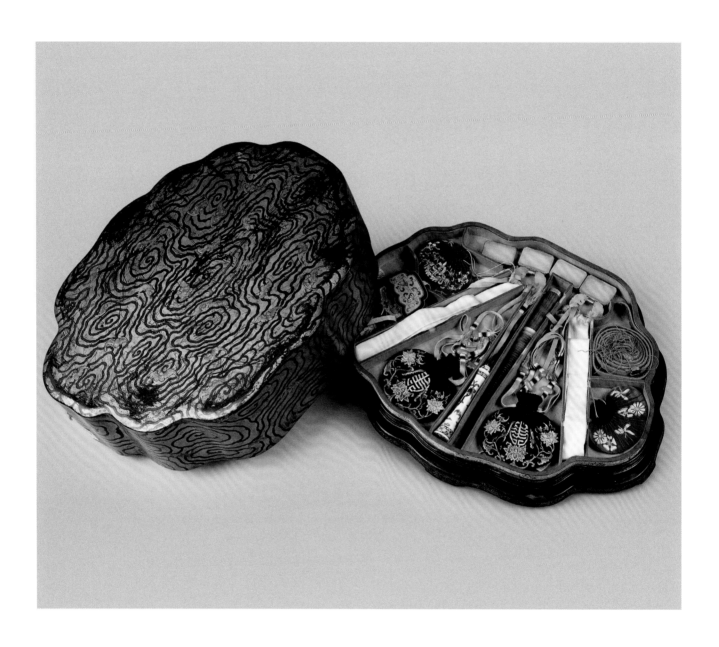

行服帶
清早期
帶長 216、224 厘米　帉長 65 厘米
清宮舊藏

Traveling belts
Early Qing Dynasty
Length of belt: 216cm, 224cm
Length of hanging streamer: 65cm
Qing Court collection

明黃色帶，高麗布佩帉，紅香牛皮佩
繫、中約。明黃色緱飾珊瑚、松石結，
飾荷包4枚，火鐮套1隻，匕首1把。
均為皇帝出行必隨身攜帶之物。

行服帶所佩荷包均為平金繡、辮子股
繡、釘綾繡。因是常在手中把玩之物，
繡工極其精妙，針腳平齊細密，配色
以金、銀色為主，雅致華美。是實用
性與裝飾性的完美結合。

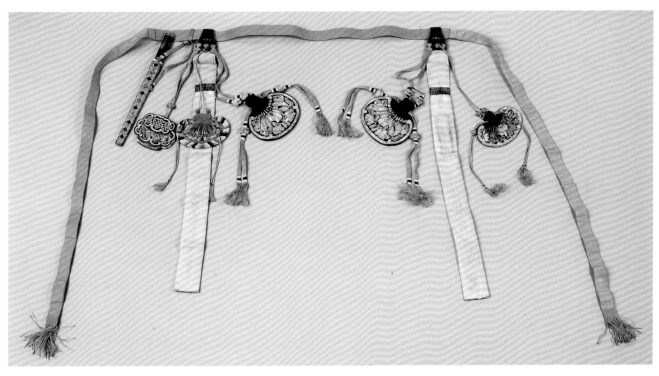

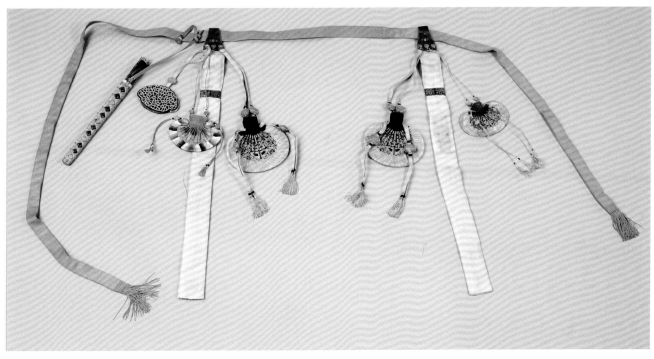

活計
清晚期
清宮舊藏

Handicraft works
Late Qing Dynasty
Qing Court collection

活計分別為荷包、扇套、表套、煙荷
包、粉盒、鏡子、名片卡等共 9 件。
皆黃色緞面，用金銀綫繡"大吉"葫蘆
紋和由壁虎、蛇、蠍、蟾蜍、蜈蚣組
成的五毒紋，有消災辟邪的寓意。

荷包、香囊、扇套等飾件掛在腰帶兩
側，最初都具有一定的實用意義。而
到清代晚期，一套九件，甚至十幾件的
小掛件，已脫離了它的實用性，成為
裝飾性飾件。因此，這些小掛件的繡
工一般都十分精美，顏色也非常鮮豔。

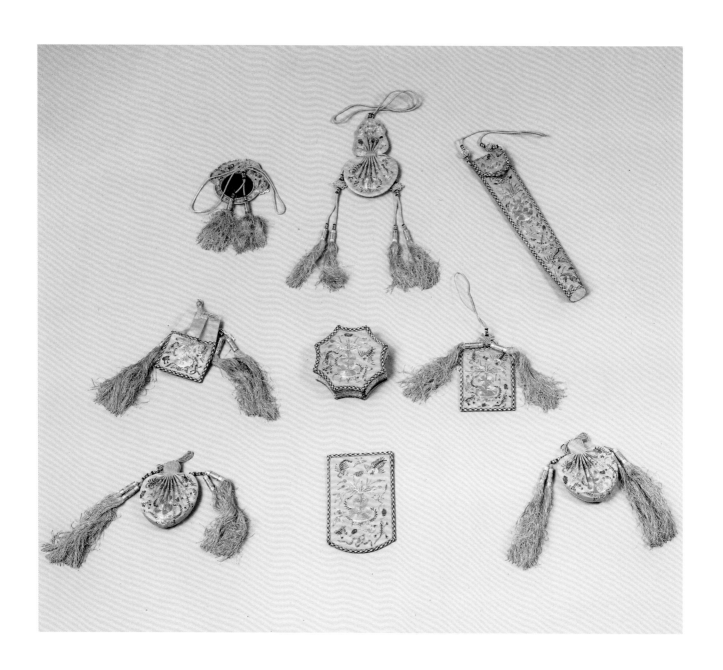

170

皂靴
清皇太極
高 60 厘米　長 32 厘米
清宮舊藏

Black boots
Huangtaiji period, Qing Dynasty
Height: 60cm　Length: 32cm
Qing Court collection

清代滿族男子多穿靴子，這是他們承
繼先祖騎射習俗的反映。此件是皇太
極穿用的靴子，以皮製成，十分堅硬
結實，具有適應當時戰爭和騎射之需
的實用性特點。

黃條墨書："太宗文皇帝撒林皮皂靴
一雙"。

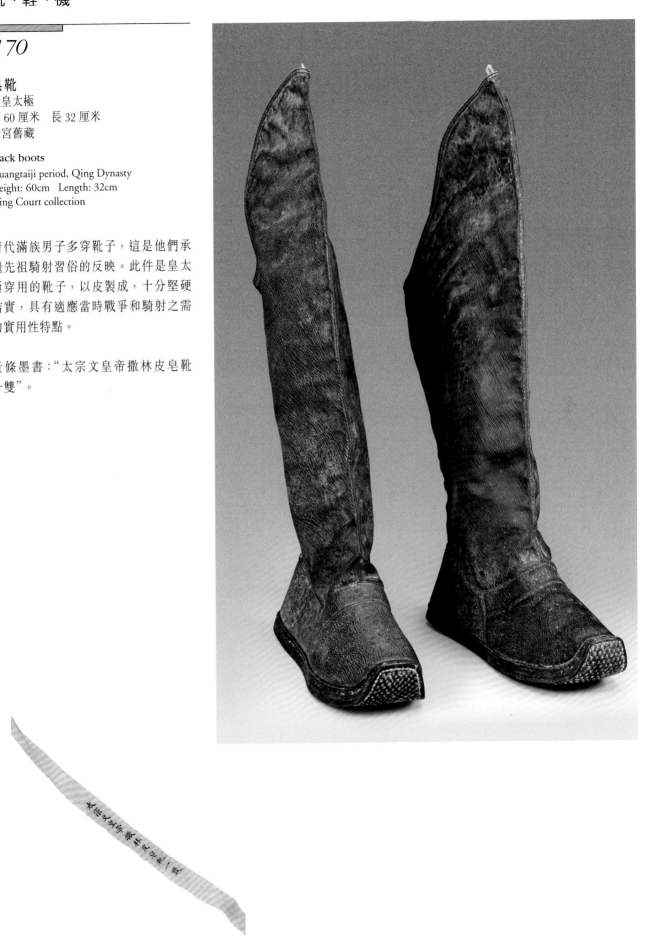

男靴
清早期
高 60、53 厘米　長 32、25 厘米
清宮舊藏

Court boots
Early Qing Dynasty
Height: 60cm, 53cm
Length: 32cm, 25cm
Qing Court collection

兩雙靴子分別為：黃雲緞緝珠尖底靴和藍漳絨串珠尖底靴，都是清早期皇帝所穿用的。分別以絲緞或絲絨製成，使用金綫、米珠和珊瑚做裝飾花紋較多，精美華麗。

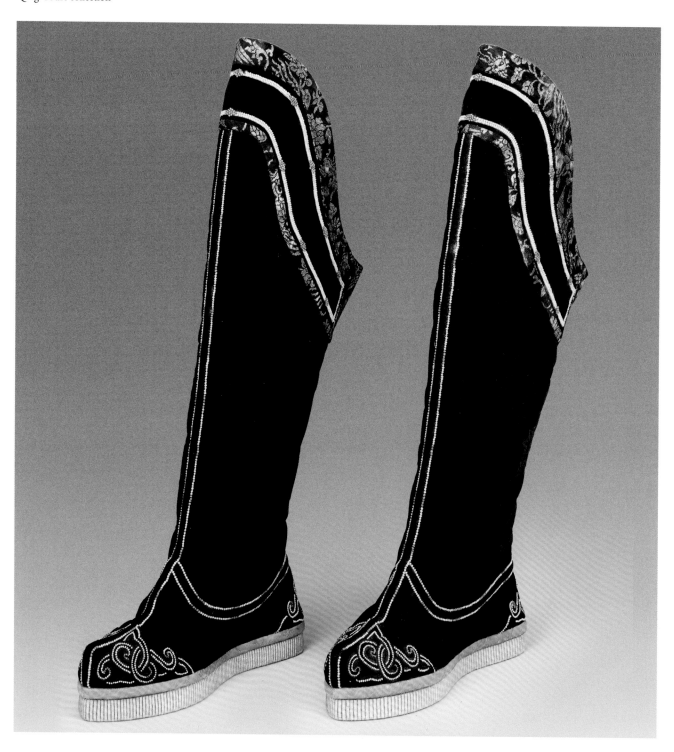

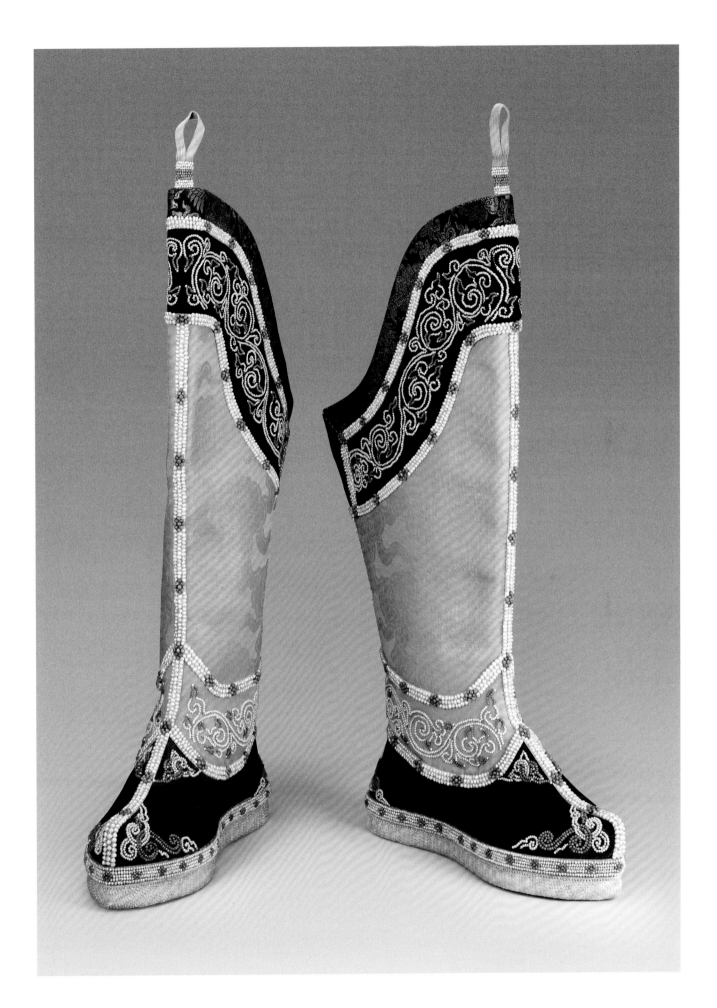

172

女靴
清
高 44—49 厘米　長 25 厘米
底厚 4—6 厘米
清宮舊藏

Court boots worn by empress and imperial concubines
Qing Dynasty
Height: 44-49cm　Length: 25cm
Thickness of sole: 4-6cm
Qing Court collection

香色鳳頭靴、明黃色鳳凰紋平金緞靴、明黃緞珠繡靴，皆用綠皮壓縫，靴裏均為暗花綾、暗花綢。靴底為木質，外面包本色棉布百衲底，針腳整齊細密，做工精緻堅牢，穿着舒適、方便。款式繼承了滿族遊獵生活的穿戴習慣，左右無別。

此三雙朝靴均為后妃所用，選材嚴格，工藝複雜，做工精細。如香色鳳頭靴，以盤緶繡鳳翅，包住靴頭，以荷花護住靴跟。鳳頭挺立於靴尖，既有裝飾作用，又巧妙增加了靴頭、靴尖的耐磨性，堪稱實用性與裝飾性完美結合的經典。

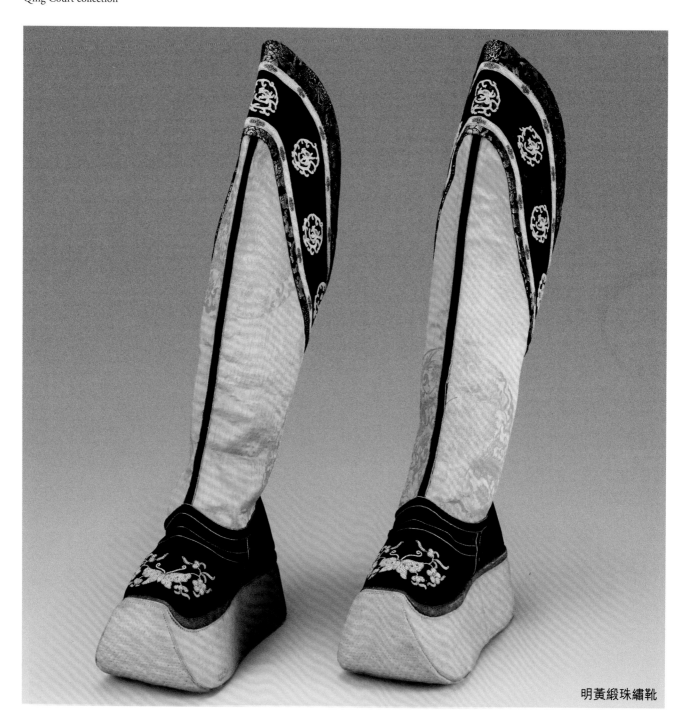

明黃緞珠繡靴

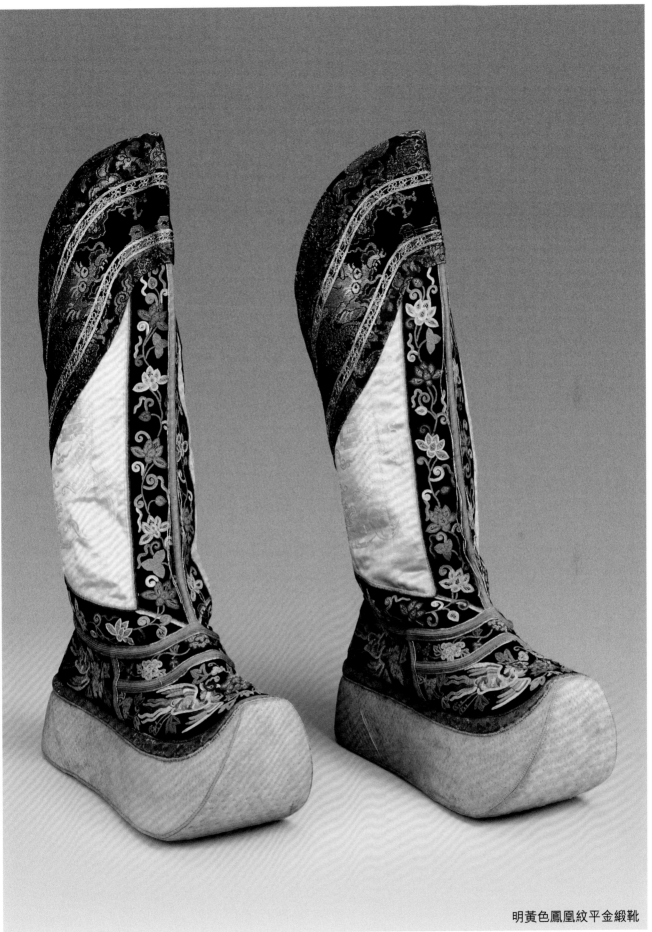

明黃色鳳凰紋平金緞靴

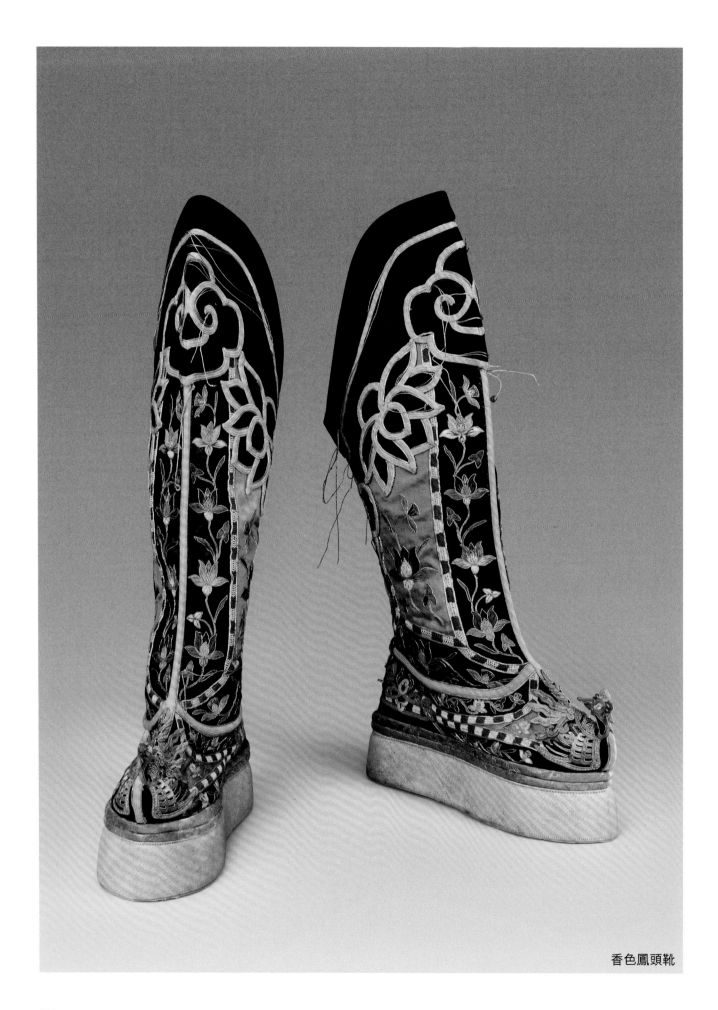

香色鳳頭靴

173

鞋
清
高 9—17 厘米　長 20—24 厘米
清宮舊藏

Shoes
Qing Dynasty
Height: 9-17cm　Length: 20-24cm
Qing Court collection

鞋共 8 雙，依木底形狀可分為"花盆底鞋"、"元寶底鞋"、"高底鞋"等類；依鞋尖紋樣可分為"雲頭鞋"、"鳳頭鞋"等種類。多為綢緞面，僅一雙為藤編，均為包白棉布木底。鞋面分別用刺繡、穿珠繡等工藝繡花蝶、人物、彩雲等紋飾。

繡工精細，針法豐富，運用摻和綫、緝綫、打籽針、接針、正戧針、施毛針、齊針、斜纏針、滾針、釘綫、鋪針、編繡等多種針法繡成，紋樣寫實生動。藤編鞋後跟處縫有黃條"七寸"。

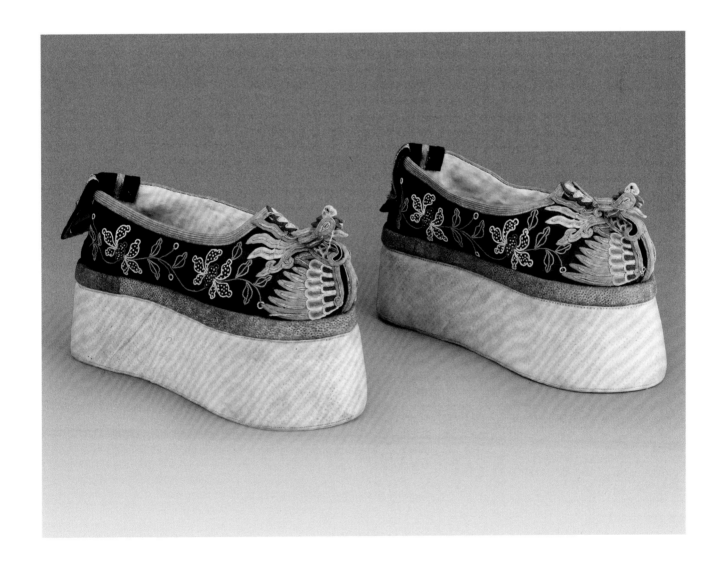

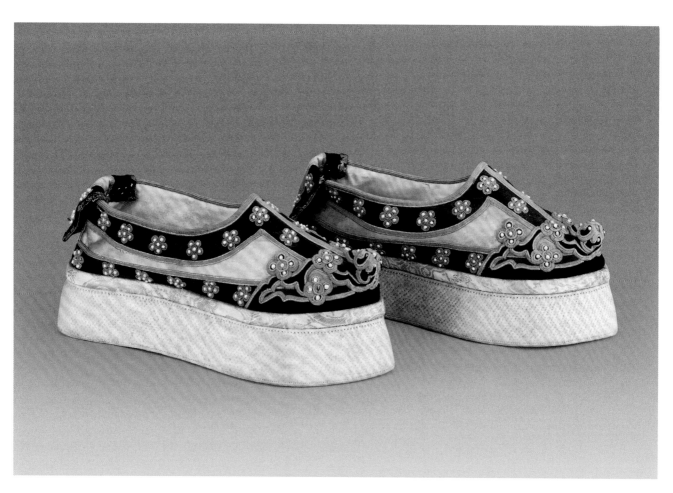

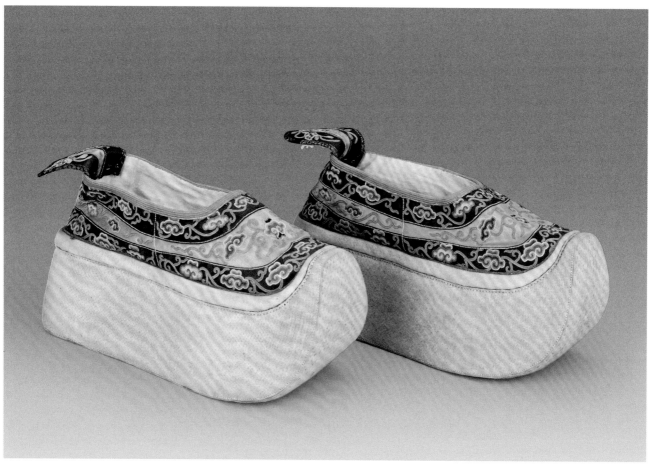

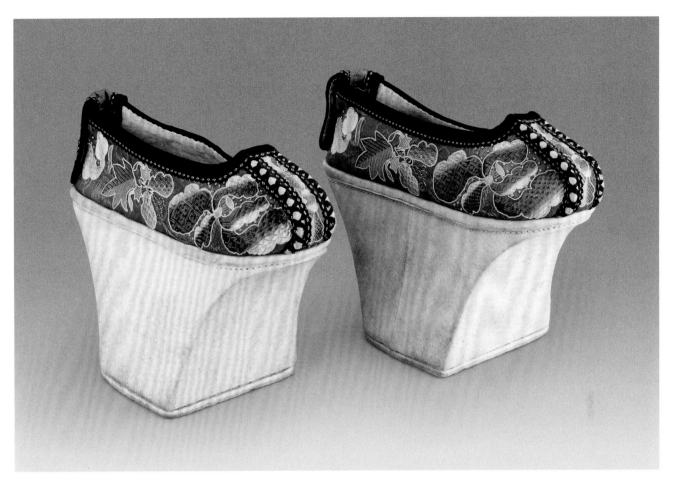

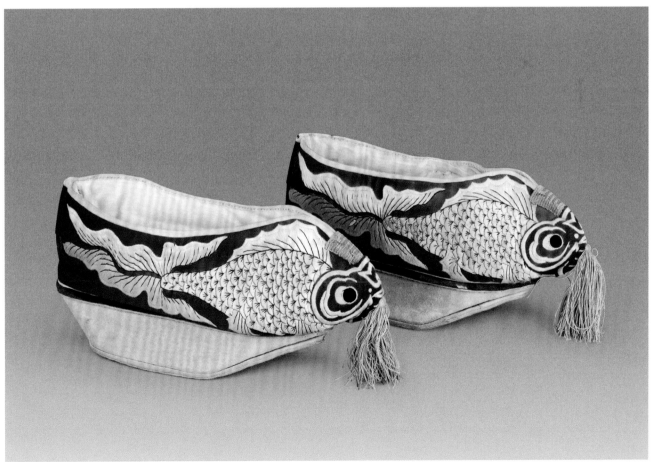

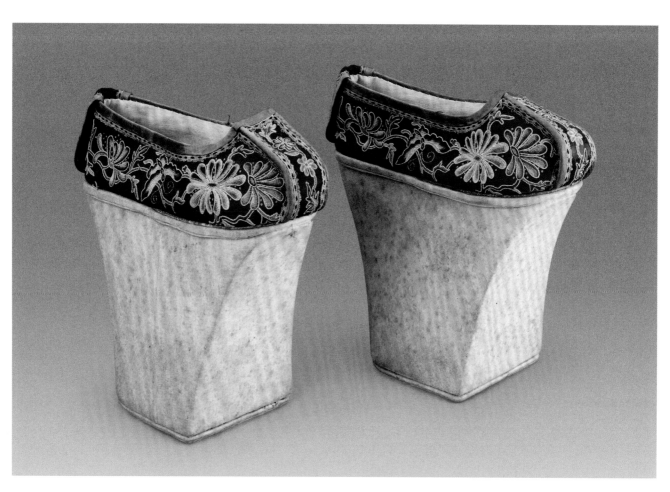

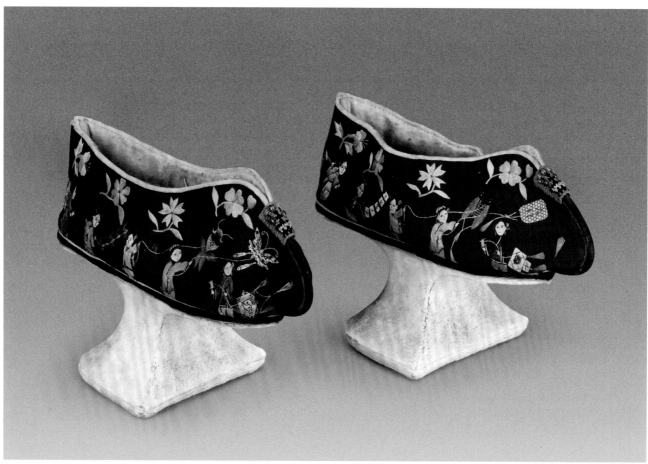

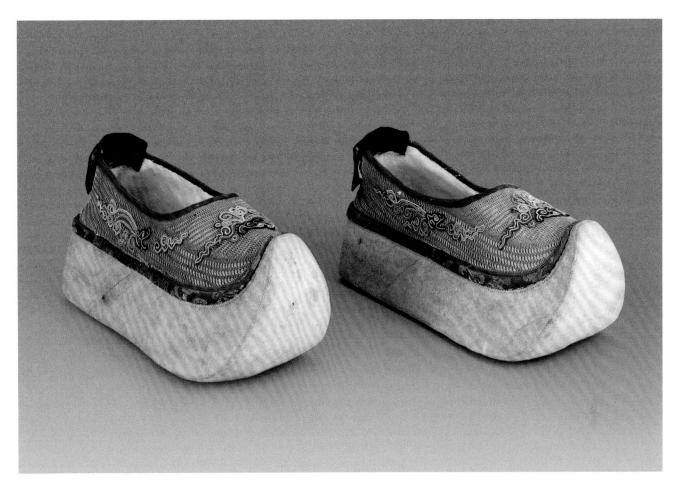

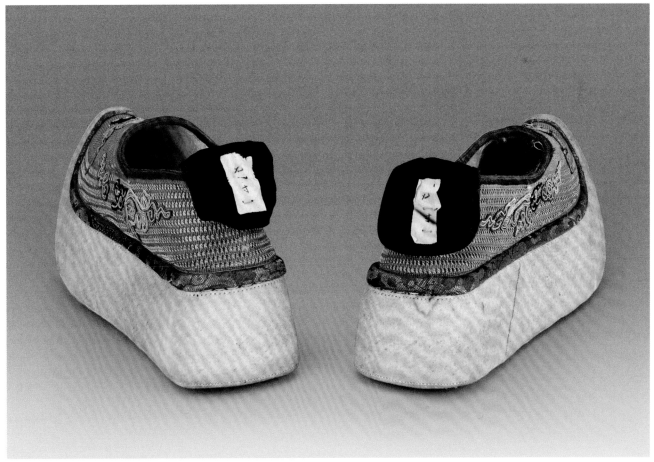

174

高勒綿襪
清
高 48—60 厘米　長 23—24 厘米
清宮舊藏

Silk floss-padded stockings
Qing Dynasty
Height: 48-60cm　　Length: 23-24cm
Qing Court collection

清代帝、后的襪子有高勒、中勒、矮勒與單、夾、綿之分，其工藝以絲織、刺繡和手繪為主。男襪多用雲龍；女襪則取龍鳳、花卉等紋樣。

此組襪共 5 雙，形式為高勒兩接，襪口作馬蹄狀。有紅色紗、明黃色緞、

絳色緞、棕色緞、藍色緞等質地，上分別採用織彩、緝珠、納紗、平金等多種織繡工藝，裝飾龍、鳳、彩雲、海水江崖、葫蘆、花卉等圖紋。織工細膩，繡工繁複，紋樣飄逸生動，設色大膽熱烈，是一組織繡工藝精湛的綿襪珍品。

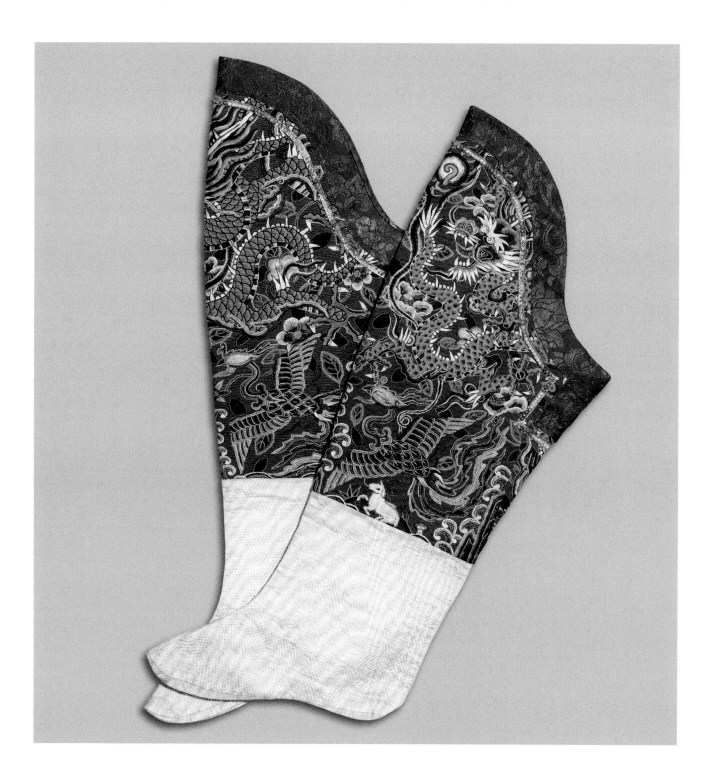

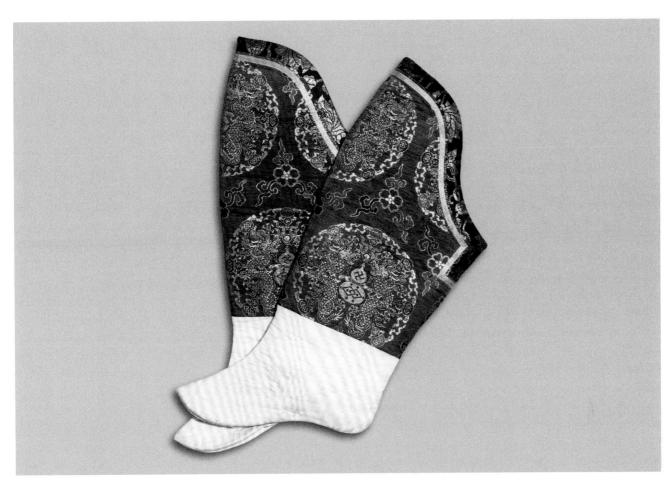

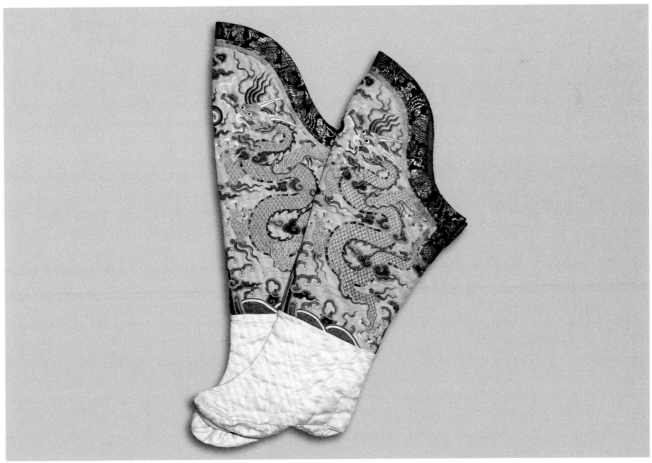

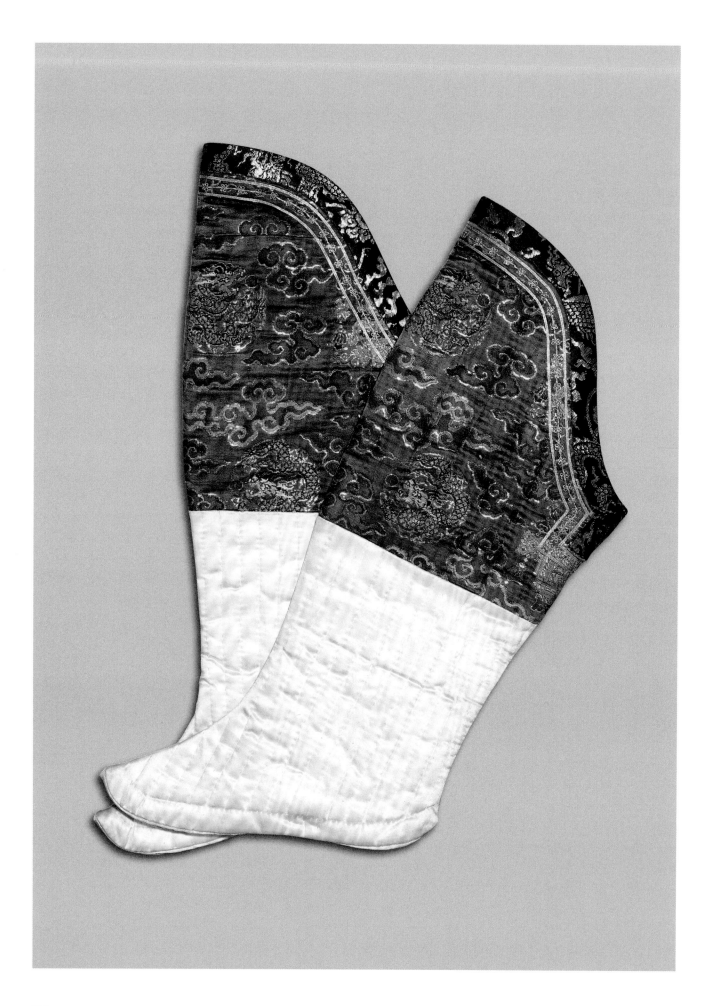

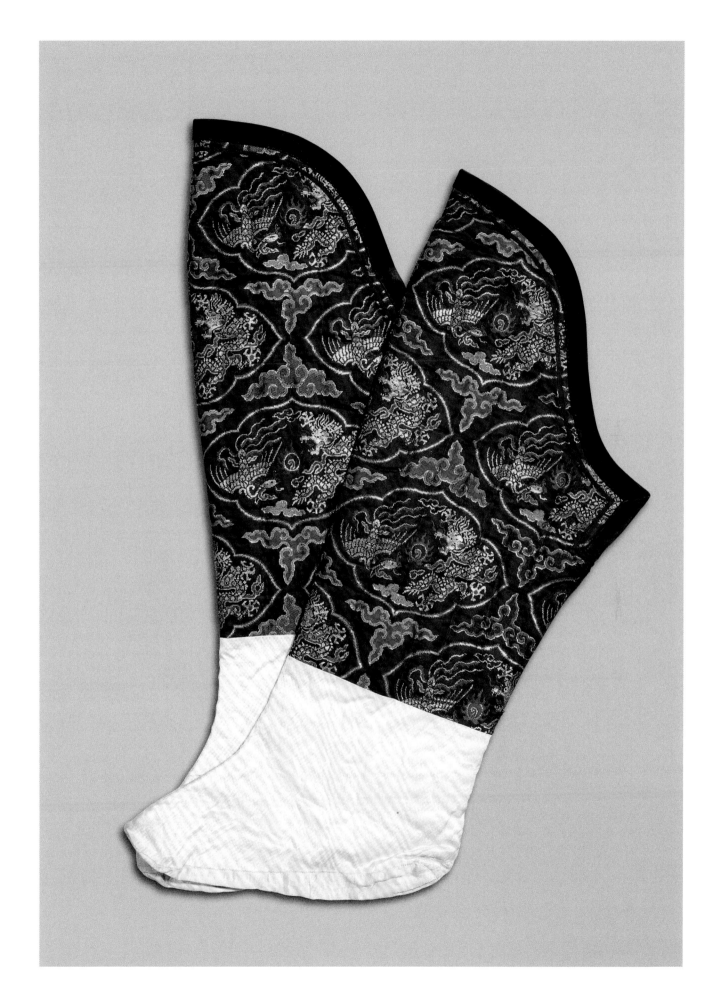

175

中勒綿襪
清
高 46—47 厘米　長 24 厘米
清宮舊藏

Silk floss-padded socks
Qing Dynasty
Height: 46-47cm　Length: 24cm
Qing Court collection

中勒綿襪 5 雙，以各色素緞、素綢或暗花緞為襪面，襪口鑲石青色團龍勾蓮紋織金緞邊或青絨邊，內絮絲綿。

襪面分別刺繡五穀豐登、鳳鳥、花卉、山水等圖紋。色彩鮮豔，做工規整，紋樣精美，寓意祥和，是清代后妃冬季穿用之襪。

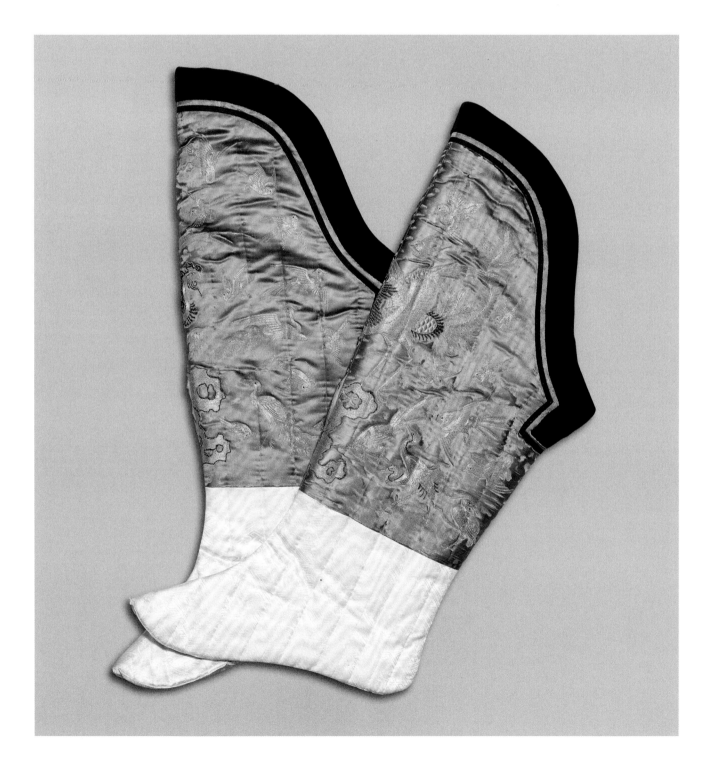

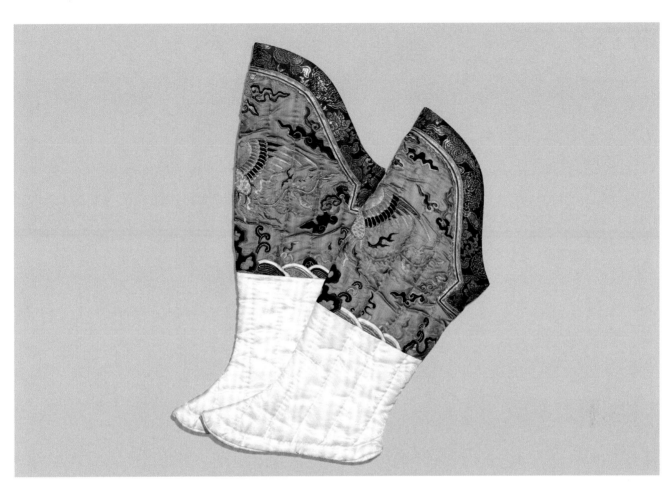

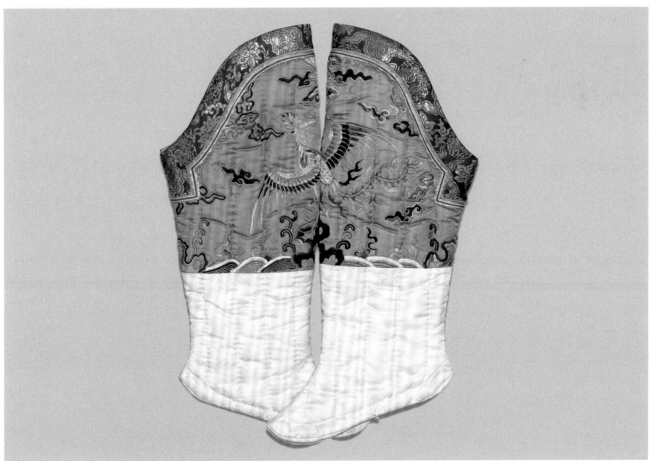

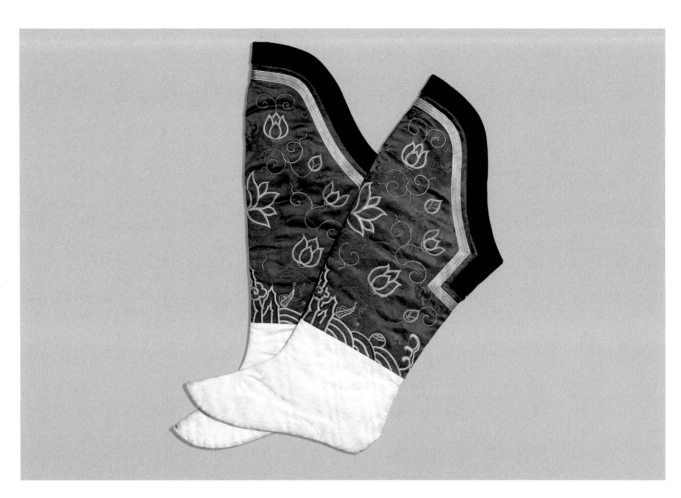

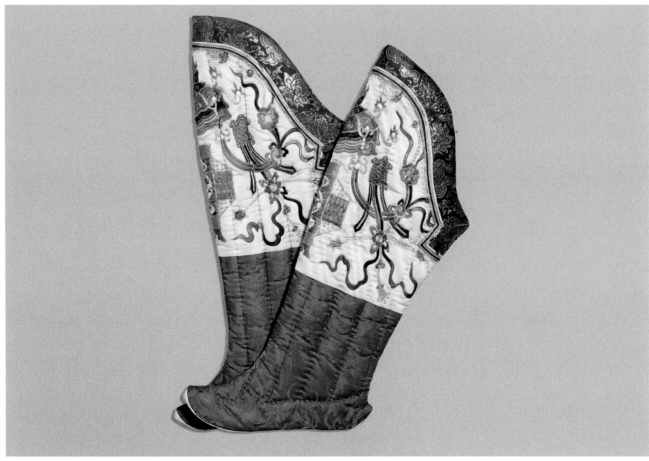

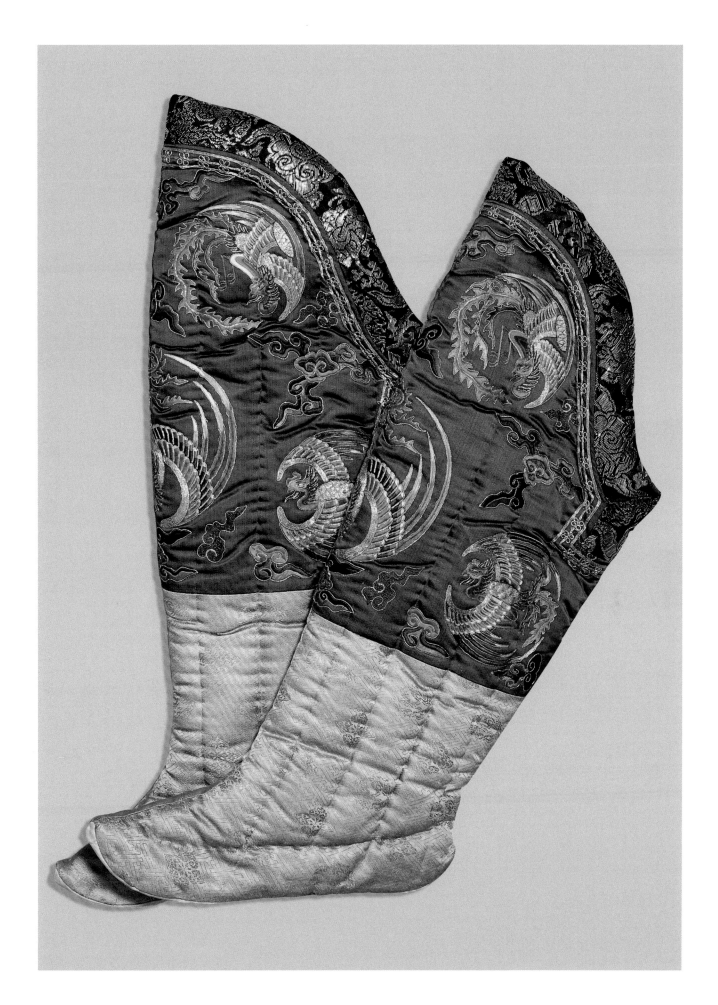

176

夾襪
清
高 30—31 厘米　長 23—24 厘米
清宮舊藏

Lined socks
Qing Dynasty
Height: 30-31cm　Length: 23-24cm
Qing Court collection

夾襪4雙，分別用暗花緞和暗花綾做成，白棉布襯裏。均為清代后妃所穿用。其中棕黃色繡團鶴夾襪、品月緞繡勾蓮金龍夾襪、綠緞繡蝴蝶紋夾襪

均以五彩絲綫繡製紋樣，繡工精美；而白綾花蝶紋短夾襪，則是在白色暗花綾上以淡墨勾畫圖紋，再用淡彩渲染，清新別致。

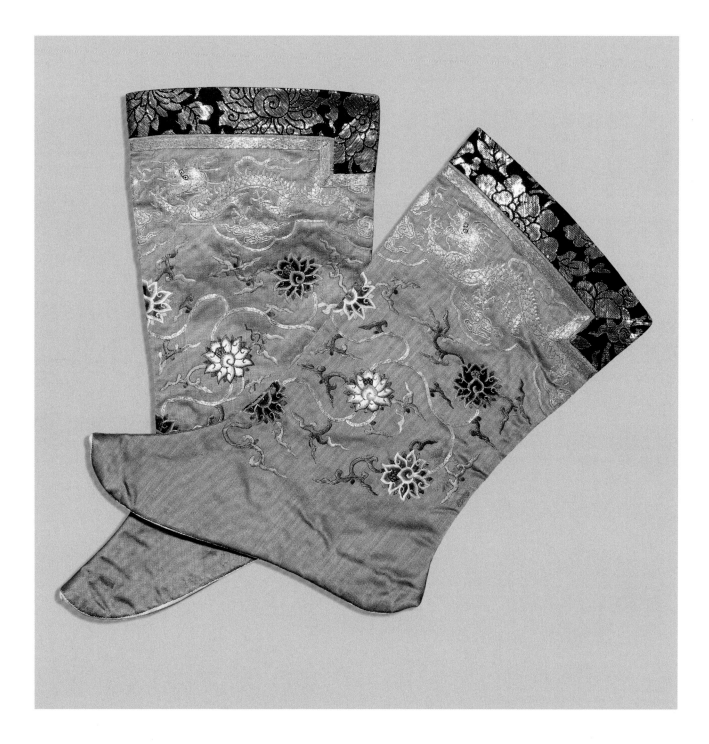

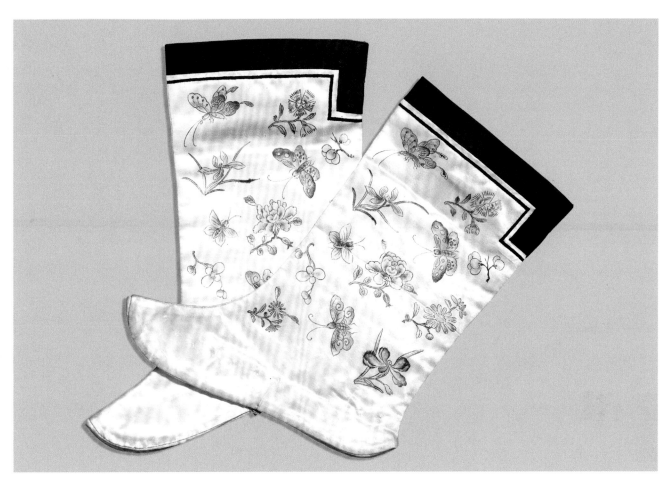

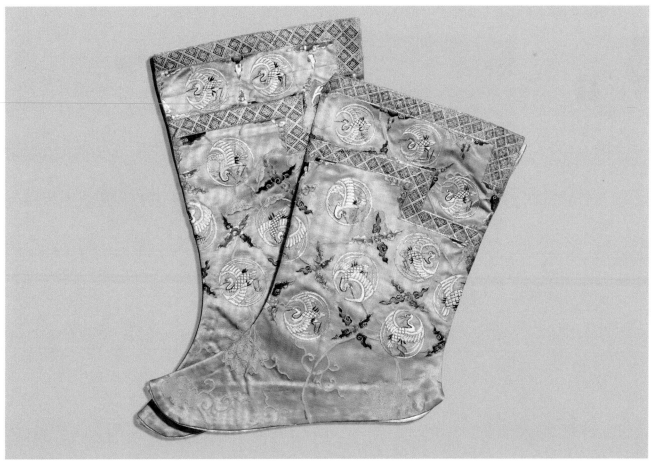

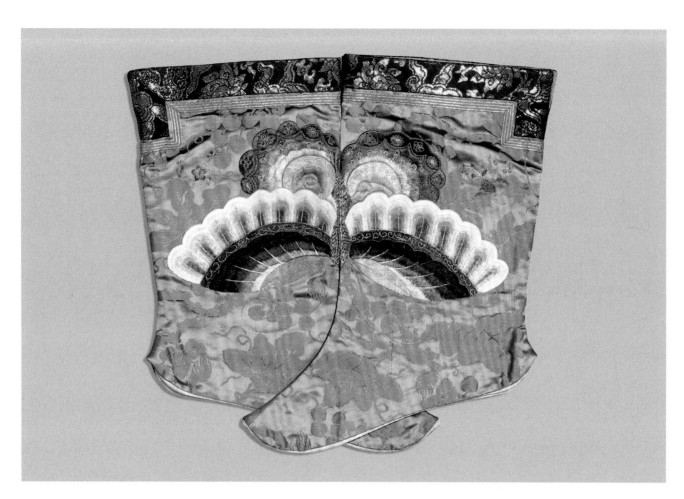

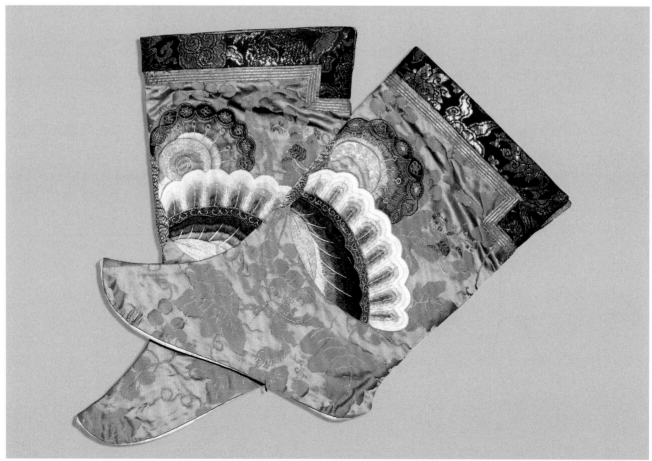